KB186858

생사학총서 2

자살대책의 이론과 실제

よくわかる自殺対策

모토하시 유타카(本橋豊) 지음

양정연 옮김

이 저서는 2012년 정부(교육부)의 재원으로 한국연구재단의 지원을 받아
수행된 연구임(NRF-2012S1A6A3A01033504)

머리말

●●●

2006년 10월, 자살대책기본법이 시행되고 9년이 지났습니다. 자살자 수가 전국적으로 3만 명을 넘은 것은 1998년의 일로서, 전년에 비해 자살자 수가 8000명 이상이나 증가했기 때문에 사회적으로도 큰 문제가 되었습니다. 사회에서는 자살을 개인의 문제라고 생각하고 있었습니다. 그런데 이러한 이상사태를 알아차리고 자살대책을 본격적으로 마련해야 한다는 여론이 드디어 높아지게 된 것입니다. 그러나 국가에서 법률로 정하고 자살대책을 추진하는 데, 1998년부터 8년이라는 세월이 걸렸습니다. 자살대책을 마련하는 기관을 내각부로 하고 종합적인 자살대책을 추진하기로 했습니다. 국가가 솔선해서 자살대책을 위한 노력을 한다는 것은 확실히 의의가 있는 일입니다.

그러나 잊지 말아야 할 것은 자살대책을 위한 노력이 자살 유가족들이나 민간단체, 그리고 자살대책에 노력하는 많은 봉사자들의 정열적인 활동으로부터 시작되었다는 것입니다. 민간단체의 목소리

● ● ●

가 정치가의 양심을 움직여, 의원입법의 형태로 성립된 것이 자살대책기본법 그 자체라는 사실을 마음에 깊이 새겨 두지 않으면 안 됩니다.

그런데 자살대책기본법이 만들어지고 9년이 경과하면서 우리는 어떤 상황에 놓여진 것일까요? 처음에는 자살대책의 여러 노력들이 일정한 효과를 거두는 것같이 보이기도 했습니다. 2010년경부터 전국적으로 자살자가 감소하는 경향을 보여주고 있다는 점에서 종합적인 자살대책이 효과를 나타내고 있다는 생각도 듭니다. 2009년부터 시작한 지역 자살대책 긴급강화기금으로 도도부현의 모든 지역에서 자살대책을 추진할 수 있는 재원이 확보된 것도 자살자 수 감소에 크게 기여했다고 생각합니다. 그러나 대책의 효과가 정말로 있었는지에 대해서는 과학적 검증이 필요합니다. 현시점에서 그에 대한 검증은 아직 충분하지 않기 때문입니다.

지역에서 날마다 자살대책 활동을 실천하고 있는 현장 사람들의 지혜와 노력이 자살대책의 정책을 추진하는 데 도움이 되고 있을까요? 행정 담당자가 다양한 정보를 신속히 입수한 뒤에 대책을 추진하고 있는 것은 틀림없지만, 현장의 실천적인 지식이나 복잡한 과제를 어느 정도 파악한 상태에서 정책입안이 이뤄지고 있는 것일까요?

●●●

자살대책은 원래 정신의학이나 정책과학의 전문가와 행정 담당자만 노력해야 되는 문제가 아닙니다. 자살대책이 민간단체나 자살 유가족 등 당사자의 시선을 통해 추진되어왔다는 것은 변하지 않는 사실입니다. 민간단체나 당사자의 경우는 현장에서의 실천, 학자들의 경우는 과학적 근거의 축적, 정책 전문가로서 행정 담당자의 경우는 시책 · 입안 · 추진, 이 세 가지가 일체가 되어야만 비로소 종합적인 자살대책이 실현 가능하게 되는 것입니다.

우리는 2007년에 『自殺対策ハンドブックQ&A』(자살대책 핸드북 Q&A)라는 책을 출간했습니다. 자살대책을 모색하던 시대에 조금이라도 빛을 밝힐 수 있기를 바라는 생각 때문이었습니다. 다행스럽게도 행정 관계자나 자살대책에 노력하고 있는 많은 분들이 읽어주셨습니다. 『自殺対策ハンドブックQ&A』의 집필자 가운데 많은 분들이 여러분이 지금 손에 들고 있는 이 책의 집필자로 참여하셨습니다. 그러나 이 책의 내용은 완전히 새롭게 구성되었습니다. 자살대책이 국가 정책으로 정착되고 효과도 나오기 시작했다고 생각되는 지금이야말로 다시 한 번 우리나라의 자살대책의 현 상황과 과제를 냉정하게 분석하여, 현장의 실천과 과학적 식견이 자살대책의 정책 제언으로 신속하게 이어질 수 있도록 해야 합니다.

●●●

지금까지의 대책의 유효성을 냉정하게 검증하고 다음 시대의 자살대책 방향을 분명하게 하는 것, 이것이 이 책의 목적입니다. 이 책에서 제시되는 과제와 방향성을 여러분과 공유한 뒤에 자살대책의 새로운 길을 함께 정하여 나아갈 수 있기를 바랍니다.

2015년 3월의 길일에

편집대표 모토하시 유타카

역자의 글

●●●

이 책은 자살대책에 관한 종합적인 이론과 대처 활동을 보여준다. 제1부에서 주로 설명되는 이론적 측면을 보면, 자살대책의 현 상황과 자살의 경향, 그리고 자살문제의 과제 등이 제시되어 있다. 제2부에서는 지역에서 이뤄지는 자살대책의 대표적인 활동들이 소개되고 있으며, 제3부에서는 '자살대책에 대한 실천과 이론'의 종합화가 이뤄지고 있다. 구체적으로 경제학, 공중위생학, 신경보건정책, 행복도 연구, 법의학 등 학제적 관점에서 자살의 문제에 대해 어떻게 접근할 수 있는지 제시되고 있다.

이 책의 집필진으로는 현재 일본에서 자살대책을 위한 연구와 교육, 정책 분야 등 각 분야에서 활약하고 있는 연구자와 전문가, 공무원들이 참여하고 있다. 그들은 일선에서의 경험을 바탕으로 자살대책을 위한 이론과 실천, 그리고 정부 지원 및 정책 등에 대한 구체적인 논의와 함께 개선의 방향까지 검토하고 있다. 다수의 집필진들이 참여할 때, 일부 저자의 글이나 인용된 자료들에 대한 저작권 문제가 원만하게 해결되지 못하는 경우가 있다. 이 책의 경우에도 일부 인용 자료와 참고자료들에 대한 저작권 문제가 완전히 해결되지 못하면서, 부분적으로 번역되지 못한 내용들이 있다. 이 점에 대해서는 많은 아쉬움이 있지만, 글의 말미에 소개된 <참고문헌 · 사료>를 통하여 부족함을 보충해주기 바란다.

일본에서는 2000년을 전후해서 그 이전까지는 주로 우울증 등 병적인 관점에서 자살의 문제에 접근하였다. 그러나 점차 사회적이고 제도적인 관점에서 그 대책에 대한 접근을 모색하였고 학계와 민간, 공공기관 등이 함께 참여하는 '지역 공동체' 체계를 통해 자살문제를 효과적으로 해결해왔다. 일본의 '자살종합대책대강'을 보면, "자살은 그 대부분이 내몰린 결과의 죽음이다", "자살은 그 대부분이 막을 수 있는 사회적 문제이다", "자살을 생각하는 사람은 어떤 신호를 보내는 경우가 많다"고 하여 자살 문제를 임상적 태도인 '예방'이 아니라 제도적 차원의 '대책'이란 관점에서 접근하고 있다.

이러한 관점에서 볼 때, 자살은 개인의 문제만이 아니며 막을 수 있는 것이고 그 문제를 해결하기 위한 종합적인 방법을 모색하는 것이 가능하게 된다. 자살을 생각하는 사람은 신호를 보낸다. 자살은 막을 수 있기 때문에 그 신호를 알아차리는 것이 중요하며 자살을 방지할 수 있는 교육이 요구되는 것이다.

이 책은 자살의 문제에 대해 근원적이고 구체적인 해결 방안을 위한 계발점을 제시해준다. 자살대책에 대한 실증적인 자료들과 다양한 경험들이 소개되고 있다는 점에서 관련 업무에 종사하거나 연구하는 관계자들에게 실질적인 도움을 제공해줄 수 있을 것으로 기대된다.

2018년 5월

양정연

집필자 소개

*집필자 소개는 글의 순서에 따르며 직함은 집필 당시에 따름

모토하시 유타카	교토부립의과대학 특임교수
구보타 다카후미	다미대학 경영정보학부 준교수
사카시타 도모에	아오모리현립 보건대학 건강과학부 강사
오야마 히로우미	아오모리현립 보건대학 건강과학부 교수
오노 유타카	독립행정법인 국립정신 · 신경의료연구센터 인지행동요법 센터장
가와니시 지아키	삿포로의학대학 대학원 의학연구과 정신기능병태학 교수
나카무라 준	산업의과대학 의학부 정신의학 교실 교수
오쓰카 도시히로	나가사키현 겐오보건소 소장 겸 나가사키복지보건부 의료감
우에다 미치코	Syracuse University 연구조교수
마쓰바야시 데쓰야	오사카대학 대학원 국제공공정책연구과 준교수

나카무라 가즈토시	니가타대학 대학원 의치학 종합연구과 환경예방 의학분야 교수
기타무라 가오리	니가카대학 대학원 의치학 종합연구과 환경예방 의학분야 조교
오쓰카 고타로	이와테의과대학 의학부 재해 · 지역 정신의학강좌 특명교수
야스무라 세이지	후쿠시마현립 의과대학 의학부 공중위생학 강좌 교수, 방사선의학 현민건강관리센터 부센터장
가와카미 노리히토	도쿄대학 대학원 의학계연구과 정신 보건학 분야 교수
후지타 고지	아키타대학 대학원 의학계연구과 공중위생학 강좌 조교
가네코 요시히로	국립사회보장 · 인구문제연구소 정책연구연계 담당 참여
오고시 데류유키	자살유족지원변호단 변호사
모리야마 가린	NPO법인 Grief Support House, 전 내각부 자살 대책 추진실
소리마치 요시히데	오쓰마여자대학 대학원 인간문화연구과 교수
다케시마 다다시	독립행정법인 국립정신 · 신경의료센터 정신보건 연구소 자살예방종합대책센터 센터장
고다카 미나미	독립행정법인 국립정신·신경의료센터 정신보건 연구소 자살예방종합대책센터 연구원
나지마 가즈히사	고베학원대학 법학부 준교수

시미즈 야스유키	NPO법인 전국자살대책지원센터 라이프링크 대표
스기모토 나오코	NPO법인 전국자살유족종합지원센터 대표
이시쿠라 히로코	'마음의 카페 교토' 대표
야마구치 가즈히로	NPO법인 자살유족지원네트워크 Re 대표
하카마다 슌에이	마음과 생명을 생각하는 모임 대표
오이카와 기쿠오	사회복지법인 니가타 생명의 전화 이사장
시게 유키오	NPO법인 마음에 울리는 문집 편집국 이사장
가타오카 미카	교토부 건강복지부 복지·원호과 자살방지대책 담당과장
가네코 요시히로	아키타 대학 대학원 의학계 연구과 공중위생학 강좌 준교수
나카야마 야스시	교탄고시장
바바 유코	아다치구 마음과 몸의 건강 만들기 과장
오자키 겐이치	주식회사 라이프워크·스트레스 아카데미 대표이사
사토 히사오	아키타자살대책센터 NPO법인 '거미줄' 이사장
쓰바키 히로에	통계수리연구소 교수
오카 도모후미	내각부 자살대책추진실 참사관
히구치 데루히코	독립행정법인 국립정신·신경의료연구센터 총장
이토 지에코	후생노동성 사회·원호국 장해보건복지부 정신·장해보건과 마음건강지원실 PTSD전문관
지하라 마사미치	이자제한법 금리인하 실현 전국회의 대표 변호사
지하라 요코	43조 대책 회의 대표 변호사
사와다 야스유키	도쿄대학 대학원 경제학연구과 교수

이토 히로토	독립행정법인 국립 정신・신경의료 연구센터 정신보건연구소 사회정신보건 연구부 부장
다카하시 요시아키	쓰쿠바대학 시스템 정보계사회 공학부 준교수
다카하시 요시토모	쓰쿠바대학 의학의료계 재해 정신지원학 강좌 교수
이와세 히로타로	지바대학 대학원・도쿄대학 대학원 법의학교실 교수
오카 마유미	와카야마현립 의과대학 보건간호학부 강사
다마키 다쓰야	주식회사 마이니치 신문사 다카마쓰지국장

이 책의 특징과 구성

이 책은 일본의 자살대책과 관련해서 ① 지금까지의 대처 노력, ② 현장 제일선의 대처 활동, ③ 자살대책에 대한 앞으로의 올바른 자세를 생각하는 데 필요한 관점 · 전망 등에 대해 자세하면서도 알기 쉽게 한 권의 책으로 정리했습니다.

지금까지 검토되지 않았던 '학제적 · 국제적 관점'에서 보더라도 향후의 자살대책에 필요한 근거나 효과 검증의 접근 방법을 부각시키고 있는 점이 이 책의 큰 특징입니다.

모두 3부로 구성되어 있으며 각각의 내용은 다음과 같습니다.

• 제1부 자살대책의 현재

지금까지의 자살대책 연구나 현장에서의 실천 결과를 자세히 기술하고 자살대책의 과학적 근거를 밝히면서, 제2부, 제3부로 이어지도록 합니다.

• 제2부 자살대책의 '최전선'

각지의 구체적인 사례를 제시하면서 그 과제와 장래의 전망을 분명하게 합니다. 제2부에서는 사례를 깊이 이해해주기를 바라는 마음으로 '~습니다'체를 사용했습니다. "우선 현장의 실천을 알고 싶다"고 하는 분은 이 부분부터 읽으셔도 좋습니다.

• 제3부 실천과 이론을 바탕으로 한 자살대책의 전망

제1부에서 제시된 과제 등을 바탕으로 다분야, 횡단적인 면에서 제일선에 있는 집필자가 '앞으로의 일본 자살대책의 전망'을 구체적으로 풀어갑니다.

목 차

제1부

자살대책의 현재

자살대책의 이론과 실제

1. 자살과 그 대책의 현재

모토하시 유타카*

【1】 일본의 자살대책이 사회적 대처로 이뤄지게 된 경위

자살대책이 사회적인 중요한 과제로 인식되기 시작한 것은 1998년 자살자 수가 급증한 것이 계기가 되었다.

1997년의 자살자 수는 24,391명이었던 것에 비해, 1998년의 자살자 수는 32,863명으로 증가하였다(경찰청 자살통계). 자살을 개인적인 문제로 규정하고 사회는 관여하지 않는다는 자세가 자살자 수의 급증이라는 긴박한 현실 앞에 무너지고 말았다.

자살을 개인적인 문제라고 한다면, 이렇게 엄청난 자살자 수의 증가는 생각할 수 없기 때문이다. 자살이 급증하게 된 특징을 상세하게 분석해 보면, 연령별로는 45세부터 64세까지의 중장년 남성의 증가가 현저하다. 직업별로는 자영업, 피고용자의 증가율이 높고, 무직자 가운데 실업자의 증가율이 높다는 것을 알 수 있다(2014년판 자살대책백서).

또 와타나베 료이치(渡部良一) 등의 연구에 따르면(2006년, 교토대학), 1998년 자살자 수의 급증은 실업으로 대표되는 고용·경제 환

* 교토부립의과대학 특임교수

경의 악화 때문일 가능성이 높다는 점이 지적되고 있다. 특히 1997년부터 1998년에 걸쳐 경영상태가 나빠진 금융기관의 '대출조이기 · 대출회수'가 중소 · 영세기업이 파탄하는 원인이 되어, 자영업자의 자살을 증가시켰다는 점이 지적되고 있다.

그러나 자살 급증이라는 사회현상이 곧바로 국가의 자살대책의 입안으로 이어지지는 않았다. 국가가 본격적으로 자살대책에 대처할 의욕을 보이고, '자살대책기본법'을 만들어 시행한 것은 2006년 10월로서, 자살자 수가 급증한 지 8년이나 경과한 뒤의 일이다. 이렇게 성립하기까지 그 길은 결코 평탄하지 않았다.

자살대책기본법이라는 법률의 성립 배경에는 자살문제를 사회과제로 파악해야 한다고 인식한 국회의원, 민간단체, 학자 등 많은 관계자들의 남다른 결심과 행동이 있었다. 2005년 7월, 참의원 후생노동 위원회의 '자살에 관한 종합대책의 긴급하고 효과적인 추진을 요구하는 결의' 실현과 이것을 이어받아 이뤄진 같은 해 9월, 자살대책 관련부처 연락회의의 발족은 자살대책의 법제화를 향한 큰 추진동력이 되었다. 또 2006년 봄에는 민간단체의 '자살대책 법제화를 요구하는 3만인 서명'활동도 진행되어, 같은 해 6월 15일에 자살대책 기본법이 성립하게 되었다.

해외의 자살대책을 살펴보면, 1990년대부터 자살률이 높은 스웨덴 등 북유럽 국가에서는 국가차원의 자살대책이 진행되어 왔다. 그러나 그 대책의 기본은 자살자의 심리학적 부검연구로 대표되는 우울증 등의 병을 자살위험으로 인식하여 자살위험이 높은 우울증 환자 등을 조기에 알아내고 치료한다는 '이차예방 모델'에 따른 대책이 주류였다. 반면 1990년대에 실시된 핀란드의 국가차원의 자살예방대책은 공중위생학적 접근을 중시하는 일차예방 중시의 포괄적인 대책으로 주목받을 만한 대처였지만, 자살이 커다란 사회적인 문제가 된 2000년 전후의 일본에서 공중위생학적 접근의 의의는 자살예방 연구자에게도 행정 담당자에게도 충분한 이해가 이뤄지지 못하던 상황이었다.

자살의 원인이나 동기가 다양하고 단순화될 수 없다는 것은 말할 필요도 없지만, 조기발견 · 조기치료라는 이차예방적인 의학 모델을 적용함으로써 효과적인 대책으로 이어질 수 있다는 낙관적인 견해가 있었던 것 같다. 어떤 원인 때문에 심리적으로 궁지에 몰린 사람이 우울하게 된다는 것도 이해할 수 있고, 자살자의 자살 직전 심리상태가 어떤 정신질환을 앓고 있는 상태라고 하는 연구결과도 당연한 것으로 이해할 수 있다.

그러나 '그러한 정신상태가 되도록 내몰린 사회적 요인, 바로 그것의 실태를 파악해서 대처해야만 하는 것이 아닌가?'라는 의견에도 충분히 귀를 기울여야만 하였다. 자살대책기본법으로 제시된 대책의 방향성은 '자살을 개인적인 문제로만 인식하지 않고 사회적으로 대처해야만 하는 것'으로 제시하고, '정신보건적인 관점뿐만 아니라 자살의 실태에 입각해서 실시되어야 하는 것'임을 명확하게 하고 있다. 법률 제정에 노력한 관계자들의 마음이 자살대책기본법의 기본이념에 쓰인 문장으로 결실을 맺고 있다는 점을 잊어서는 안 될 것이다.

【2】 자살대책기본법 성립 후의 자살대책 동향

자살대책기본법의 성립 후, 행정상의 동향에 대해서는 매년 공표되는 자살대책백서에 기술되어 있기 때문에, 여기에서는 상세하게 기술하지 않고 자살대책 동향의 배경과 의의에 대해 개인적인 견해를 담아서 간단하게 해설하겠다.

<도표-1>에 자살대책기본법 성립 후의 자살대책 동향을 정리하였다. 자살대책기본법이 성립된 다음 해에 책정된 자살종합대책대강은 정부가 추진한 이후의 자살대책에 관한 기본적인 사고방식과 구체적인 시책을 가리키는 것이다. <자살은 궁지에 내몰린 결과로서의 죽음이다>, <자살은 막을 수 있다>, <자살을 생각하는 사람은 고민을 안고 있으면서도 신호를 보내고 있다>는 세 가지가 기본적인 인식으로 제시되었다. 5년 후인 2012년 8월 대강의 수정내용에는, '그 누구도 자살로 내몰리지 않는 사회의 실현을 목표로 한다.' 고 하는 문장이 첫머리에 실렸다. 또한 자살자 유가족들의 의견을 받아들여서 기본적인 인식 내용에 대해 단정적으로 표현하는 형태는 수정하여, <자살은 그 대부분이 내몰린 결과의 죽음>, <자살은 그 대부분이 막을 수 있는 사회적 문제>, <자살을 생각하는 사람은 어떤 신호를 보내는 경우가 많다>라고 표현하였다.

2008년 9월에 있었던 리먼쇼크(Lehman shock)는 자살대책의 시동기에 있던 우리나라에게는 큰 시련이었다. 이 세계적인 금융경제위기에 일본 역시 글로벌 경제화가 진행되는 가운데 불가피하게 휩쓸리게 되었다. 1998년 자살 급증이 실업률 증가로 대표되는 경제적

문제와 깊은 관련성을 갖고 있다는 점이 알려졌던 만큼, 리먼쇼크로 다시 자살이 급증하지 않을까하는 우려도 있었다. 2009년 11월에 있었던 '자살대책 100일 계획(자살대책 긴급전략팀)', 2010년 2월에 있었던 '목숨을 지키는 자살대책 긴급계획'은 리먼쇼크 이후 경제상황이나 고용상황의 악화를 염두에 두고, 자살자 증가를 막기 위해 급히 세워진 계획이었다. 종합적인 상담체제를 충실하게 실시하고 3월을 자살대책강화의 달로 정하는 등 대책 강화가 이뤄졌다.

2008년 이후 일본 전체의 자살률 추이를 보면, 2009년에 약간의 증가를 보였지만 그 이후로는 감소하고 있다. 1998년 자살 급증기에 보였던 중년 남성의 자살 증가는 보이지 않는다. 이 사실이 자살대책의 효과인지에 대해서는 검증이 필요하다.

그러나 리먼쇼크 후에 완전실업률 상승이 사태 이전 수준으로 돌아간 것이 2013년 6월이고, 2009년부터 2013년 동안에는 완전실업률이 줄어들지 않고 있었는데도 자살률이 감소하는 경향을 보여준 것은 주목해야 하는 점이다. 국가적 차원의 계발이나 상담체제의 내실화 작업이 효과가 있었다고 할 수 있을 것인가에 대한 여부는 향후 신중하게 분석할 필요가 있다.

2009년 추경예산으로 100억 엔의 지역자살대책 긴급강화기금(이하 기금이라고 함)이 조성된 배경에는 지역차원의 자살대책 추진이 중요하다는 기본적인 인식과 당시 리먼쇼크 후의 경제 상황 악화에 대한 위기감이 자리 잡고 있었다는 것은 확실하다.

결과적으로 보면, 기금은 그 후 우리나라 지방 자치 단체의 자살대책 추진에 재정적 기반을 제공하였고, 전국 곳곳에 자살대책 추진을 위한 예산과 대처에 대한 동기를 부여하였다는 점에서 아주 중요한 시책이 되었다. ① 10/10의 보조율로 지방 자치 단체의 일반재원 부담이 없다는 점 ② 국가가 제시한 5가지 시책의 틀(대면상담 지원사업, 전화상담 지원사업, 인재양성사업, 보급계발사업, 강화모델사업)의 범위 안에서 비교적 자유롭게 예산집행이 가능하였다는 점 등에서도 이 기금에 기초한 지방 자치 단체의 자살대책 추진은 실효를 거뒀다.

원래는 3년 동안 실시하기로 되어 있었지만 이후에도 재정조치가 계속되어, 2014년도까지 기금을 계속해서 지원하는 것으로 되었다. 이 기금사업에 대한 검증과 평가는 2012년 7월부터 내각부에 설치된 '평가 · 검증팀'에서 실시하고, PDCA 사이클로 계속적인 자살대책을 추진해 가는 형태로 이뤄지고 있다. 평가 · 검증의 상세한 내용은 본서의 다른 항을 참조하기 바란다(제1부의 4 이하).

2014년도를 끝으로 기금이 종료되면서, 기금을 대신할 국가 예산 조치가 결정되었다. 구체적으로는 2014년도 추경예산에 25억 엔의 '지역에서의 자살대책 추진' 항목이 포함되었다. 또 현재 기금의 실시기한은 2015년도 말까지로 예정되어 있다. 2015년도의 자살대책 예산은 확보되었지만, 앞으로는 2016년 이후의 예산을 위한 지속적인 노력이 필요하다.

〈도표-1〉 자살대책기본법 성립 후의 자살대책 동향과 주요 사건

<table>
<tr><th colspan="2">자살대책기본법 성립 후의 자살대책 동향</th></tr>
<tr><td>• 대책추진의 기구 성립
• 대강을 바탕으로 한 대책 추진

• 황화수소 중독 자살 다발(多發)의 인터넷 대책
• 도도부현의 재정적 대강 성립

• 경제위기 후 증가 우려 긴급 대책추가

• 종합적인 대책추진 지역의 실천적 대처 중시

• 대규모 연구에 따른 과학적 근거 축적

• 효과평가와 PDCA사이클
• 새로운 재정조치</td><td>2006년10월 … 자살대책기본법 시행
2007년6월 …… 자살종합대책 대강 책정
2008년9월 …… 리먼쇼크(Lehman shock) (세계적 금융 경제 위기)
2008년10월 … 자살대책 가속화 계획
2009년11월 … 자살대책100일 계획(자살대책 긴급전략팀), 2009년도 추경예산: 지역 자살대책 긴급강화기금(100억 엔)
2010년2월 …… 생명을 지키는 자살대책긴급 플랜
2012년6월 …… 자살종합대책대강 개선
2013년10월 … 자살대책(전략연구) 성과공표 (NOCOMIT-J)
2012~14년 …… 기금 효과 평가 (내각부)
2014년9월 …… 자살대책 (전략연구) 성과공표 (ACTION-J)

2015년도 ……… 2015년도 추경예산에 지역 자살대책사업 25억 엔을 계상(내각부). 현존기금의 실시 기한을 2015년도 말까지 연장</td></tr>
<tr><td colspan="2">효과평가를 바탕으로 한 대책 추진이 요구됨
지방 자치 단체의 독자예산과 지역특성에 따른 자살대책 추진</td></tr>
</table>

2. 통계 데이터에서 부각된 '자살'

구보타 다카후미*

【1】 자살대책 발전에 대한 통계학의 공헌

자살대책 발전에 대해 통계학의 입장에서는 두 가지의 공헌 가능성이 있다. 그것은 통계학을 어떻게 분류할 것인가에 따라 다른데, 하나는 기술통계로서의 공헌이고 또 하나는 추측통계로서의 공헌이다.

전자인 기술통계에 대해서는 자료라는 의미로서의 통계와 요약이나 대표치로서의 통계 두 가지가 있다. 자료의 관점에서 말하자면, 2009년 이후 '자살통계에 의거한 자살자'(이후 자살통계)라는 내용으로 내각부가 경찰청으로부터 제공을 받아, 자살통계원표 데이터를 바탕으로 매월 집계하고, 개요자료 및 상세자료에 따라 데이터를 매우 상세하게 공개하도록 하고 있다(内閣府, 2004a). 이 데이터를 사용하면, 자살통계 데이터의 분포를 조사하기 위해 평균이나 분산 등 요약통계량을 산출할 수 있다. 이것으로 자살통계 데이터가 제시하는 경향이나 성질을 검출하는 것이 가능하게 된다.

후자인 추측통계에 대해서는 단순한 추정이나 검정뿐만 아니라 모델 적용이나 나아가 응용분야로서 '실학적 활동'을 생각할 수 있

* 다마대학 경영정보학부 준교수

다. 그 내용은 자살대책만이 아니라 문제의 발견이나 그 해결 등 합리적인 활동으로서 PDCA 사이클이나 PPDAC 사이클 등을 들 수 있지만, 이에 대해서는 제3부의 1(지행의 통합을 통해 '생명'을 지키다)에서 언급되기 때문에, 여기에서는 생략하기로 한다. 본 항목에서는 좀 더 근본적인 데이터의 집계·요약에 대해, 특히 최근 5년간 감소된 점에 초점을 맞춘다.

【2】 통계학으로 본 종합자살대책의 효과 검증

종합자살대책의 효과 검증에 대해서는 자살대책 검증평가 회의(内閣府, 2004b)에서 자살종합대책대강(閣議決定, 2012)에 의거하여, 중립적이고 공정한 입장에서 이 대강에 근거한 시책의 실시 상황, 목표의 달성 상황 등을 검증하고, 시책의 효과 등에 대한 평가가 이뤄졌다. 기금에 대한 평가라고 한다면, 바로 떠올리는 것이 대략 지역 자살대책 긴급강화기금사업(이하 자살대책기금)에서 얼마의 돈을 투입해서 자살자가 몇 명 줄었는지 또는 자살률(인구 10만 명당 자살자 수)이 몇 포인트 내려갔는지의 문제일 것이다.

그러나 자살대책기금이 시작된 2009년에 모든 도도부현(都道府県)의 자살률이 같았다는 뜻은 아니다. 자살률이 높은 도도부현이 있으면 반대로 낮은 도도부현도 있다. 단순히 몇 명(또는 몇 포인트) 감소되었다는 것만으로는 충분히 평가할 수 없다. 또한 지역의 정의에 대해서도 도도부현으로 할지, 시구정촌(市区町村)으로 할지에 따라 다르고 또한 시구정촌에서는 원래 자살대책기금을 받고서도 사업을 실시하고 있지 않던 시구정촌도 있기 때문에 그 평가를 비교하기 위해서는 충분한 검토가 필요하다.

예를 들면, 2013년 보고서(內閣府, 2013)에 있는 이와이 · 구보타 다카후미(岩井淳 · 久保田貴文, 2013)의 '자살자의 동기에 주목한 지역자살대책 긴급강화기금의 효과 분석'에서는 2012년도 자살대책기금의 집행액과 지역 활성화 교부금(주민생활에 도움을 주는 교부금)의 합계 금액을 영역마다 집계하여(사업 전체, 대면형 상담 지원사업, 전화상담 지원사업, 인재육성사업, 보급계발사업, 강화모델사업의 여섯 영역), 2011년부터 2012년까지의 자살률 변화를 원인 · 동기별로 집계하고(전체, 가정 원인, 건강 원인의 세 영역), 그 상관성을 도도부현의 47사항의 데이터를 바탕으로 분석하고 있다(참고로 자살대책기금에 대해서는 도도부현의 사업 및 도도부현청 내 시구정촌의 사업을 합산하고 그 도도부현의 사업이라고 생각하여 해석하고 있다). 그 결과, 건강 요인으로서의 자살률의 변화는 사업의 전체, 전화상담 지원사업, 보급계발사업과 상관성이 인정되었다.

【3】 연령별, 원인 · 동기별로 자살통계에서 본 자살의 경향

여기에서는 앞에서 기술한 자살통계의 연간 확정치를 2009년부터 2013년까지 5년간, 연령별, 원인 · 동기별로 자살자를 비교한다. <도표-1>은 연령별 자살자의 연별 추이이다.

자살통계에서는 연령을 10세 간격으로 집계하고 있다(20세미만, 20~29세,…,70~79세, 80세 이상).

한편 일본의 자살(大原, 1965)에서는 아동, 청년, 노인이라는 범주로 분류하고 그 특징을 소개하고 있다. 자살증가의 사회적 요인에 대한 검토(橋本, 2004)에서는 일본의 버블경제 후의 중년, 노년 남성의 자살자 증가가 크게 작용하고 있다는 점도 고려하고 있어서, 여기에서는 소년(20세 미만), 청년(20~29세), 장년(40~59세), 고령(70세 이상)으로 집계한다.

〈도표-1〉 세대별 자살자의 연차 추이

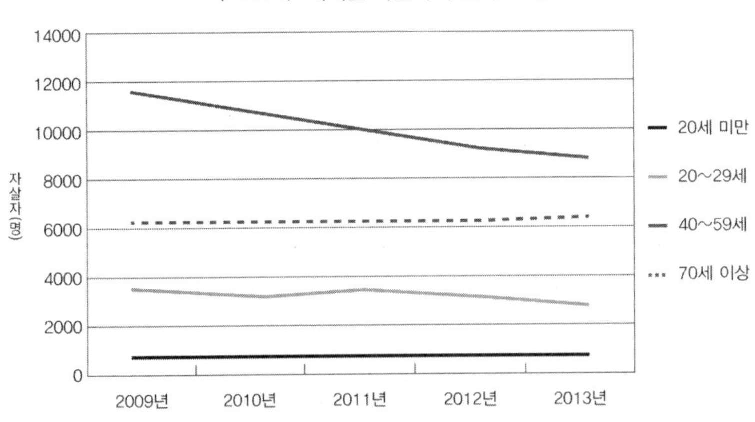

<도표-1>에서 알 수 있듯이, 2009년부터 2013년까지의 5년 동안 크게 감소하고 있는 것은 장년층이며 청년층 역시 감소하고 있다. 소년층은 거의 변화가 없고 고령층은 증가하고 있다. 단, 자살률로 봤을 때, 분모(分母)가 되는 인구가 변하고 있을 가능성이 있기 때문에 증가하고 있다는 결론을 낼 것인가에 대해서는 주의가 필요하다.

이하 <도표-2>에는 원인・동기별 자살자 수의 연차 추이를 제시하였다.

〈도표-2〉 원인 · 동기별 자살자 수의 연차 추이

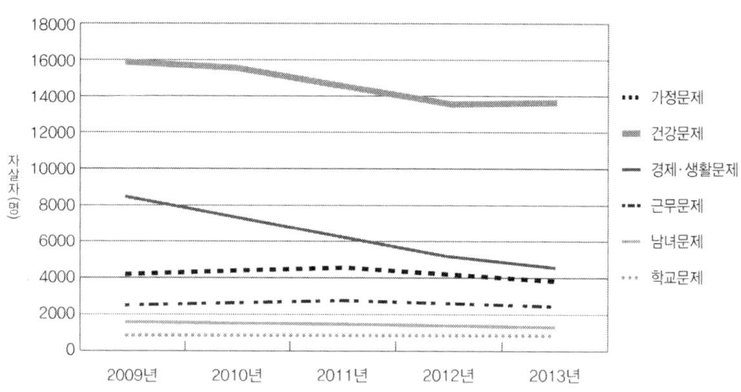

원인 · 동기에 대해서는 1. 가정문제, 2. 건강문제, 3. 경제 · 생활문제, 4. 근무문제, 5. 남녀문제, 6. 학교문제로 6가지를 고려한다. 더구나 원인 · 동기의 숫자에 대해서는 자살자 중 '원인 · 동기 특정자' 즉, 적어도 하나의 원인 · 동기가 특정되어 있는 자살자를 계상하고 있다. 이 원인 · 동기에 대해서는 3가지까지 계상이 가능하기 때문에, 총수와 원인 · 동기별 자살자 수의 합은 일치하지 않는다는 점에 주의가 필요하다(內閣府, 2014a, 비고).

<도표-2>에서 최근 5년간 건강문제와 경제 · 생활문제로 인한 자살자가 감소하고 있고, 특히 경제 · 생활문제로 인한 자살자는 지속적으로 감소하는 모습이 나타나고 있다. 한편 세 번째로 많이 차지하고 있는 가정문제는 최근 5년간 그다지 변화가 없다. 이어서 근무문제, 남녀문제, 학교문제 순으로 되어 있는데, 이들에 대해서도 변화는 거의 없다.

이와 같은 경향을 자세히 살펴보면, 어떤 속성에 있어서도 결코

같지 않다는 것을 알 수 있다. 즉, 연령별 자살자의 연차 추이에서 그 원인 · 동기의 경향이 다르며, 반대로 원인 · 동기별 자살자의 연차 추이에서는 연령별로 경향이 다를 것이다. 이 두 개의 속성에 대해 보다 자세히 살펴보자. <도표-3>부터 <도표-6>의 내용은 순서대로 소년, 청년, 장년, 고령의 원인 · 동기별 자살자의 연차 추이를 제시하고 있다.

〈도표-3〉 원인 · 동기별 자살자 수의 연차 추이(20세 미만)

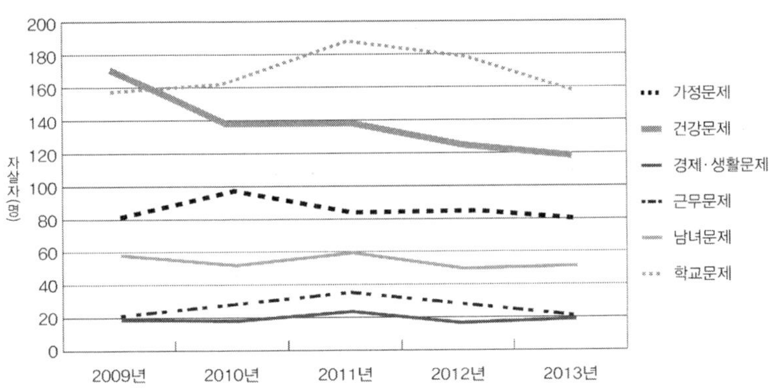

〈도표-4〉 원인 · 동기별 자살자 수의 연차 추이(20~29세)

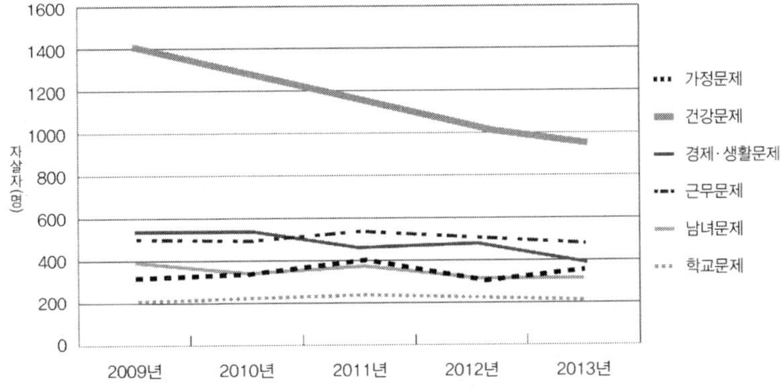

〈도표-5〉 원인 · 동기별 자살자 수의 연차 추이(40~59세)

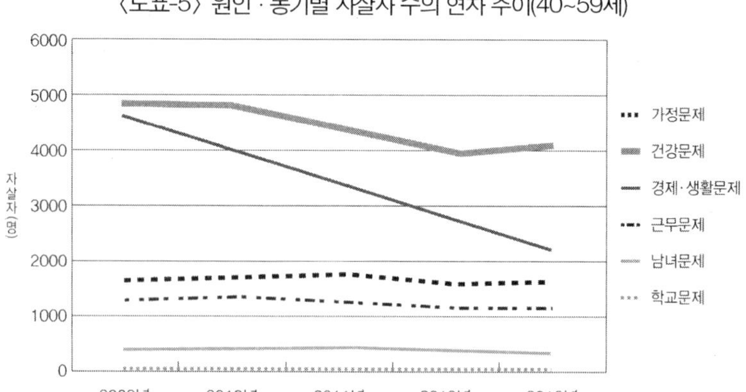

〈도표-6〉 원인 · 동기별 자살자 수의 연차 추이(70세 이상)

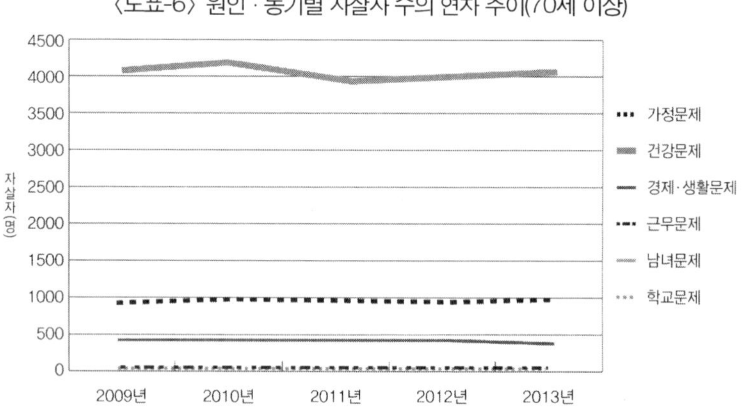

소년(20세 미만)의 경우, 학교문제가 거의 가장 큰 자살의 원인 · 동기이다. 두 번째는 건강문제로서, 최근 5년간 지속적으로 감소하고 있다. 다른 세대와 비교해서 자살자가 적고 또 20세 미만의 연령에서는 아동 · 학생과 노동자가 혼재되어 있다는 점에 주의할 필요가 있다.

청년(20~29세)의 경우는 가장 큰 원인이 건강문제로서, 이는 다른 문제의 2~3배 이상을 차지하고 있다. 그리고 건강문제로 인한 자살자는 최근 5년간 계속해서 크게 줄어들고 있다. 또 적은 수이기는 하지만 경제 · 생활문제도 마찬가지로 최근 5년간 줄고 있다. 한편 경제 · 생활문제와 같은 정도인 근무문제는 거의 변하지 않았다.

마지막으로 고령(70세 이상)의 경우는 건강문제가 높은 비율을 차지하고 있다는 것이 다른 세대와 크게 다른 점이며, 그 수는 감소하지 않고 최근 3년간 오히려 증가하고 있다. 두 번째로 높은 비율을 차지하고 있는 것은 가정문제로 나타났다.

이러한 점들은 당연한 일이기도 하겠지만, 최근 5년간의 경향을 연령별과 원인 · 동기별로 교차 집계를 해볼 때, 그 연차 추이를 명확하게 알 수 있을 것이다. 이들 데이터는 모두 공개되어 있기 때문에, 데이터 제공자의 정보와 집계할 수 있는 약간의 기술만 있으면 누구나 이와 같은 분석이 가능하다.

【4】 도도부현별 통계 해석에서 본 자살문제의 과제

지금까지 연령별로 원인 · 동기별 자살자를 살펴본 결과, 어느 정도의 증가를 보이는 세대가 있기도 하지만 그래도 최근 5년 동안 그 수는 감소하고 있으며 이러한 경향이 계속되고 있는 것처럼 보인다. 그러나 이러한 추세를 낙관할 수만은 없으며 여전히 방심할 수도 없다. 앞에서 살펴본 자살통계는 지역마다 집계되어 있기 때문에 도도부현이나 시구정촌으로 통계, 해석하는 것도 가능하다.

여기에서는 도도부현별로 원인・동기별 자살자와 같이 5년간의 연차 추이를 집계하고 그 대표적인 경향을 소개한다.

먼저 큰 경향으로서는 <도표-2>와 같이 건강문제가 가장 큰 원인・동기이고, 이어서 경제・생활문제, 가정문제 순인 도도부현이 많다. 그러나 두 가지 특별한 경우가 존재한다.

하나는 근래에 건강문제로 인한 자살자가 증가한다는 점으로서, 몇몇 도도부현에서는 2011년 이후 건강문제로 인한 자살자가 2011년까지 3년간 감소하고 있었는데도, 오히려 증가하고 있다는 점이다. 이 점은 각 지역이 안고 있는 배경 요인을 생각하지 않을 수 없다.

또 하나는 경제・생활문제와 가정문제의 순서가 바뀐 도도부현이 있다는 점이다. 경제・생활문제로 인한 자살자가 크게 감소하고 있는 도도부현도 있는 반면, 가정문제로 인한 자살자가 크게 감소하고 있는 도도부현도 있다. 그리고 가정문제로 인한 자살자가 늘고 있는 경우도 있다. 이것에 대해서는 앞으로 원인을 밝혀 해결하지 않으면 안 되는 문제일 것이다.

【결론】

여기에서는 자살통계에서 부각된 최근의 자살자 감소라는 현상을 시각적으로 제시하고 연령별, 원인・동기별, 도도부현별로 그 경향을 제시하였다. 이렇게 통계, 해석이 이뤄질 수 있도록 하는 데 많은 노력이 있었다는 점은 말할 필요도 없을 것이다. 그리고 앞으로 문제 해결로 이어질 수 있도록 하는 중개역할로서, 여기에서 이뤄진 조사가 단순히 데이터를 시각화하는 데 머물지 않고, 이것으로부터 데이터를 보는 사람이 납득하고 문제 의식에 공감할 수 있도록 하기 위해 데이터의 제시가 이뤄지고 있다고 본다.

[참고문헌·자료]

岩井淳・久保田貴文,「自殺の動機に着目した地域自殺対策緊急強化基金事業の効果の分析, 各委員のレポート(2013年度自殺対策検証評価会議報告書)」, 2013.
参考URL: http://www8.cao.go.jp/jisatsutaisaku/kensyouhyouka/pdf/refl.pdf (最終閲覧日：2015年1月7日).

大原健士郎,『日本の自殺—孤独と不安の解明—』, 誠信書房, 1965.

「自殺総合対策大綱-誰も自殺に追い込まれることのない社会の実現を目指して」, 2012年8月28日閣議決定.

内閣府,「2013年度自殺対策検証評価会議報告書～地域自殺対策緊急強化基金・緊急強化事業」, 2013.
参考URL: http://www8.cao.go.jp/jisatustaisaku/kensyouhyouka/pdf/houkoku/pdf(最終閲覧日：2015年1月1日).

内閣府,「自殺の統計,自殺統計に基づく自殺者」, 2014a.
参考URL: http://www.8cao.go.jp/jisatsutaisaku/toukei/index.html(最終閲覧日：2015年1月7日).

内閣府,「自殺対策検証評価会議」, 2014b.
参考URL: http://www.8cao.go.jp/jisatsutaisaku/kensyouhyouka/index.html(最終閲覧日：2015年1月7日).

橋本康男,「自殺増加の社会的要因についての検討,2004年度厚生労働省科学研究費補助金(こころの健康科学研究事業)自殺の実態に基づく予防対策の推進に関する研究分析研究: 自殺の原因・動機の実態に関する研究」, 2004.
参考URL: http://ikiru.ncnp.go. j p/ikiru-hp/report/ueda16/ueda16-3.pdf(最終閲覧日：2015年1月7日).

3. 자살대책 효과와 그 평가

(1) 아키타의 지역 개입 연구

모토하시 유타카

【서론】

아키타현은 자살대책의 선진지역이라고 불리며, 그 지역을 둘러싼 대처 활동은 '아키타 모델'로 주목받아 왔다. 그러면 '아키타 모델'이란 무엇일까? 그리고 그것은 어떻게 가능하였을까? 그것부터 먼저 이야기하고자 한다. '아키타 모델'은 지역 주도형 자살대책이고 건강증진의 이념과 관·민·학의 연계를 기반으로 하는 세 개의 'P'에서 이뤄졌다고 필자는 생각한다. 세 개의 P란 아래의 영어 핵심어(밑줄 부분)이다.

① Partnership ······················ 관·민·학 연계

② Participation ····················· 주민의 주체적 참여

③ Empowerment ················· 각 주체의 힘을 이끌어내는 것

이것에 더해서 Leadership(지도력)이라는 말도 중요하다. 지도력은 행정의 리더십(지사의 톱다운 방식에 따라 신속하게 시책 추진), 학교의 리더십(이론과 실천을 연결시키는 학자의 조언), 민간단체

의 리더십(관계자를 이끌어 내는 강한 개성)이다.

이상의 네 가지 요소가 서로 영향을 주면서 자살대책을 추진하는 것이 지역의 자살률 감소로 이어지게 된 '아키타 모델'로서 지역의 종합적인 자살대책이다. 민간단체의 리더십에 대해서는 제2부의 하카마다 슌에이 선생이나 사토 히사오 선생의 항목을 참조하기 바란다. 세계적으로도 선진적인 대처 활동이라고 자랑할 수 있는 아키타현과 북 도호쿠 지역의 대처 활동을 세계로 넓혀가는 것이 일본뿐만 아니라 세계의 자살문제를 해결하는 데도 도움이 될 것이라고 확신한다.

【1】아키타의 지역 개입 연구

아키타현의 지역 개입 연구는 아키타현과 시구정촌의 협력을 통해 아키타대학 의학부 공중위생학 강좌가 중심이 되어 2001년부터 2005년에 이르기까지 실시되었다.

개입 연구의 목적은 건강증진 이념을 바탕으로 하는 포괄적인 자살대책 활동이 개입지역에서의 효과가 인정될 것인가를 준실험(準實驗) 설계를 통해 과학적으로 검증하는 것이었다.

개입의 대상이 된 지역은 아키타현의 인구 과소지역인 농촌이고 인구는 43,964명이었다. 대조지역은 개입지역이 소속된 2차 의료권으로, 개입지역을 제외한 시구정촌이고, 인구는 297,071명이었다. 지역개입 내용은 당시 아키타현이 내세운 자살대책 정책 내용에 따르고 홍보계발 활동, 생명지킴이(gatekeeper) 양성연수(당시는 '마음이 통하는 상담원 양성'이라고 불림), 주민의 정신건강을 중심으로 한 질문지 조사에 따른 '우울상태' 스크리닝(screening)과 고위험자에게 개별지도, 질문지 조사 결과에 기초하여 소지역마다 주민설명회 실시, 보건사의 고위험자에 대한 추적조사였다. 개입사업은 3년 계획으로 진행되었으며 현에서 보조금을 받아 읍면이 주체적으로 사업을 실시하고 대학(공중위생학 강좌)의 담당자가 일관성 있게 사업추진에 관해 조언하는 구조였다.

또한 개입지역인 정촌(町村)의 수장이나 사업 담당자는 사업개시 초기에는 사업추진 효과에 대해 반신반의하였지만, 사업이 순조롭게 진행됨에 따라 사업추진에 협력하는 모습을 보였다.

<도표-1>은 지역개입 사업에 따른 자살률 감소 결과를 제시하고 있다. 개입지역에서는 개입 전후에 47%의 자살률 감소를 보인 것에 비해, 대조지역에서는 자살률에 대해 통계학적으로 유의한 감소를 보이지 않았다.

이 연구에서는 충분히 큰 규모의 인구 집단을 개입지역과 대조지역으로 설정할 수 있었기 때문에, 3년간이라는 짧은 기간의 개입이라도 지역개입 효과를 과학적으로 밝힐 수 있었다. 자살의 발생은 암 등 질병의 출현빈도와 비교해서 드문 현상이기 때문에, 단기간의 개입에 따른 효과를 검출하기 위해서는 적어도 수만 명 규모의 개입지역을 설정할 필요가 있다는 것이 이 연구에서도 밝혀졌다. 거의 같은 시기에 독일 뉘른베르크(Nürnberg)에서 진행되었던 같은 준실험설계의 지역개입 연구에서도 자살률과 자살미수를 합한 자살관련 현상의 감소가 단기간에 확인되었지만, 아키타의 지역개입 연구에

서는 자살률만으로도 통계학적으로 유의한 자살률의 감소를 밝힐 수 있었다는 점이 두드러지게 다뤄졌다.

〈도표-1〉 아키타현의 지역개입 사업에 따른 자살률 감소 결과

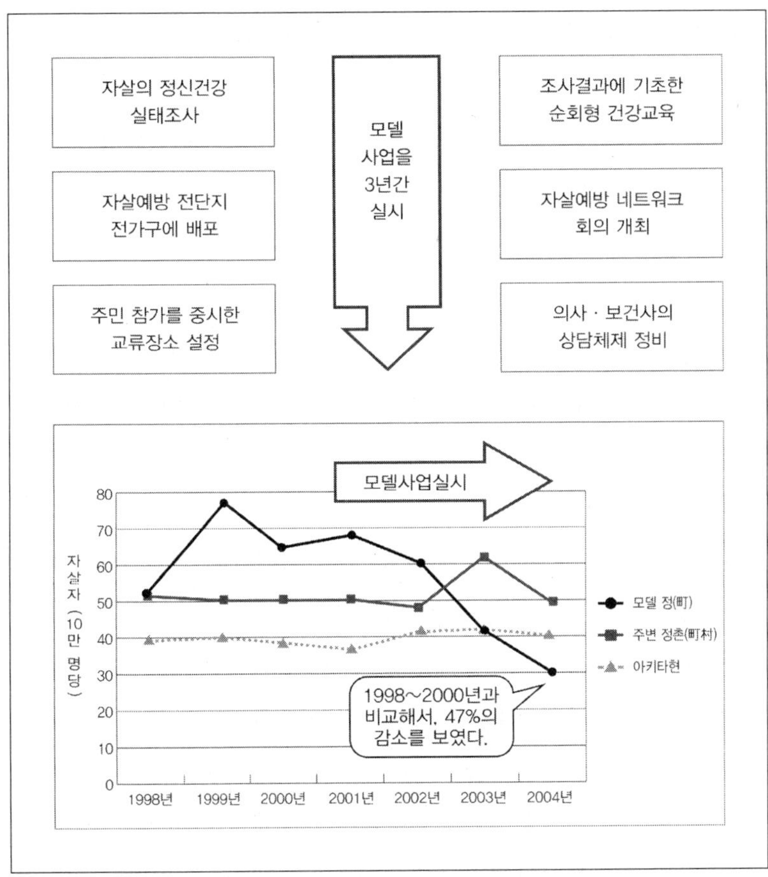

* (주의) 개입지역(모델 정)에서는 주변의 정촌(대조지역)과 비교해서 통계학적으로 유의한 자살률 저하를 보였다.

그 후, 우리나라에서는 전략연구 등 더 큰 규모의 지역개입 연구가 실시되어 지역개입 연구 데이터가 축적되어 왔다. <도표-2>에 주요 지역개입 연구 결과를 요약하였다.

【2】 연구 성과를 지역의 실천 활동에 활용하다

이 연구 결과들에서 말할 수 있는 것은 아키타현에서 실시한 것처럼 포괄적인 자살대책의 개입이 인구규모가 작은 농촌지역에서는 유효하다는 것을 확인할 수 있었으나, 인구규모가 큰 도시지역의 경우는 그 효과가 과학적으로 검증되지 못했다는 점이다.

대도시지역에서도 개입할 지역의 인구 규모를 수만 명 정도로 좁힌다면, 농촌지역에서 효과가 있다고 인정된 포괄적인 지역개입 사업의 효과를 보일 가능성이 있다고 생각한다. 마지막으로 강조하고 싶은 것은 지역개입 연구는 연구를 위한 연구가 아니라, 지역의 자살대책으로 바로 환원되는 것이 목적인 실행연구 프로그램(action research program)이었다는 점이다. 주민을 대상으로 한 조사 결과를 바탕으로, 고위험자에게 개별적인 접근을 하면서 조사 결과를 기초로 하는 지역(地域)진단에 의거하여 우리 정, 우리 촌의 건강복지의 과제(정신건강이나 자살문제)가 어디에 있는지에 대해 소규모 모임의 강연회를 통해서 주민들에게 관련 정보를 제공하였다. 연구 성과를 지역 실천에 적극적으로 활용하는 것이 자살률 저하와 밀접하게 관계된다고 추측할 수 있다.

〈도표-2〉 일본 자살대책 지역개입 연구 (주요결과 요약)

개입지역 (개입지역 인구) 추적 연수 연구설계	결과개요 (개입에 따른 자살률 감소)	보고자	문헌보고 잡지명, 년도
니가타현 마쓰노야마정 (65세 이상 인구, 873명, 1986년) 10년 대조지역 없음	개입 전 436.6/10만 명 (1970~1986) 개입 후 96.2/10만 명 (1987~2000)	高橋邦明, 他	日本精神神經 学雑誌, 1998
이와테현 죠호지정 (65세 이상, 7010명) 10년 QED	개입지역에서 약 25% 감소	Oyama H et al.	Community Mental Hearth Journal, 2004
아키타현 아이카와정 외 5정 (4.3만 명) 3년 QED	개입지역에서 약 47% 감소	Motohashi Y et al.	Suicide Life Threatening Behavior, 2007
전략연구 (NOCOMIT-J) (농촌 29만 명, 도시 61만 명) 3.5년 QED	농촌지역에서 남성 23% 감소. 도시지역에서는 감소 안 함	Ono Y et al.	Plos One, 2013

* (주의) 시정촌의 이름은 지역개입 연구 당시의 이름

3. 자살대책 효과와 그 평가

(2) 아오모리현의 우울증 스크리닝(screening)과 건강교육을 이용한 지역개입

사카시타 도모에 / 오야마 히로후미*

【1】 지역개입에 따른 우울증 스크리닝을 이용한 자살예방 활동 전개

지역의 자살예방은 일반적으로 지자체 사업에 따라 1차 예방으로서 계발 · 건강교육, 2차 예방으로서 위기개입을 위한 상담창구 설치와 생명지킴이(gatekeeper)양성, 3차 예방으로서 지원을 실시하고 있는 경우가 많다. 이 가운데 2차 예방에 대해서는 고위험자를 특정하거나 그 후의 추적체제 구축 방법이 확립되어 있지 않고, 또 인력부족이 문제가 되어 충분한 대처 활동을 실시하지 못하는 지자체가 많다.

아오모리현의 일부 시구정촌에서는 전문가와 협동으로 자살사망률 저하를 목적으로 하는 지역개입에 따른 자살예방 활동을 전개하고 있다. 구체적으로는 자살의 고위험 인자인 우울증을 표적으로 하여 우울증 스크리닝을 포함한 자살예방 활동을 실시하고 있다.

이 자살예방 활동은 시구정촌의 단독사업으로 실시되고 있으며,

* 아오모리현립 보건대학 건강과학부 강사 / 교수

주로 보건주관 부서의 사업으로서 일반주민을 대상으로 하고 있다. 이하 본 활동의 과정을 개략적으로 설명한다(坂下ら, 2011; Oyama et al., 2008).

【2】 지역조사 평가

자살예방 활동을 실시할 지역을 선정하기 위해서 지역조사 평가를 한다. 자살사망률은 성·연대별로 다르며, 시구정촌의 자살 발생을 성·연대별로 보면 그 지역의 자살사망 발생에 대한 특징적인 양상을 볼 수 있다.

실제 개입에서는 군 지역이나 도시 교외의 40세 이상 또는 65세 이상의 주민을 1회 스크리닝 표적으로 할 경우, 우리의 실적에서 한 팀이 감당할 수 있는 표적인구를 약 5,000명 이내로 상정하고, 그 지역에서 특정 성·연령대 집단의 자살사망률이 높은 지역(예를 들면, 과거 3~5년간의 평균 자살사망률이 중·장년층 남성의 경우 90(10만 명당), 같은 연령대 여성의 경우 45이상을 나타내는 지역)을 개입지구로 설정하고 있다. 지금까지의 자료에 따르면, 스크리닝을 3~5년마다 실행하면 효과를 얻을 수 있다고 보고 있기 때문에, 매년 스크리닝 실시 지구를 새로 설정하고 있다.

경험적으로는 현재 상황에서 지자체에 의한 스크리닝 실시 방법으로 다음의 두 가지가 타당하다고 생각된다. 하나는 스크리닝 실시 지구를 지자체의 일부 구역에 설정하고 그 지구의 특정 연령 집단(예를 들면, 40~64세 등)의 주민을 대상으로 실시하는 방법이다. 이

방법은 비교적 인구규모가 작은 시구정촌(인구 약 5만 명 미만)의 경우 유효하다. 또 하나는 스크리닝 실시 지구를 지자체 전역에 설정하고 특정 연령(예를 들면, 35세, 50세 등)으로 한정된 주민에게만 실시하는 방법이다. 이것은 비교적 인구규모가 큰 시구정촌(인구 약 5만 명 이상)의 경우에 유효하다고 생각된다.

【3】 주민 조직화와 건강교육

실제 개입에서는 먼저 자살문제를 지역의 과제로서 주민과 공유하기 위해 주민자치회를 개최하는 등 대화의 기회를 마련하고 있다. 구체적으로는 우울증 스크리닝 실시에 대해 지자체, 주민자치회와 합의를 이루기 위해 노력하고, 그 실시방법에 대해 협의하는 자리를 만들고 있다.

합의가 이뤄진 지역을 개입구역으로 선정하고 그 후 지역 주민에게 우울증이나 자살에 관한 건강교육을 공공장소에서 실시하고 있다. 또 건강교육 등에 참여하는 주민은 한정되어 있기 때문에 홍보나 주민자치회 연락망을 활용하여 우울증 스크리닝 참가자를 모집하고 있다. 기타 지역의 보건협력(추진)원 등 보건사업 자원봉사자나 민생위원 등의 복지 자원봉사자에게는 생명지킴이 교육을 실시하는 것과 함께 주민 사생활이 확보된 가운데 스크리닝 용지의 배포・회수 작업을 의뢰하고 있는 지자체도 있다. 또한 주민의 참가를 촉구하기 위해 지자체나 보건복지 봉사자의 통상적인 활동 속에서 참여를 권하고 있다.

【4】 우울증 스크리닝 도입

(1) 우울증 스크리닝

지역주민에 대한 우울증 스크리닝은 2단계 방식으로 이뤄지고 있다(大山ら, 2013). 먼저 1차 스크리닝에서는 대상자에게 우울증을 판별하기 위한 자기식 질문지를 표적이 되는 지구·연대의 전 주민에게 배포하고, 스크리닝 검사에 참가와 응답을 요청한다. 배포방법은 유치법(留置法) 또는 우송법(郵送法)을 이용하고 있지만, 지역조사를 바탕으로 하는 방법을 선택하고 지자체와 주민 간의 합의형성에 따라 이뤄지고 있다. 공동체 의식이 비교적으로 강한 지역에서는 자원봉사자 등의 주민 조직을 활용함으로써, 50%가 넘는 참여율을 얻는 것도 가능하다(坂下ら, 2013). 참가율이 높은 경우, 참가자들 가운데 우울증 등으로 인한 자살위험이 높은 사람이 상당수 포함되어 있거나, 도움을 요청하려는 의지가 낮은 사람에 대해서는 아웃리치(outreach)를 실시하는 것이 가능하다.

(2) 전문가에 의한 정밀 조사와 추적

1차 스크리닝에 이어 양성반응자에 대해서는 2차 스크리닝에 참가할 것을 촉구하고 고위험자를 추출해 낸다. 여기에서는 가까운 지역의 정신과 의료기관과의 연계를 확보하고 지자체의 보건사와 함께 의료기관 등의 정신보건복지사 등이 보건의료 종사자용 구조화 면접법을 이용하고, 전화나 대면을 통해 본인·가족과 면접하여 우울증 에피소드의 유무를 중심으로 평가한다. 이때 양성반응자의 생활문제(예를 들면, 다른 건강문제, 가족갈등, 생활고, 개호(介護)문제 등)가 상담되는 경우가 자주 있고, 케이스워크(casework)로 이어지는 사례도 많다.

위의 2단계 스크리닝을 거쳐 자살 위험도가 높은 정밀검사가 필요한 대상자를 가려내고, 필요에 따라 전문의와 면접을 실시한 뒤에 회의를 통해 처우를 결정한다. 전문의(정신과 의사나 심신의학 의사 등)의 진료 권장, 보건사・정신보건복지사 등의 방문・전화를 통한 추적, 이상 없음의 처우를 판정받으면, 본인의 합의를 얻은 뒤 2개월 정도 추적하고 있다. 참고로 양성반응자의 생활문제에 대한 케이스워크(casework)는 필요에 따라 그 후에도 계속된다.

기대되는 효과를 보면, 군(郡) 지역의 고령자 자살 다발지역에서 스크리닝을 3~5년 마다(또는 개입기간 중에 1회) 실시한 경우, 고령자의 자살사망률이 약 50~70% 감소되었다고 보고되고 있다(Oyama et al., 2008).

[참고문헌·자료]

坂下知恵, 大山博史,「うつ病スクリーニングによる壮年者自殺予防のための地域介入」,『精神医学』53, 2013, 225-233.

Oyama, H., sakashita, T., Ono, Y. et al., Effect of community-based intervention using depression screening on elderly suicide risk: a meta-analysis of the evidence from Japan. *Community Ment Health J.* 44, 2008, 311-320.

大山博史, 坂下知恵, 千葉敦子, 石田賢哉, 戸沼由紀,「うつ病スクリーニングを用いた中高年者自殺予防のための地域介入—北東北地方における知見より」,『日社精医誌』22, 2013, 322-331.

3. 자살대책의 효과와 그 평가

(3) 복합적 자살대책 프로그램의 자살시도 예방효과에 관한 지역 개입 연구 NOCOMIT-J

오노 유타카*

【1】 NOCOMIT-J이란

'복합적 자살대책 프로그램의 자살시도 예방효과에 관한 지역개입 연구 NOCOMIT-J'는 후생노동 과학연구비 보조금을 받고 수행된 대형 연구사업인'자살대책을 위한 전략연구'의 두 가지 핵심연구 중 하나이다. 2005년부터 5년에 걸쳐서 실시되었던 사업으로서 그 때까지 각지에서 진행되어온 자살대책에 관한 개입효과를 과학적으로 검증하는 것을 목적으로 한 연구이다(Ono Y. et al., 2008; Ono Y, et al., 2013; 大野裕, 2014).

NOCOMIT-J는 오랫동안 자살사망률이 높은 지방의 군(郡)지역(아오모리 지역, 아키타 지역, 이와테 지역, 남 규슈 지역의 11개 지구: 개입지구와 대상지구의 총인구 약 63만 명)에서, 1차, 2차, 3차 예방대책이 상세하게 제시된 개입 프로그램 안내서에 따라 여러 단계 및 복합적인 지역개입 프로그램을 실시하고 통상적인 자살예방대책을 시행한 대조지구와 비교하여, 자살시도의 발생(자살자 및 자

* (독립행정법인) 국립정신 · 신경의료 연구센터 인지행동요법 센터장

상행위(중증 및 중독증)로 인한 구급 수송자 빈도)에 효과가 있는지 여부를 검토하였다. 대조지구에서는 통상적인 자살예방대책이 실시되었다.

그리고 그와 동시에 자살이 증가하고 있던 도시 지역 근교의 인구 밀집지역(센다이 지구, 이치카와 지구, 북 규슈 지구: 개입지구와 대상지구의 총인구 약 132만 명)에도 같은 효과검증을 하였다. 이처럼 통상적인 예방개입을 하고 있는 주변 이웃 지역과 자살시도율의 차이를 검증한 것도 이 연구의 특징이라고 할 수 있다. 데이터 해석을 개입 전후의 비교가 아니라 현상의 rate ratio(비율비)를 지구, 성별, 연령, 기간에 따라 조정한 후에, 연구팀과는 독립된 전문 통계가가 intention-to-treat분석('개입 의도'에 의한 분석)을 이용하여 효과와 프로그램 실시율을 중심으로 진행한 것도 본 연구의 특징이다.

개입의 기본적인 목표는 다음과 같다. ① 주민들이 마음의 건강을 유지하고 삶의 보람을 얻음으로써 자살률을 낮춘다. ② 주민이 자기 자신의 변화를 알아차리고 지원기관이 알 수 있도록 한다. ③ 위기상태에 있는 사람이 전문가에게 상담을 받을 수 있고, 주변으로부터 적절한 지원을 받을 수 있도록 한다. ④ 주민이 서로 연계하여 스트레스가 많은 상황에서 상담하거나 지원을 요청할 수 있도록 한다.

보다 상세한 개입방법과 구체적인 사례에 대해서는 'J-MISP Japanese Multimodal Intervention Trials for Suicide Prevention-자살대책을 위한 전략연구-'(http://www.jfnm.or.jp/itaku/J-MISP/index.html)의 '지역개입 연구반'이 작성한 '자살대책을 위한 지역개입 프로그램'과 해설 DVD(http://www.mhlw.go.jp/bunya/shougaihok

en/jisatsu/)에서 소개되고 있다.

그 결과 복합적 자살예방대책 프로그램을 실시했을 때의 효과는 오랫동안 자살사망률이 높은 지역의 남성군과 65세 이상의 고령자군에서 당초 기대했던 약 20%의 자살시도 감소 효과가 명확해졌고, 실효성이 높은 예방효과를 얻을 수 있다는 것이 명확해졌다. 반면에, 여성 및 청년의 경우는 명확한 효과가 보이지 않았다. 이들 지역에서 프로그램 실시율은 대조지구보다도 분명히 높은 것으로 나타났다.

한편, 근래에 자살이 증가하고 있는 인구 규모가 큰 도시 지역의 자살시도 발생률은 대조지역과 비교해서 동등하였다. 이들은 대조지구와 유의미한 차이가 없었고 그러한 점이 이번 결과에 영향을 미치고 있을 수도 있다.

그 후 연구 참가지역에서 지자체, 민간단체, 자살대책 연구자들이 구축한 네트워크는 자살대책에 머물지 않고 지역사회 만들기에 공헌하고 있다.

【2】 대처 결과에서 부각된 과제

반면에 성별과 세대에 따라서는 효과에 차이가 있고, 특히 도시 지역에서 효과에 한계가 있다는 것도 밝혀졌다. 이 결과가 나타내는 점은 이제부터는 이전보다 더 상세하게 자살 현상에 대한 조사 분석을 하고 인적 자원이나 지역 특성 등의 과제에 대해서 과학적으로 검토한 뒤에 새로운 관점에서 추진하는 것이 중요하다는 것이다.

본 연구에서 시사하고 있는 복합적 개입 프로그램을 도시 지역에서 실시할 때의 어려움은 도시 지역에서의 인적 자원이나 지역 네트워크 부족 등 지역 특성이 영향을 주고 있을 가능성을 생각할 수 있다. 이제부터는 어떤 사람이 스스로 목숨을 끊는지 지자체가 갖고 있는 정보를 신중하게 검증하면서 연구를 추진하여 과제를 풀어나갈 필요가 있다. 말할 필요도 없이 지금과 같이 경찰 통계만으로는 정보로서 불충분하다.

또 자살 유족의 청취 조사를 중심으로 한 심리적 부검은 스스로 목숨을 끊은 사람의 경우 혼자인 경우가 많고, 청취 조사에 응하는 가족이 한정되어 있다. 이러한 점에서 그 데이터는 상당히 편향되어 있고 신뢰도는 낮아진다.

게다가 최근에 자살자가 늘고 있는 여성 및 청년에 대해서는 지금까지 이뤄진 자살대책의 효과를 기대할 수 없다는 점이 밝혀졌다. 이것은 계발활동이 여성 및 청년에 대해서는 자살을 유발할 위험성을 동반할 가능성이 있다는 것을 시사한다. "자살을 금기시하지 않는다."고 하여 자살예방을 위한 계발활동이 활발하게 이뤄지고는 있지만 그러한 활동이 오히려 자살을 증가시키고 있을 가능성도 부정할 수는 없다.

특히 도시 지역에서는 프로그램 실시율이 낮고 복합적인 개입의 효과가 보이지 않았다는 점에서 장애인이나 고령자 등 생활 약자에게 초점을 맞춘 개입이 필요하다고 생각된다. 우리나라 유일의 대규모 지역 역학 조사였던 2006년도 후생노동 과학연구비 보조금(마음건강 과학연구사업)'마음 건강에 대한 역학 조사에 관한 연구'팀(주임연구자 가와카미 노리히토)에 따르면, 협력지역 주민 4,134명 중

조사 시점까지 평생 동안 5~6명 중 1명, 조사 시점으로부터 과거 12개월 이내에는 13~14명 중 1명이 한 가지 이상의 정신장애를 경험했었다는 사실이 밝혀졌다. 반면에 조사시점으로부터 과거 12개월간 어느 정도의 정신장애를 경험한 사람 가운데 진료·상담 경험이 있던 사람은 17%, 과거 30일 이내의 경우는 약 6~7%로 극단적으로 낮았다는 것을 알 수 있었다.

【3】 지역을 기반으로 하는 시스템 만들기

이것은 정말로 치료가 필요한 사람에게 적절한 지원이 이루어지지 않을 수 있다는 점을 보여주는 자료이고, 향후 지역대책이 필요하다는 것을 보여주고 있다. 또 이 연구 자료에서는 정신적인 문제로 고통을 받고 있는 사람이 처음 받는 진료는 지금까지 막연하게 말해왔던 것처럼 다른 과(科)가 아닌 정신과 진료 쪽이 많다는 점을 보여주고 있어서 정신과 의료의 역할이 중요하다는 점을 엿볼 수 있다.

또, 대도시의 자살자 실태를 보면 이미 정신과 등 의료기관의 치료를 받고 있는 사람이 3분의 2를 차지하고 있는 것을 알 수 있다. 이러한 점은 자살대책에서 의료기관의 치료를 받도록 권장하여 왔지만, 그것만으로는 충분하지 않고 치료자를 지원하는 시스템을 만드는 것이 불가결하다는 것을 의미한다.

[참고문헌·자료]

Ono Y., Awata S., Iida H. et al., A community intervention trial of multimodal suicide prevention program in Japan: a novel multimodal community intervention program to prevent suicide and suicide attempt in Japan, NOCOMIT-J. *BMC Public* Health. 8, 2008, 315.

Ono Y., Sakai A., Otsuka K. et al: Effectiveness of a multimodal community intervention program to prevent suicide and suicide attempt: a quasi-experimental study. *PLOS ONE* 8(10), 2013.

大野裕, 「'総合的自殺対策プログラムの自殺予防効果に関する地域介入研究NOCOMIT-J'を終了して研究成果と今後の課題」, 『ストレス科学』 29(1), 2014, 1-17.

3. 자살대책 효과와 그 평가

(4) 자살대책을 위한 전략연구 ACTION-J: 자살 미수자에 대한 개입연구

가와니시 지아키*

【1】 ACTION-J 실시 경위

'ACTION-J'는 '자살시도의 재발방지에 대한 복합적 사례 · 관리 효과: 다시설(多施設) 공동의 무작위화 비교시험'이라는 정식 명칭을 가진 자살예방대책 연구이다(Kawanishi et al., 2014). 2005년에 후생노동성은 일본인에게 중요한 건강문제에 대해 과학적 근거를 바탕으로 한 치료법을 창출하여 시책에 활용하고, 그것으로 국민적인 과제를 해결할 것을 목적으로 같은 해 '전략연구'라는 연구 체계를 만들었다.

후생노동성이 지원한 연구비 보조금 사업은 종래에는 그 성과 목표나 연구 계획의 입안을 연구자에게 거의 모두 맡겼지만, 전략연구는 후생노동성이 미리 구체적인 정책 목표를 제시하고 연구 목표와 연구 계획의 골자를 정한 다음에, 연구자 · 연구시설을 공개 모집하여 연구를 실시하는 것이다. 전략연구가 시작된 첫 해의 연구과제로는 '당뇨병'과 함께 '자살문제'가 채택되었다.

* 삿포로 의과대학 대학원 의학 연구과 정신기능병태학 교수

【2】 연구 목적

ACTION-J는 전략연구 정책에 따라 일본에서 중요한 건강문제로서 인식하게 된 자살에 대해 과학적 근거를 바탕으로 한 예방법 창출을 목적으로 한 연구이고 특히 자살의 위험인자로서 가장 명확한 '자살미수'에 초점을 맞추게 되었다.

자살을 시도하고 미수로 끝난 사람은 그 후에도 자살을 다시 시도하여 사망할 위험성이 지극히 높다. ACTION-J는 미수자의 재시도를 방지하기 위한 방책을 개발하는 것을 목적으로 연구를 실시하고, 자살 시도자가 많이 수송되는 응급의료시설을 그 거점으로 하였다.

미수자의 재시도 방지를 위한 연구로는 이미 세계적으로 다양한 시도들이 많이 있다. 예를 들면, 구조화된 정신요법를 통한 개입, 엽서나 편지 메시지를 통한 개입, 전화를 통한 개입, 또는 방문 등을 시도하여 효과가 있었다는 보고도 인정되기는 했지만 그 대부분이 과학적인 근거가 부족하고 재현성이 부족하다.

ACTION-J는 그 연구들에서 보이는 연구 계획상의 문제를 모두 넘어서는 형태로 고안되어 면밀하게 연구계획서가 작성되었다.

【3】 연구 방법

(1) 연구실시 시설과 대상자

정신과와 일반 구급의료 부문의 연계가 이뤄지고 있는 전국 17곳의 의료시설군·21곳의 병원에 연구팀을 구성하고 연구를 실시하였다. 대상자는 2006년 7월부터 3년 반이란 기간 동안 병원의 응급 의료부문에 수송되어 입원한 자살 미수자이고 정신질환이 있는 사람들이었다. 이러한 중증자살 미수자의 적어도 80%이상이 정신질환을 앓고 있다는 것이 선행연구에서 밝혀져 있다는 점에서, ACTION-J에서는 응급의료로 수송되는 중증자살 미수자의 대다수를 염두에 둔 연구라고 할 수 있다.

(2) 동의 취득 과정

대상자의 몸 상태가 안정되고 의식이 뚜렷해진 직후에, 자상행위가 자살을 의도한 것이었는지의 여부를 확인하고, 자살시도였을 경우에는 대상자의 심리사회적 평가, 정신의학적 평가를 실시하였다. 이어서 연구내용을 충분히 설명하고 임시로 동의여부를 가부로 확인, 심리교육(자살을 시도하게 된 과정을 되돌아보는 것과 현재 앓고 있다고 생각하는 정신질환에 관한 질병교육)을 진행한다. 그리고 다시 연구에 관한 설명을 반복한 다음에 동의의 가부를 확인하고, '가'로 답한 사람을 연구의 참가자로 등록하였다.

(3) 배정과 개입

다음으로 참가자를 적절한 방법으로 통상개입군과 시험개입군으로 무작위로 배정하고, 통상개입군 참가자에게는 먼저 실시된 심리교육에 더해서 사회자원 등의 건강문제나 생활지원에 관한 정보가 게재된 팜플렛을 제공하였다. 이 팜플렛은 그 후 대상자가 내원할 때마다 제공되었다. 시험개입군에는 정신과 의사, 간호사, 사회복지사, 또는 심리사가 <도표-1>의 사례・관리 개입을 입원해 있을 때와 퇴원 후에 정기적으로 실시하고, 개입기간은 가장 짧은 경우가 1년 6개월이었다.

참고로 이 연구는 연구반 외부의 윤리위원회 심사와 승인을 받은 후에 실시되었다.

〈도표-1〉 ACTION-J에서 실시된 사례 관리자 개입 프로그램
(입원 중 · 퇴원 후 1.5~5년간)

① 위기개입
② 심리교육
③ 가족에 대한 심리교육
④ 퇴원 후의 정기 면담과 사회적 지원 도입
⑤ 정신과 진료 권장
⑥ 정신과와 신체관련 진료과와 연계 촉진
⑦ 정신과 진료 중단자에게 진료 권장
⑧ 전용 WEB(심리 교육과 정보 제공) 공람

【4】 결과와 의의

914명의 자살미수 환자가 연구에 참가하였다. 시험개입군의 경우, 배정이 이뤄진 뒤 18개월 동안 자살 재시도의 발생률이 낮았고, 통상개입군의 경우 자살 재시도 발생률을 1로 하였을 경우, 시험개입군의 재시도 발생률(위험비)은 1개월이 지난 시점에는 0.19, 3개월 시점에서는 0.22, 그리고 6개월 시점에서는 0.50로 유의적으로

낮았다. 12개월 시점에서는 0.72, 그리고 18개월 시점에서는 0.79였다. 배정 조정인자에 따른 해석을 한 결과, 여성, 40세 미만, 그리고 과거 자살시도 경력이 있는 대상자군의 경우가 유의미하게 자살 재시도의 발생률이 낮았다. 시험개입군에서 중단률이 매우 낮았고, 완전히 배정이 이뤄진 뒤에 개입을 받지 않았던 대상자의 비율은 1.2%뿐이었다.

자살미수 등 자상행위로 인한 응급수송자 수는 최근 선진국에서 크게 증가하고 있고, 응급의료현장의 부담도 커진다는 관점에서도 큰 문제가 되고 있다.

ACTION-J는 이 영역에서 처음으로 과학적 근거성을 가지고 자살 시도자의 재발 방지를 위한 개입방책을 확립하였다. 더구나 ① ACTION-J는 실제 구급 의료 현장에서 진행된 연구이고, ② 사례·관리 담당자는 정신보건복지사와 임상심리사를 중심으로 한 일반 의료전문직 종사자이고, ③ 대상자의 탈락률이 지극히 낮았다는 점에서도 ACTION-J의 성과는 그대로 의료현장에 반영할 수 있다고 생각할 수 있었다. 또한 우리나라와 같이 일반응급 의료서비스나 1차 진료 서비스, 정신건강 관리서비스의 체제가 정비된 나라와 지역이라면, ACTION-J 개입 프로그램을 다른 곳에서도 충분히 실시할 수 있다고 생각된다.

더구나 ACTION-J에는 370명 이상이나 되는 의료전문직 종사자가 참여하면서 그 연구 실무를 통해 자살 미수자에 대응할 수 있는 많은 전문직 종사자를 육성할 수 있었다. 실제로 이들은 연구 실시기간에도 그리고 그 이후에도 지역자살 대책활동이나 자살예방연구에 관여하였고, 그러한 점이 일본의 전체적인 자살예방대책의 상향식 방식(Bottom up)과 연결되어 있다는 것은 틀림이 없다.

【5】 앞으로의 전망

ACTION-J의 성과가 놀랍다는 점에서 그 성과를 조속히 구급의료 현장에 반영하는 것이 필요하다. 원래 전략연구는 이렇게 할 목적에서 시작된 연구 체계이다. 이것이 단순한 의료나 시책으로 전락하지 않도록 주의할 필요도 있다.

그 이유는 ACTION-J로 자살 미수자의 재시도를 줄일 수 있었던 것은 ① 그 연구계획서에 따라서, ② 정신과 의사가 적합한 정신의학적 평가를 실시하고, ③ 연구반에서 개발된 사례 · 관리 프로그램을, ④ 표준화 훈련을 받은 사례관리자가 실시하였기 때문이다.

그것은 "미수자가 입원했으니까 정신과에 의뢰해 달라"거나 "사회복지사를 불러 달라", "케이스워크(casework)를 부탁해요"라고 하는 종래의 대응과는 차별화된 것이다. 그것에 입각하여 ACTION-J의 시책화에서 중요한 것은 ACTION-J에서 이뤄진 실무를 그대로 가능하도록 하는 의료제도나 의료현장을 정비하는 것이라고 할 수 있다. 또 그 체제를 운용하기 위해서는 사례관리자를 양성하는 체제를 구축해 나가지 않으면 안 된다는 것이다.

그것을 실현하기 위하여, ACTION-J에 관여하였던 관계자는 그 후에 다시 새롭게 연구그룹을 구축하고, 2012년도부터 새롭게 후생노동 과학연구비를 얻어 우선적으로 사례관리자 양성 연수프로그램

개발 활동을 해왔다(研究代表者 山田光彦, 「自殺対策のための効果的な介入手法の普及に関する研究」). 그리고 2일간의 프로그램으로 이뤄지는 연수코스를 작성하고, 2013년도부터 파일럿(pilot) 연수회를 실시하고 있다. 의료제도나 의료현장의 정비에 대해서는 연구 성과의 사업화와 진료 보수 제도화 등이 검토되어야 하겠지만, 저자들은 의료 보수 제도화를 졸속으로 하는 것보다 오히려 사업화를 선행시켜야 한다고 생각하고 있다. 그 이유는 연구계획서 그 자체와 같은 요건을 나열한 진료 보수 항목을 설정하더라도 의료 관계자로서는 감을 잡을 수 없을 것이고, '자살 미수자 대응을 해본 적이 없는 의료 관계자는 그 항목에 상응하는 의료를 실시하려고 하지 않는 것이 아닐까'하고 우려되기 때문이다. 먼저 후생노동성 또는 내각부에서 예산화, 사업화를 해주면, ACTION-J의 성과를 알고서, 같은 활동을 희망하는 병원들이 참여할 것이다(이미 ACTION-J의 내용, 성과에 대해서는 많은 문의가 있다). 그리고 활동에 참여한 병원이 사업예산으로 고용한 코메디컬(co-medical) 스태프가 사례관리자 워크숍에 참가하고, 착실하게 ACTION-J를 실제 임상에서 실천함으로써 ACTION-J에 대한 이해와 그에 대한 보급이 이뤄지고, 그 뒤에 진료 보수화에 대한 이행과 정착이 원활하게 진행될 것이라고 저자들은 생각하고 있다.

[참고문헌·자료]

Kawanishi et al., Assertive case management versus enhanced usual care for people with mental health problems who had attempted suicide and were admitted to hospital emergency departments in Japan (ACTION-J) : a multicentre, randomised controlled trial. *The Lancet Psychiatry* 1, 2014, 193-201.

3. 자살대책 효과와 그 평가
(5) 우울증과 자살대책: 정신과 의사의 자살대책에 대한 역할

나카무라 준*

【서론】

매년 경찰청 보고에 따르면, 자살 원인의 약 절반은 건강문제이고, 그의 절반은 우울증이라고 한다. 최근 우리나라의 자살자 수는 감소하고 있지만 그 내용은 변하지 않고 있다. 따라서 정신과 의사로서 우울증의 조기 발견, 치료, 재발 방지(복직 지원)는 자살방지대책으로서도 중요하다.

본 항목에서는 우울증의 조기 발견・조기 개입, 치료, 복직 지원으로 나누고 정신과 의사의 역할에 대해 서술하기로 한다.

【1】 우울증 초기발견 · 초기개입

2015년 12월부터 노동자에 대한 스트레스 체크 제도가 시작된다. 본 제도는 일반 건강진단과 같이 직장에서의 우울증 등 정신건강이 좋지 않은 대상자의 1차 예방을 위한 법률이고, 과도한 스트레스를

* 산업의과대학 의학부 정신의학교실 교수

받고 있다고 진단된 노동자에게 산업보건의(Occupational Health Physician)가 개입하여, 일의 양을 경감하거나 직무변경을 하게 하는 등 직장 내 정신건강의 개선을 촉진하고, 정신질환으로 인한 휴업이나 생산성이 떨어지는 것을 방지할 목적으로 제정되었다. 이 법률에서 사용하는 자기식 질문지는 '직업성 스트레스 간의 조사표'(57항으로 된 검사)를 기본으로 하고 있지만(加藤正明, 2000; 下光輝一, 2005), 축소판으로서 23항목도 선택되었다(厚生労働省, 2014). 즉, 9항목의 심신 스트레스 반응으로 인한 증상에 수면, 식욕의 2항목을 더한 11항목, 그것에 업무량, 재량권 유무의 6항목, 상사와 동료 그리고 가족의 지원이 있는지의 6항목을 합친 23항목이다. 그 결과, 스트레스가 높은 것으로 판정된 노동자의 신청에 따라 의사가 면담을 하고 그 상태에 따라 업무량이나 근무시간 등을 조정하는 지도를 하게 된다.

그리고 우울한 상태 · 우울증 노동자에게는 전문의를 소개하는 등 진료를 권장하게 되어 있다. 연 1회의 이러한 건강진단이 우울증예방이나 자살예방으로 이어질 지에 대해서는 의문이 제기되고 있지만, 직장 내 정신건강대책으로서 일반 건강진단과는 별개로 스트레스 체크 제도를 도입하는 것 자체가 전 세계적으로 전례가 없는 제도이기 때문에 이것을 기업들이 받아들여 실행한다면 매우 중요한 조치가 될 것이다.

집단을 대상으로 정신질환을 초기에 발견할 수 있다는 증거는 많지 않지만, 그 중 다음과 같은 방법이 보고되고 있다.

우선 우울증의 초기발견으로서 '두 문항 질문법(two question

instrument)'이 있다. DSM의 주요 우울증 진단의 필수항목인 ① 우울한 기분, ② 흥미 또는 기쁨의 상실, 이 두 가지 질문을 한다. BDI (Beck Depression Inventory)과 조합했던 스즈키 등의 보고(鈴木竜世ら, 2003)에 따르면, 근로자 805명을 대상으로 두 가지 질문지법을 실시한 결과, BDI: 평균 3.2점, 컷오프(cutoff) 수치: 1점인 양성반응자: 23.2%, 컷오프(cutoff) 수치: 10점인 양성반응자: 8.9%, 2점인 양성반응자: 10.6%, 18점 이상인 양성반응자: 1.5%로 나타났다. 그리고 근로자 45명에게 미니 국제신경심리학 인터뷰(MINI, Mini-International Neuropsychiatric Interview)를 시행하여, 주요 우울증의 조작적 진단을 하고 동시에 두 가지 질문지법을 실시하였을 때, 주요 우울증으로 진단했을 경우의 민감도는 컷오프 수치 1점, 2점 모두 100%, BDI에서는 10~18점에 50%였다.

또한 다른 기업의 근로자 298명을 대상으로 두 가지 질문지법을 실시한 결과, 2점 또는 BDI에서 10점 이상인 41명을 대상으로 MINI에서 2차 면접을 진행하였다. 그 결과 5명이 주요 우울증 환자로 분류되어, BDI가 16점, 17점인 2명은 보건사와 면담 후에 정신과 의사의 면접을 통하여 휴직에서 복직에 이르는 과정을 거쳤다.

또, 아다치 등(Adachi Y. et al., 2012)은 어느 기업의 90명과 또 다른 기업의 노동자 1,591명을 대상으로 BDI 점수 10점 이상, 두 가지 질문법 2점의 조합을 사용하여, 주요 우울증 장애를 가진 노동자를 가장 효율적으로 추출할 수 있음은 물론 주요 우울증에 자주 시달리고 있는 정신장애를 가진 노동자들까지도 각각의 방법을 단독으로 사용할 때보다 더 효율적으로 추출할 수 있다는 점을 보여주었다.

'K6 질문표'는 "과거 30일 이내에 어느 정도의 빈도로 다음의 일들이 있었는가?"라고 질문하는 방법으로서, ① 신경과민을 느꼈는가? ② 절망적이라고 느꼈는가? ③ 안절부절 못했는가? ④ 기분이 침울해져서 어떤 일에도 기분이 좋아지지 않을 것이라고 느꼈는가? ⑤ 뭔가를 하는 것만으로도 굉장히 힘들다고 느꼈는가? ⑥ 자신이 가치가 없는 인간이라고 느꼈는가? 라고 질문하고, 각 항목의 합계가 5점 이상인 대상자를 '양성'으로 한 경우, 우울증을 포함한 기분·불안장애의 스크리닝에서는 민감도 76%~100%, 특이도 69%~80%, 양성반응 적중률이 16~25%로 나타났다.

【2】 우울증 치료

우울상태는 가사하라(笠原, 2002)에 따르면, 초조, 불안을 자주 호소하는 시기부터 가슴의 답답함이 주로 느껴지는 시기, 그리고 귀찮다고 느껴지는 시기가 지나면 회복된다고 한다. 통상적으로 자살을 시도하는 시기는 회복 직전에 귀찮다고 느껴지는 시기라고 한다. 이러한 점은 가슴의 답답함을 강하게 느끼는 시기에는 자살할 우려가 있어도 실행할 수 없지만, 오히려 회복될 때 실행하는 것으로 해석되고 있다. 물론 우울증 회복시기에 자살시도가 많은 것도 사실이지만, 불안함·초조함을 강하게 느끼는 병의 초기에도 자살을 할 가능성이 있다. 특히 고령자 가운데 불안함·초조함을 강하게 느끼는 사람은 진단이 나오기 전에 자살을 시도하는 경우가 있다.

자살 예측은 전문의도 어렵고 병의 상태가 어느 시기에 있더라도 항상 자살이 일어날 가능성이 있다는 것을 염두에 두고 치료를 진행해야 한다. 치료 원칙은 충분한 휴식과 약물치료법이지만 약물복용만으로는 그들의 부정적인 생각을 시정하는 데 어려운 점이 많고, 인지행동치료법이나 대인관계치료법 등 정신치료법도 중요하다. 또 중증 환자에게는 전기경련치료법을 실행하는 경우도 많다. 또 최근 증가한 경증 우울증도 가벼운 증상이어서 자살을 하지 않는다는 것은 아니기 때문에 항상 자살시도에 주의해야 한다.

【3】 우울증 환자의 사회 복귀

많은 노동자가 다양한 우울증에 걸리고 충분한 능력을 발휘하지 못하여 생산성은 저하되고 휴직이나 자살로 이어짐으로써 사회적 손실도 막대하다. 더불어 직장으로 복귀할 것을 목표로 하는 치료가 진행되고는 있지만 현실적으로 휴직자의 사회복귀는 어렵다. 치료자인 정신과 의사에게는 변호해야 하는 역할이 있고 기업 측이 요구하는 복직 조건과 치료자로서의 판단 사이에 괴리가 발생하는 경우도 많다. 그런데 치료가 실제 복직으로 이어지지 않는다면 정신과 의사로서의 판단은 신용을 잃게 되기 때문에, 치료자는 우울증상이 없어진 상태뿐만 아니라 적어도 수면・각성리듬과 활동성이 충분이 회복되었다고 판단한 후에 복직 판단을 하는 것이 중요하다.

【4】 구급병동에서 정신과 의사의 역할

전략연구(ACTION-J)를 통해, 응급실에서 정신과 의사의 활동이 자살 시도자의 수를 확실히 감소시켰다는 점이 제시되고 있듯이 (Kawanishi C. et al., 2014), 응급실 의사와 정신과 의사와의 연계는 자살예방 측면에서 중요하다고 볼 수 있다. 앞으로 이러한 활동을 종합병원 또는 진료소 근무 의사와 정신과 의사의 연계 활동으로 적용해 나가는 것이 기대된다.

나아가 일반 신체 관련 과(科)의 간호사나 접수업무 직원을 지역의 생명지킴이로 육성할 경우에도 정신과 의사의 역할이 있다고 생각된다.

【결론】

자살을 생각하고 있을 때 가장 연관성이 높은 의사는 정신과 의사이다. 자살시도 경험이 있는 사람이나 신체질환, 정신질환을 앓고 있는가에 관계없이 병을 앓았던 사람 중에는 우울증에 걸려서 자살할 염려가 있는 사람이 있기 때문에 정신과 의사가 적극적인 역할을 해야 한다.

최근에는 본 항목에서 서술한 것처럼, 자살에 관한 정신질환 중에도 우울증에 초점을 맞춘 논의가 많지만, 알코올 의존증이나 조현병, 인격장애를 앓는 사람도 때로는 자살을 생각한다고 호소하는 경우가 있다. 따라서 우울증 이외의 정신질환에 대한 지식이나 대응방법 등에 대해서도 알아둘 필요가 있다.

[참고문헌·자료]

加藤正明, 「'労働の場所におけるストレス及びその健康影響に関する研究' 1995年-1999年度厚生労働省委託研究'作業関連疾患の予防に関する研究'報告書」, 2000.

下光輝一, 「'職場環境等の改善によるメンタルヘルス対策に関する研究' 2002年-2004年度厚生労働科学研究費補助金・労働安全総合研究事業総合研究報告書」, 2005.

厚生労働省, 「第3回ストレスチェック項目などに関する専門委員会 参考資料3: 職業性ストレス簡易調査票の項目を基にした「精神的健康に着目した職場のリスク評価手法の取り入れ等に関する調査研究報告書」の提案内容」, 2014年7月25日.

鈴木竜世, 野畑綾子, 金直淑他, 「職域のうつ病発見および介入における質問紙法の有用性検討」, 『精神医学』 45, 2003, 699-708.

Adachi Y., Aleksic B,, Nobata R. et al., Combination use of Beck depression inventory and two-question case-finding instrument as a screening tool for depression in the workplace. *BMJ Open 2*(3), 2012. Pii:e000596.doi:10.1136/bmjopen-2011-000596.Print 2012.

笠原嘉, 「薬物療法を補完する小精神療法と社会復帰療法」, 『精神科治療法』 17(増刊), 2002, 79-84.

Kawanishi C., Aruga T., Ishizuka N. et al.: Assertive case management versus enhanced usual care for people with mental health problems who had attempted suicide and were admitted to hospital emergency departments in Japan (ACTION-J): a multicentre, randomized controlled trial. *Lancet Psychiatry* 1(3), 2014, 193-201.

3. 자살대책 효과와 그 평가
(6) 나가사키현 자살대책의 생명지킴이 양성

오쓰카 도시히로*

【1】 나가사키현의 자살대책과 자살자 유가족 지원

나가사키현의 자살대책은 2006년 여름, 현의 자살자 유가족 자조(自助) 조직인 '자살자 유가족 지원네트워크Re'가 개최하는 '유가족 나눔 모임'에 정신보건복지센터 직원이 감독자 겸 도우미로 정기적으로 파견되면서 시작되었다.

이후 나가사키현 자살대책은 유가족 지원을 기본으로 전개하고 있으며, 2006년도 말에 설치된 '나가사키 자살대책 연락협의회'나 그 실무회의인 '나가사키 자살대책전문위원회'에서 앞에서 서술한 '자살자 유가족 지원네트워크Re'의 대표로서 위원직을 맡고 있다.

■ 자살자 유가족의 요청을 계기로

나가사키현의 자살대책 가운데 가장 큰 특징은 '모두가 (어디에서든지) 생명지킴이 작전'이라고 부르는 생명지킴이 양성사업을 전개하는 것으로서, 이것도 자살자 유가족 대표의 지적과 요청에 따라

* 나가사키현 겐오(県央)보건소 소장 겸 나가사키현 본기 보건부 의료감

시작한 일이다.

2007년도 나가사키현 자살대책전문위원회에서 자살자 유가족 대표가 원래는 시정(市町) 보건소를 중심으로 한 사업전개를 생각하고 있던 우리에게 "마을 내 정신보건이나 건강에 대한 상담창구가 정비된다고 해도 자살 고위험군에 속한 사람들 각자가 안고 있는 문제가 다양하고, 그러한 창구는 고위험군 중에서도 극히 일부의 사람들밖에 이용하지 않을 것이다", "굳이 상담 기관에 가지 않아도 적절한 정보가 필요로 하는 사람에게 확실히 전달될 수 있는 조직, 그리고 지원을 필요로 하는 사람이 지원을 받으려고 할 때 확실하게 연결될 수 있는 지원체제를 만들어 달라"고 요청을 하게 되면서 방침에 큰 전환이 이뤄지게 되었다.

【2】 모두가 생명지킴이 작전

나가사키현이 목표로 한 것은 각종 상담창구에서 해당 기관의 전문분야 이외의 문제에 대해서도 초기 대응이 가능하도록 하거나 기업, 학교, 자치회나 마을(町) 내 모임 등 지역의 여러 조직이나 현의 일반 주민들이 생명지킴이 역할의 일부를 담당할 수 있도록 하는 체제이다.

구체적으로 생각할 수 있는 모습은 다중채무자에 대한 초기 대응이 가능한 보건사, 정신보건 대응이 가능한 법률사무소, 자살 고위험자를 찾아내고 그 사람을 법률상담이나 정신과 진료로 자연스럽게 연결해 줄 수 있는 자치회장, 올바른 지식을 자연스럽게 알려주거나 상담소를 알려줄 수 있는 가게 주인 등이라고 할 수 있다.

2008년 여름까지 비전문가나 일반 시민을 대상으로 10페이지 정도의 간단한 매뉴얼『나가사키현 자살 종합대책 상담 대응 안내서(長崎県自殺総合対策相談対応の手引き集)』(① 빚 · 경제문제 ② 정신보건 문제 ③ 자살자 유가족 지원 ④ 신체적 건강문제 ⑤ 고령자 ⑥ 사업장용 ⑦ 미수자 지원의 총 7권. 나가사키현 나가사키 아동 · 여성 · 장애자 지원센터 HP에서 다운로드 가능. 참고URL: http://www.pref.nagasaki.jp/bunrui/hukushi-hoken/jisatsuyobotaisaku/jisatsuyobou/jisatsutaisaku/)를 작성하고, 이를 널리 배부하는 것과 동시에 이들『안내서』의 사용방법을 설명하는 강습회를 '생명지킴이 양성 강습회'로 하였다.

강습회는 1시간 정도이며, 안내서 1권을 설명하는 데 걸리는 시간은 길어도 30분 이내로 하여, 누구나 쉽게 참여할 수 있도록 고려했다는 점이 특징이다. 2014년 11월 말 현재, 강습회 수강자는 약 15,000명에 이르고『안내서』배포 현황은 7권을 합쳐서 모두 7만권을 넘었다.

2010년까지는 법무사, 변호사, 의사, 약사, 민생위원 · 아동위원, 시정(市町)의 각종 창구직원, 포괄지원센터 직원 등 주로 상담업무에 종사하는 사람들을 대상으로 강습회를 진행하였지만, 2011년 이후에는 상담업무에 종사하지 않는 사람들에게까지 대상을 넓히고 있으며, 주점 주인, 음식점 주인, 택시기사, 이발사, 미용사 등 각종 서비스업 종사자나 대학생, 학부모 등도 강습회에 참여하고 있다.

상담업무에 종사하지 않는 사람들에 대해서는 생명지킴이의 역할을 '올바른 정보, 유익한 정보를 입소문을 통해서 지인이나 지역에 보급함과 동시에 그러한 정보를 고위험자나 그 주변 사람들에게 자연스럽게 전달하는 것'과 '지원을 필요로 하는 사람들에 대한 대처 행동을 도와주는 것'으로 하고, 고위험자에 대한 지각이나 경청, 소개에 관한 기능 습득은 그다지 요구하지 않는 것으로 하였다. '올바른 정보를 자연스럽게 전달하는 생명지킴이'는 약 5,000명 정도에 이르고 있다.

【3】 나가사키현 자살대책 효과

나가사키현의 자살대책은 2008년부터 사업이 본격화되었지만, 현내의 자살자 수(경찰통계) 추이를 보면, 2007년 406명이었던 것이 2011년 347명, 2012년 284명, 2013년 313명으로 감소하는 경향을 보이고 있어서 일정한 효과를 얻고 있다고 볼 수 있다.

그러나 여전히 연간 300명 내외의 사람이 자살로 목숨을 끊고 있어서 아직 예단할 수 있는 상황은 아니다.

■ 한 사람 한 사람이 자신의 일로 여기도록

우리나라 자살대책에서 생명지킴이 양성이 중요한 역할을 하고 있는 것은 틀림없지만, 지원기술을 갖춘 전문가나 타인을 도우려는 의식이 높은 일부 사람들이 '자살 직전에 몰린 불행한 사람을 대상으로 하는 지원 운동'이란 범위에서 벗어나지 못하고 있다는 것이 염려된다.

'자살이나 자살과 관련된 상황(다중채무 · 우울증 등)은 불명예스러운 일이고 창피한 일이다'라는 잘못된 사회통념에서 벗어나, 자살로 내몰릴 수 있다는 위기의식은 '누구에게나 일어날 수 있는 위기'이다. 그 경우에는 누군가에게 도움을 요청하는 것이 당연한 일이라는 것을 이해하고, 국민 한 사람 한 사람이 자살 문제를 본인의 문제로 여기면서 주체적으로 나서서 범국민적인 운동으로 만드는 것이 굉장히 중요하다고 생각한다.

생명지킴이 양성사업에서도 '위험을 알아차리고 연결하는 역할' 뿐만 아니라 '올바른 정보를 자연스럽게 전달하는 역할'을 중요시하고, 폭넓게 주민이 주체적으로 참여할 수 있도록 노력함으로써, 국민이 주체적으로 대처하는 국민운동의 계기가 될 수 있을 것이라고 생각한다.

3. 자살대책 효과와 그 평가

(7) 정치학 · 경제학에서 제시하는 자살대책 증거

우에다 미치코 / 마쓰바야시 데쓰야*

자살을 방지하기 위해서는 어떤 대책이 효과가 있을까?

이 물음에 대답하기 위해서는 먼저 어째서 1년에 3만 명의 사람들이 스스로 목숨을 끊는 선택을 하는 것인가, 즉 자살의 동기가 되는 원인은 무엇인지에 대해 실증적으로 해명하는 것이 필요하다. 지금까지 일본에서 자살은 우울증으로 대표되는 정신질환이 직접적인 원인으로서, 개인의 문제라는 인식이 강하였다. 그렇기 때문에 주로 정신의료의 관점에서 각 개인의 정신 상태와 특질에 주목하고 왜 자살행위가 일어나는가에 대해서 해명하려고 하였다.

【1】 자살요인으로서의 사회경제적 환경

그 반면에 최근 자살의 원인으로 사회경제적 환경의 역할이 중요하다고 지적하는 몇몇 연구가 발표되었다. 각국에서 이뤄진 이제까지의 실증분석은 경제 상황과 자살사망률이 밀접하게 관련되어 있다는 것, 그리고 실업 등으로 인한 경제적 곤궁과 자살이 직접적 또

* Syracuse University 연구조교수 / 오사카대학 대학원 국제공공정책연구과 준교수

는 간접적인 원인이 될 수 있다는 것을 보여주고 있다. 또 자살에 이르는 직접적인 원인이 심적인 건강문제였다고 하더라도, 그 배후에는 사회경제적 문제가 존재할 수 있다는 가능성을 시사한 연구도 축적되어 있다(深田康行ら, 2013; 松葉哲也, 2013).

이들 연구는 자살방지대책으로서 실업이나 빈곤 등의 경제적인 어려움이 신체적·정신적인 건강에 미치는 악영향을 완화할 수 있는 정책을 정부가 적극 실시해야만 한다는 것을 시사하고 있다. 자살의 직접적인 원인이 되는 정신질환 자체를 치료하는 것이 앞으로도 중요시되어야 한다는 점은 말할 필요도 없다. 그러나 그와 동시에 정신질환의 배후라고 생각되는 실업이나 빈곤 등의 문제에도 적극적으로 나서지 않으면 자살문제를 근본적으로 해결할 수는 없을 것이다.

【2】 충실한 복지정책이 하나의 유효책

그렇다면 구체적으로 어떤 대책이 가능할까. 한 가지는 복지정책에 충실하는 것이다. 특히 경제적인 어려움을 줄이는 정책을 정부가 적극적으로 실시했을 때, 자살자가 감소할 가능성이 높다는 것이 지금까지의 연구에서도 밝혀졌다. 우리가 21개국의 약 20년에 걸친 국제비교 데이터를 분석한 결과에 따르면, 복지정책이나 소득재분배정책을 통해서 경제적 지위가 낮은 유권자의 경제상황을 개선하려는 경향을 가진 정당이 정권을 잡은 경우, 사람들의 생활만족도는 높아지고 또 자살률도 낮아지는 경향이 있었다(Matsubayashi and

Michiko, 2012). 일본에서도 공공투자 확충이나 복지정책에 충실하면, 자살률 저하로 연결될 가능성이 있다는 것이 24년간의 도도부현 데이터 분석을 통해 확인되고 있다. 그 중에서도 생활보호비 등의 복지정책 확충은 65세 이상 인구의 자살률 저하를 가져올 가능성이 높다. 따라서 경제적 약자의 생활을 지키려는 정책을 실시하는 것이 직접적인 자살대책은 아니라고 하더라도, 자살대책의 간접적인 기능으로서 작용할 가능성은 있다. 이 점은 정부 정책이 사람들의 건강상태에 영향을 미친다는 최신 연구 결과와도 부합한다(Stuckler and Sanjay, 2013).

또 직접적인 자살대책과 경제문제의 해결을 동시에 실현하는 것도 가능할지 모른다. 이러한 예로, 아이치현 나고야시의 활동을 소개하고 싶다. 나고야시에서는 부도나 실업 등의 경제문제가 주요 자살원인이 되는 중장년층 남성에 대한 자살예방 활동이 적극적으로 진행되어 왔다.

그 일환으로서 특히 중장년층 남성을 염두에 둔 '마음의 반창고' 캠페인이 2009년도부터 실시되었다. 이 계발 캠페인은 평일 아침과 저녁, 시내 주요 지하철 · JR · 민간철도[私鐵]역 주변이나 헬로워크(Hello Work, 고용센터) 주변에서 각종 상담창구 등을 게재한 반창고를 직접 배포하는 형태로 진행되었다. 나고야시의 활동에서 주목해야 하는 것은 반창고에 우울증에 대한 정보나 심적 건강에 관한 상담창구가 기재되어 있을 뿐만 아니라, 사채 · 다중채무 · 경영에 대한 상담창구 등이 기재되어 있다는 점, 그리고 이직자를 대상으로 한 반창고에는 그러한 정보 이외에도 주택이나 생활비 등으로 어려움을 겪고 있는 이직자가 이용할 수 있는 여러 가지 제도나 상담창구 등의 정보가 기재되어 있다는 점이다.

우리는 이 활동에 주목하여 나고야 시내 16구(区)를 대상으로 반창고 배포 시간이나 횟수에 차이가 있는 것을 이용해서 계발 캠페인이 자살자 수에 미치는 효과를 측정하였다. 배포횟수가 많은 지역일수록 자살자가 감소할 것이라는 가설을 검증했더니, 반창고 배포로부터 2~4개월 뒤에 배포횟수와 자살자 수가 부적 관계를 보였다는 점, 특히 남성 자살자 수가 낮아지는 경향을 보였다(Matsubayashi, 2014).

나고야시의 캠페인이 어떻게 자살억제로 이어졌는지에 대해서는 여러 가지 해석이 있을 수 있다. 그러나 반창고 배포 후에 시의 웹사이트 접속자 수나 전화상담 수신 횟수가 늘어났다는 점에서, 자살을 생각하는 사람이나 그 주변에 있는 가족 · 친구가 지원을 요청하고, 그에 따른 결과로 자살건수가 억제되었을 가능성은 충분하다. 마음의 건강에 대한 계발 사업은 많은 지방 자치 단체에서도 진행하고 있지만, 더 나아가서 자살의 요인이 될 수 있는 경제적 어려움에 대처하기 위한 소통창구를 적극적으로 알리는 것이 중요하다는 점을 나고야시의 경험이 보여주고 있다고 말할 수 있다.

또 향후 자살대책의 입안과 설계에 대해 개별로 이뤄진 자살대책사업이 실제로 자살자 수 감소에 기여했는지 여부를 엄밀히 검증하고, 그것에서 얻어낸 내용을 향후 도움이 될 수 있도록 하는 것도 중요하다.

일본에서는 지금까지 자살예방 대책의 효과를 엄밀히 측정하는 작업이 체계적으로 실시되지 않았다. 일반적으로 효과적이라고 생각되는 활동이라도 실제로는 효과가 적었거나 극단적으로 비용이 높았을 가능성도 있다. 자살대책에 할당할 수 있는 자원에 한계가 있는 이상, 효과적인 활동을 판별해서 그것을 우선적으로 실시할 필요가 있을 것이다.

본 항목에서는 복지정책을 충실히 하는 것이 자살자 수 감소로 이어질 수 있다는 것과 자살의 경제적 요인에 초점을 맞춘 자방 자치단체의 대책이 성과를 가져온 사례를 소개하였다. 향후의 자살대책에는 정신질환에 대한 대책만이 아니라 그 원인이 될 수 있는 경제적 어려움에 대한 대처도 요구된다. 또 한정된 금전적・인적 자원 내에서 자살자 수를 한 명이라도 줄이기 위해서 앞으로의 대책은 증거(evidence, 과학적 근거)를 바탕으로 효과적으로 설계・실시되어야만 할 것이다.

[참고문헌·자료]

深田康行, 上田路子, 松葉哲也共,『自殺のない社会へ：経済学・政治学からのエビデンスに基づくアプローチ』, 有斐閣, 2013.

松葉哲也, 上田路子,「福祉・経済政策と自殺率—都道府県レベルデータの分析」,『日本経済研究』69, 2013, 96-109.

Matsubayashi, Tetsuya and Michiko Ueda, Government partisanship and human well-being, *Social Indicators Research* 107(1), 2012, 127-148.

Matsubayashi, Tetsuya, Michiko Ueda, and Yasuyuki Sawada, The effect of public awareness campaigns on suicides: Evidence from Nagoya, Japan, *Journal of Affective Disorders* 152, 2014, 526-529.

Stuckler, David and Sanjay Basu, *The Body Economic: Why Austerity Kills*, Basic Books, 2013.

3. 자살대책 효과와 그 평가

(8) 지진 재해와 자살: 그 근거

나카무라 가즈토시 / 기타무라 가오리*

【1】 지진 재해와 자살에 대하여

일본은 자주 대지진에 따른 피해를 입는다. 최근의 경우, 1995년 효고현 남부 지진(한신・아와지 대지진), 2011년에는 도호쿠 지방 태평양 해역에 지진(동일본 대지진)이 발생하여 막대한 피해를 입었다.

지진 재해가 마음 건강에 미치는 영향은 크다. 지진 재해 직후에는 생명의 위기, 가까운 사람의 죽음, 가재도구 상실 등으로 인해 피해자는 급성 스트레스 반응, 예를 들면 불면증, 불안증세, 초조함 등 심리적 불안정 상태를 겪는다. 따라서 지진 재해 직후 수년간은 피해주민들의 심적 외상 후 스트레스장애(PTSD)나 심리적 고통의 유병률이 높다. 니가타현 주에쓰(中越) 지진으로 큰 피해를 입은 야마코시 지구의 경우, 지진 후 3년간은 심리적 고통의 유병률이 높은 상태였다(Nakamura et al., 2014).

이러한 사실에서 지진 재해 후, 자살률이 보통 높아진다고 생각할

* 니가타대학 대학원 의치학 종합연구과 환경예방의학분야 교수 / 조교

수 있겠지만 세계적으로 보면 지진 재해 후에 자살률이 상승했다고 하는 연구가 있는 반면에, 낮아졌다고 하는 보고도 있어서 일정하지는 않다. 지진 재해와 자살의 관계는 단순하지 않고, 사회・경제적 요인이나 지역사회의 문화도 지진 재해와 자살의 관계에 영향을 준다고 볼 수 있다. 여기에서는 니가타현 주에쓰 지진 후의 자살률 동향을 소개하고, 지진 재해와 자살에 관한 근거를 정리하고자 한다.

【2】 니가타현 주에쓰 지진에서의 자살률 추이

2004년 10월 23일 17시 56분에 니가타현 주에쓰 지방에서 진도 6.8, 최대 진도 7의 지진이 발생하였다. 니가타현 주에쓰 지방의 인적 피해는 사망자 68명, 중경상자 4,795명이고 주택피해는 12만 1,604채, 13만 77세대였다(新潟県, 2009). 니가타현 주에쓰 지진은 한신・아와지 대지진과는 달리 중산간지역에서 발생했기 때문에 지반 재해가 두드러졌고, 도로 단절, 커뮤니케이션 네트워크 붕괴, 마을의 고립 등을 초래하였다.

니가타현의 피해상황 보고를 통해, 주에쓰 지방 12개 시구정촌을 재해피해지역으로 정의하고, 니가타현 내 이외의 모든 시구정촌은 통제지역으로 하여 자살률 추이를 비교 관찰하였다(Hyodo et al., 2010). 그 결과 남성 자살률은 여성보다 분명히 높았다. 재해지역과 그렇지 않은 비재해지역의 남성 자살률 및 그 추이의 차이는 명확하지 않았으며, 비재해지역의 여성 자살률은 1999년에서부터 일관되게 낮아지고 있었다. 재해지역의 여성 자살률은 1999년부터 주에쓰 지진 발생 전까지는 비재해지역과 마찬가지로 낮아지고 있었지만, 지진발생 후에는 바뀌어 상승하는 경향을 보였다.

지진 전 5년 동안의 기간과 지진 후 3년간의 자살률을 비교해 보면, 비재해지역의 여성 자살률은 지진 후 유의미하게 저하되고 있었지만, 재해지역의 여성 자살률에는 유의한 변화가 보이지 않았다. 관찰기간 중, 전체적으로 자살률은 저하되는 경향을 보였기 때문에, 재해지역의 자살률 변화를 비재해지역 자살률 변화와 상대적으로 비교해 보면, 재해지역의 남성 자살률 저하는 더 컸고, 지진 후 재해지역의 여성 자살률 저하는 더 작아지는 경향을 보였다고 말할 수 있다. 지진 재해 후의 자살 추이에 대해서 남성과 여성은 그 방향이 반대로 나타났다.

주에쓰 지진 후 3년간, 다른 질환으로 인한 사망률을 해석한 결과, 재해피해지역에서는 남녀 모두 급성 심근경색으로 인한 사망률이 유의하게 증가하고 있었다(Nakagawa, 2009). 이것은 성별에 관계없이 재해지역의 스트레스 정도가 일반적인 경우보다 높다는 점을 시사하고 있다.

그렇지만 재해지역에서의 중장기적인 심적 건강상태에는 성별의 차이가 보이고, 재해지역의 여성에게는 심리적 고통(Nakamura, 2004)이나 자살생각(Suzuki, 2001)의 유병률이 남성과 비교해서 높았다. 주에쓰 지진 피해지역은 전통적으로 가족 내에서 여성의 역할이 큰 지역이고 여성이 가족을 돌보는 것에서부터 가계 관리에 이르기까지 가정의 중심적인 역할을 하는 경우가 많기 때문에, 그런 경우는 여성의 심리적인 부담이 크다고 생각할 수 있다. 이상과 같은 배경이 여성의 자살증가에 관련이 있을 가능성이 있다.

【3】 지진재해와 자살에 관한 근거

과거, 세계에서 일어난 대지진과 자살에 관한 연구를 보면, 지진재해 후 자살률 변화에 대한 결과가 일정하지 않았다. 1999년에 타이완에서 발생한 대지진의 경우, 재해 후 3년간 명확하게 자살률이 상승한 것으로 보고되었다(Yang, 2005; Yip P., 2009). 1982년부터 1989년까지 미국에서 발생한 지진(Krug EG et al., 1999)이나 1994년 미국 캘리포니아에서 발생한 노스리지(Northridge) 지진의 경우 (Shoaf K., 2004), 재해 후 자살률 변화는 보이지 않았다.

한편 근래에 일본에서 발생했던 한신 · 아와지 대지진, 니가타 주에쓰 지진, 동일본 대지진에서는 재해 후에 자살률 저하가 보고되고 있다. 지진재해 후의 자살 동향에 대해서는 그 규모나 피해상황에 따라 다르다고 생각되지만 민족·문화적인 요인도 관련이 있을 수 있다.

한신 · 아와지 대지진의 경우, 여성 자살률의 변화는 보이지 않았지만, 재해 후 2년간 중장년 남성의 자살률은 낮아졌다(Shioiri T, 1999). 동일본 대지진에서도 재해 후 2년 동안 남성 자살률은 낮아졌다. 여성의 자살률에는 명확한 변화가 보이지 않았지만, 지진재해 후 7개월로 한정해 보면, 여성의 자살률은 낮아졌다고 보고되고 있다(Orui M., 2014). 일본에서 지진재해 후의 자살에 대해서는 어느 보고에서나 남성의 자살률은 낮아지고 여성의 자살률은 변화가 없거나 또는 증가하는 경향을 보인다고 하는 명확한 성별의 차이를 볼 수 있다. 일본인 남성의 자살률은 세계적으로도 높고 자살 고위험군이라고 할 수 있다. 지진재해 후의 사회적인 혼란 상태가 남성의 자살을 줄이고 있다는 사실은 흥미롭다. 일반적으로 일하는 남성은 지역과의 연계가 적다고 생각되지만 지진재해라는 특수한 상황에서는 지역사회와의 소통이 긴밀해지고 일시적으로 지역의 네트워크가 생겼다는 점이 남성의 자살률 저하의 한 원인으로 생각될 수 있다. 반대로 지진재해 후에 여성의 자살률이 늘어나는 경향에 대해서는 스트레스의 증가를 반영하고 있는 것인지도 모르겠다.

【4】 지진재해 후의 자살대책

일본인에 대한 연구에서는 지진재해 후에 남성의 자살률이 낮아진다는 것이 분명해졌다. 그러나 재해 후의 스트레스 정도는 평소보다 분명히 높고, 한신・아와지 대지진을 경험한 경우, 남성의 자살률은 3년 후에 원래대로 돌아왔다. 중장기적인 관점에서 보더라도 자살 고위험군인 남성에게 정신건강 케어는 필수적이다.

한편 지진재해 후, 여성의 자살률은 상승하는 경향이 있다고 생각되며, 남성 이상으로 여성에 대한 정신건강 케어를 충실하게 하는 것이 필요할 것이다. 재해 후에는 성별차를 고려한 자살대책을 입안하여야 할 것이다.

[참고문헌·자료]

Nakamura K, Kitamaru K, Someya T., Psychological recovery 5 years after the 2004 Niigata-chuetsu earthquake in Yamakoshi, Japan. *J Epidemiol* 24, 2014, 125-31.

「新潟県·2004年新潟県中越大地震による被害状況について(最終報)」, 2009.10.15. 参考URL : http://www.pref.niigata.lg.jp/HTML_Article/ 174saisyuhou.pdf.

Hyodo K, Nakamura K, et al., Long-term suicide mortality rates decrease in men and increase in women after the Niigata-Chuetsu earthquake in Japan. *Tohoku J Exp Med* 220, 2010, 149-55.

Nakagawa I, Nakamura K, et al., Long-term effects of the Niigata- Chuetsu earthquake in Japan on acute myocardial infarction mortality: an analysis of death certificate data. *Heart* 95(24), 2009, 2009-13.

Suzuki Y, Tsutsumi A, et al., Prevalence of mental disorders and suicidal thoughts among community-dwelling elderly adults 3 years after the Niigata-Chuetsu earthquake. *J Epidemiol* 21, 2001, 144-50.

Yang CH, Xirasagar S, et al., Suicide trends following the Taiwan earthquake of 1999: empirical evidence and policy implications, *Acta Psychiatr Scand* 112, 2005, 442-8.

Yip P., Effects of an earthquake on suicide rates in Nantou, Taiwan, *Br J Psychiatry* 194, 2009, 190.

Krug EG, Kresnow M, et al., Retraction: suicide after natural disasters, *N Engl J MED* 340, 1999, 148-9.

Shoaf K, Sauter C, et al., Suicides in Los Angeles County in relation to the Northridge earthquake, *Prehosp Disaster Med* 19, 2004, 307-10.

Shioiri T, Nishimura A, et al., The Kobe earthquake and reduced suicide rate in Japanese males, *Arch Gen Psychiatry* 56, 1999, 282-3.

Orui M, Harada S, Hayashi M., Changes in suicide rates in disaster- stricken areas following the Great East Japan Earthquake and their effect on economic factors: an ecological study, *Environ Health Prev Med* 19, 2014, 459-66.

3. 자살대책 효과와 그 평가

(9) 동일본 대지진 재해 후의 자살대책(이와테현의 경험으로부터)

오쓰카 고타로*

【1】 이와테(岩手)현의 재해피해 상황 및 자살대책 평가

2011년 3월 11일에 발생한 도호쿠(東北)지방 태평양해역지진에 따른 인적피해 · 건물피해 상황은 2013년 12월 31일을 기준으로 사망자 5,107명, 행방불명자 1,142명, 부상자 213명, 피해 가옥 수 2만 5,023동(전파 · 반파)이고, 동년 4월 1일을 기점으로 임시주택 착공 누계 수는 1만 3,984채(319지구)에 달한다. 재해는 평화, 주택, 교육, 식량, 수입, 안전한 환경, 지속가능한 자원, 사회적 공정성, 공평성 등 건강의 전제조건(オタワ憲章; Ottawa charter for health promotion, WTO, 1986)과 관련된 지표를 악화시키는 방향으로 작용한다.

예를 들어 선행연구를 보면, 이와테현에서는 제3차 산업 취업률과 자살률 간에 부적 상관관계가 인정되어 왔다(野原勝ら, 2003). 또 실업률, 인구밀도, 의료자원, 정신과 의료자원, 병상 수, 분배소득 등이 자살의 집적성(集積性)과 연동되는 지표로서 거론되어 왔다(高谷ら, 2006). 재해 피해로 인한 인구감소, 의료기관의 타격, 실업자 증

* 이와테의과대학 의학부 재해 · 지역정신의학과 특임교수

대, 산업 타격에 따른 소득 감소 등이 초래된다는 것은 상상하기 어렵지 않다.

재해 피해자의 마음케어나 자살대책은 이러한 재해 상황과 정신건강의 문제 발생빈도, 의료시설의 접근성, 의료의 질 등에 있어서 건강의 격차를 가능한 한 줄여간다는 관점이 필요하다. 재해지역의 자살대책을 후원하는 시책으로 2012년 8월에 개정된 자살종합대책대강에는 자살대책으로서 '4. 건강한 마음상태 만들기 추진'항목에 '⑷ 대규모 재해 시 피해자의 마음케어, 생활재건 등 추진'이 새롭게 과제로 제시되었다.

【2】 동일본 대지진 재해에서의 마음케어 초기 1년

재해 스트레스는 외상 체험(트라우마), 여러 가지 상실체험, 그리고 그 후의 재해 피해생활로 인한 스트레스 과중이 연쇄적으로 지속되고 복합적인 스트레스를 경험하기 때문에, 정신건강 정도가 낮아진다는 것은 말할 필요도 없다. 때로는 급성 스트레스성 장애나 PTSD, 우울증 등 정신장애에 이르는 경우도 있다.

이와테현에서는 재해발생 초기에 정신과 전문직으로 구성된 마음케어 팀이 재해지역의 보건소·지자체와 연계하여 지시에 따라 피난소에서 순회상담이나 진료를 하였다. 대규모 재해였기 때문에 재해 발생 직후 2012년 3월까지 현 내에서뿐만 아니라 현 외의 지역도 포함하여 30팀 이상의 '마음케어 팀'을 파견하고, 현, 연안 지역 시구정촌, 지역의 관계기관이 밀접하게 연계하여 마음케어 대책을 추진하였다. 우리도 3월 24일부터 이와테현 북연안의 구지(久慈)지역에서 이와테현의 마음케어 팀으로 참여하여 피난소 순회, 고위험자의 개별방문, 유족지원, 종사자 케어를 중심으로 활동을 시작하였다. 활동 초기부터 자살대책에도 주안점을 두고, 2011년 4월부터 이와테의과대학이 노다(野田)마을에 마음건강 상담센터를 설치하고 상담, 방문, 종사자 교육, 보건사업 협력 등의 지원활동을 펼쳤다.

최종적으로는 2012년 3월 31일까지 이와테의과대학에서의 활동은 139일, 파견자 수는 누계 727명(의사202명, 심리사 · 보건사 222명, 정신보건 복지사 110명, 간호사 96명, 자원봉사자 96명, 기타 1명)이었고, 상담대응은 누계 2,027건이었다. 또 2011년 3월 11일부터 2012년 3월 31일까지 마음케어 30개 팀은 총 1만 1,911건의 상담에 대응하였다.

【3】 중장기적인 케어를 목표로–재해피해 지역에서의 마음케어와 자살대책의 실천

마음케어나 자살대책의 중장기적 목표는 지역이 주체가 되는 것, 그리고 지역의료나 보건활동을 통한 이재민 지원이 원활히 진행되는 것, 이재민이 도움을 요구했을 때 지원을 받을 수 있는 체제를 구축하는 것이다.

2012년 2월에 계속해서 활동하던 마음케어의 추진체제를 구축하기 위하여, 이와테현의 위탁사업으로서 이와테의과대학이 '이와테현 마음케어 센터'를 대학 내에, 그리고 '지역 마음케어 센터'를 네

군데의 연안지역에 설치하였다. 이와테현 마음케어 센터의 구체적인 활동은 ① 방문활동 등을 통한 이재민 지원 ② 지진재해 스트레스 상담실의 정신과 의사, 정신보건 전문직원에 의한 개별상담 ③ 시정촌의 지역 보건활동 지원 ④ 종사자 지원 ⑤ 자살대책 ⑥ 그 외 지역의 요구에 따른 활동을 골자로 하여 활동하고 있다.

이와테현에서는 이와테현 구지(久慈)지역에서 진행해오던 포괄적인 자살대책을 '구지모델'이라고 설정하고, 전 의료권에서 활동을 해왔다. 또 이와테현이나 이와테현 마음케어 센터에서 각 의료권의 보건사나 모든 현을 대상으로 한 연수회를 개최하고 재해지역에서의 자살대책을 추진해왔다.

예를 들면, 고위험자에 대한 접근으로는 마음케어 팀이나 보건사 순회, 사회복지 협의회의 생활상담원 등이 방문하는, 즉 아웃리치(outreach) 활동이 필요하게 된다. 그뿐만 아니라, 방문 해당자에 속하지 않거나 상담을 희망하는 경우 등 지역주민의 원조 요구 행동을 받아들이는 체제 성격의 상담소 개설도 필요하다.

더구나 자살 고위험자는 복합적 문제를 안고 있기 때문에 마음케어뿐만 아니라 생활상담이나 수속창구 등 자살 고위험자가 이용하는 기관과의 네트워크를 구축하여 지원해가는 체제도 요구된다. 임시주택에서 생활하는 주민들에게는 상담할 곳도 없고 상담해줄 사람도 없는 등의 문제를 안고 있기 때문에 이야기하는 곳으로서의 모임 활동도 중요한 지원이 된다.

재해지역 전체로 널리 추진하는 인구집단 접근법(population approach)의 목표는 지역주민의 정신건강 이해력(Mental Health Literacy)

을 향상시키는 것이다. 지식이나 의식을 높이기 위해서는 보급계발 활동이 중요하다. 한편 대상을 확대하여 추진하는 장으로서 건강검진이나 지역의 보건사업에서는 마음건강만이 아니라 신체적인 건강의 측면도 대상으로 하여 마음케어를 추진하는 것도 필요하다.

이러한 지역 전체로서의 사업 구축 활동을 한 다음에는 지역 종사자의 수를 증가시키거나 종사자를 교육시키는 것이 중요하게 된다. 지역에서의 마음케어가 충실하게 이뤄지기 위해서는 관련 종사자를 확보하는 것이 필수이며, 지원자 확보, 지역의 인재양성, 종사자 교육이 시급해진다. 이와테현과 이와테현 마음케어 센터는 협력하여 이와테현 생명지킴이 양성교재를 작성하는 등 대책에 힘써 노력해 왔다.

【4】 포괄적인 자살대책은 지역 만들기로도 이어진다

사회자원이 부족한 지역의 경우는 각 영역의 지원이 지역에 존재하는 것이 중요하다. 그리고 각 지원단계를 설정하고 있는 장치가 많을수록 지역의 케어가 충실하게 이뤄지고 있다고 할 수 있다. 계층구조가 중층구조로 되는 것은 주민의 다양한 요구에 부응할 수 있고 스티그마(stigma) 대책으로도 이어진다.

이러한 포괄적인 대책은 지역 만들기로도 자리매김할 수 있고 지역부흥의 생활기반과 풍요로운 마음을 키우는 것으로도 이어질 수 있다. 재해로부터 4년이 지난 현재, 지역복구는 한창 진행 중이지만, 피해지역 지원과 자살대책을 연동시키면서 피해지역 주민이나 심리적 위기를 느끼는 사람들에 대한 지원이 잘 이뤄질 수 있도록 하는 시스템 추진을 위한 체제 구축이 필요하다.

그리고 건강을 소중히 여기는 지역 만들기를 통하여 지역이 재구축되고 지역주민이 여유로운 마음으로 생활을 누릴 수 있는 사회가 되도록 장기적인 관점에서 지원을 하는 것이 중요할 것이다.

[참고문헌·자료]

野原勝, 小野田敏行, 岡山明,「自殺の地域集積とその要因に関する研究」,『厚生の指標』50(6), 2003, 17-23.

高谷友希, 智田文徳, 大塚耕太郎ほか,「岩手県における自殺の地域集積生とその背景要因に関する検討」,『岩手医学雑誌』58(3), 2006, 205-216.

3. 자살대책 효과와 그 평가

(10) 동일본 대지진 후 지진재해 관련 죽음과 자살대책

야스무라 세이지*

【머리말】

이와테(岩手)현, 미야기(宮城)현, 후쿠시마(福島)현에서는 2011년 3월 11일에 발생한 동일본 대지진 재해(이하 지진재해)의 직접피해로 인한 사망자가 1만 5,822명, 행방불명자가 2,590명(2015년 1월 9일 시점)으로 막대한 피해가 발생했다. 후쿠시마현에서는 동경전력 후쿠시마 제1발전소 사고로 인해 방사성 물질이 공기 중으로 확산되면서 지금도 현내에 7만 4,366명, 현외에 4만 5,735명(2015년1월)의 합계12만 명 이상이 피난생활을 하고 있다.

【1】 동일본 대지진 재해 후 후쿠시마현의 지진재해 관련 사망 현황

후쿠시마현에서 지진재해로 인한 직접 사망자는 1,603명인 반면, '동일본 대지진 재해로 인한 부상 악화 등으로 사망한 사람으로서, 재해조위금 지급 등에 관한 법률에 근거하여 해당 재해조위금 지급

* 후쿠시마현립의과대학 의학부 공중위생학 강좌 교수, 후쿠시마현립의과대학 방사선의학 현민(県立)건강관리센터 부센터장

대상이 된 사람'으로 정의된 지진재해 관련 사망자는 1,855명(2015년 2월 9일)으로 지진재해 관련 사망자가 많다.

그 이유로서 지진재해 직후, 입원·입소 중인 고령자의 부적절한 이송이나 수용시설이 충분하지 못한 점, 이후 가설주택 등에서 오랜 피난생활 등에 따른 몸 상태의 악화, 질병관리의 부적절함 등이 지적되고 있다(Yasumura, 2012). 또 피난처의 커뮤니티에 적응하지 못하고, 배상이 있더라도 직장이 없어지고, 가족이 흩어짐으로써 경제적인 부담이 증가하거나 생활에 대한 만족도가 저하된다는 것도 결코 작은 원인이 아니다.

더구나 후쿠시마에서는 피난구역이 방사능 오염으로 인해 언제 돌아갈 수 있을 지 예상할 수 없는 상태에서, 장래에 대한 전망도 불투명하고 향후 어떻게 될 지 예측할 수 없는 정신적으로 불안정한 상태도 지적되고 있다.

【2】 의사, 보건사, 간호사, 행정직원, 자원봉사 관계자 등의 지진재해 관련 죽음, 주민의 마음케어나 자살대책과의 관계

지진재해 후, 특히 소소(相双)지역이라고 불리는 태평양 연안 지역이 피난구역으로 설정되면서 영역 내 입원환자는 모두 이동할 수밖에 없었다. 가장 지원을 필요로 하는 사람들에게 충분한 지원을 할 수 없는 상태가 되었지만, 지진재해 후 반년 정도가 지나면서 새로운 정신의료 시스템 도입이 검토되었고, 아웃리치(outreach)형 정신과 활동으로서 '정신클리닉 활동(*メンタルクリニックなごみ*)'을 펼치기 시작하였다.

그 후에 설립된 '소소지역의 새로운 정신과 의료보건복지 시스템 구축 모임'등을 중심으로 소소지역의 보건, 의료, 복지 향상에 기여하는 것을 목표로 하고, 지역주민이나 공공기관 직원, 복지시설 관련 직원에 대한 마음케어를 중심으로 주민과 정신과 의료, 복지시설과의 연계를 원활하게 하여 지역과 연대를 강화시키는 활동이 이뤄지고 있다.

또한 2012년 2월에 일반 사단법인 후쿠시마현 정신보건복지협회 내에 지진재해로 인한 피해와 그 후의 생활 스트레스에 따른 정신질환의 예방과 초기발견을 위하여, 관계 기관과 연계 하에 효과적인 마음케어 사업을 실시할 것을 목적으로 하는 '후쿠시마 마음케어센터'가 설립되었다. 거점센터 외에 지역센터 6곳, 주재(駐在) 2곳이 있고, 의사, 보건사, 간호사, 임상심리사, 작업치료사, 사회복지사, 정신보건복지사, 사무원으로 구성되어, 지역의 재해관련 정신보건복지의 종합적인 조정, 인재육성・인재파견, 마음케어에 관한 보급계발, 피해자・지원자에 대한 상담지원 등을 하고 있다.

위에서 언급한 여러 전문기관 등이 자살예방을 위한 마음케어 대책을 실시하고 있지만, 주민에게 가장 가까운 시구정촌에서는 보건사 등이 중심이 되어, 여러 가지 활동을 전개하고 있다. 지진재해 전부터 후쿠시마현은 자살률이 상대적으로 높아서, 그 대책의 중요성이 인지되어 왔고 우선순위가 높은 과제라는 인식을 행정기관에서도 함께 갖고 있었다.

【3】 대지진과 원전사고의 이중재해를 입은 후쿠시마현의 문제의 복잡성이 주민 정신건강에 미치는 영향

지진재해 직후부터 시작된 후쿠시마 '현민(県民)건강조사'에서는 피난구역으로 설정되어 피난을 갈 수밖에 없었던 약 21만 명의 주민을 대상으로 '마음건강도 · 생활습관에 관한 조사'를 실시해 왔다. 성인의 전반적 정신건강도 평가(K6) 결과에 따르면, 우울증 위험이 있다고 생각되는 13점 이상의 대상자 비율이 2011년도에 14.6%인데 비해 2012년도에 11.7%, 2013년도에는 10.4%(잠정치)로 감소하고 있다(福島県建立医科大学, 2014).

한편, 평소의 일반인구 집단에서는 13점 이상이 약 3%이고, 또 같은 피해구역인 이와테현 야마다(山田)정(18세 이상의 재난피해자 건강진단 대상자: 6,139명 중 3,436명이 진찰 받음)에서는 6.9%, 미야기현 이시노마키(石巻)시 오가츠(雄勝) · 오시카(牡鹿) 지구(18세 이상 재난피해자: 1,399명 평균연령 62.2세)에서는 7.3%로 보고되고 있다. 여기에서 알 수 있듯이, 후쿠시마의 이재민은 마음에 큰 상처를 입었다고 해도 과언이 아니다. 지진재해 후 개선되는 경향이 있다고 하지만, 4년이 지나도 여전히 그 영향은 아주 크기 때문에 장기적인 대응이 필요한 문제라는 것을 알 수 있다.

【4】 대재난 후 자살대책 태도에 대한 제언

정신과 의사도 아니고 정신보건 전문가도 아닌 저자가 현시점에서 생각하고 있는 것을 조목별로 정리해 보려고 한다(安村誠司, 2012).

① 자살대책으로 특화된 대책도 아래와 같이 필요하지만, 지역 전체(주민 전체)의 마음건강의 향상을 목표로 하는 활동(population approach)이 기본이다.

② 그 다음에, 재해 시 원호가 필요한(소위 재해약자) 고령자 · 장애자 · 독거노인 · 입원환자 · 시설입소자 · 임산부 · 어린이의 각 특성에 맞는 대책(high-risk approach)이 요구된다. 특히 후쿠시마에서는 장기 피난이 여의치 않고 장기 피난자나 그 지원을 하고 있는 지자체 직원 등 복구 지원자에 대한 대책도 잊으면 안 된다.

③ 실효성이 있는 대책을 실시하기 위해서는 특히 의사, 보건사, 간호사, 임상심리사, 작업치료사, 사회복지사, 정신보건복지사 등 전문가뿐만 아니라 사무원을 포함한 인재육성이 필수적이다. 가상의 학습이 아니라 재난피해지역인 세 곳의 현(県) 등에서 현장연수(on the job training)를 실시하는 것이 매우 효과적이라고 생각한다.

④ 이상의 인재육성 등은 단독적으로 시정촌(市町村), 도도부현(都道府県)에서 실현하기는 어렵고, 질적 보장까지 포함해서 기반정비, 환경정비는 국가에서 책임을 지고 행해야 할 것이다.

[참고문헌·자료]

Yasumura S, et al., Excess mortality among relocated institutionalized elderly after the Fukushima nuclear disaster, *Public Health* 118, 2012, 186-188.

(公立大学法人)福島県建立医科大学放射線医学県民健康管理センター, 「県民健康調査こころの健康度・生活習慣に関する調査2011年-2013年度調査結果のご報告」, 2014.

安村誠司 編,『原子力災害の公衆衛生―福島からの発信―』, 南山堂, 2012.

3. 자살대책 효과와 그 평가

(11) 사회적 자본과 자살대책

가와카미 노리히토*

【1】 사회적 자본이란 무엇인가

사회적 자본(Social Capital)은 사회관계 자본이라고도 불리며 주민이 그 형성에 관계하는 지역특성의 하나이다. 몇 가지 다른 정의가 이뤄지고 있기는 하지만, 지역 차원에서는 퍼트남(Putnam, 1993)의 '신뢰·규범·네트워크' 등 사회구조의 특징이고 사람들의 협조 행동을 촉진함으로써 사회효율을 높이는 것'이라는 정의가 널리 사용되고 있다(相間潤, 近藤克則, 2014). 사회적 자본은 지역집단의 구조를 형성하고 있기 때문에, 거기에서 생활하는 사람들에게 개인의 의사와는 관계없이 여러 가지 영향을 미칠 가능성이 있다. 예를 들면, ① 사회적 네트워크가 풍부하기 때문에 사회적 지원이나 인간관계로 인한 스트레스가 적다. ② 미성년의 흡연이나 문제행동 등에 대해 지켜보고 있기 때문에 건강한 행동이 촉진된다. ③ 지역의 협조 행동이 촉진되어 지역자원의 활용이나 행정시책의 효율적인 전개가 가능하다는 점을 생각할 수 있다.

* 도쿄대학 대학원 의학계 연구과 정신보건학 분야 교수

그러나 한편으로는 아주 가까운 인간관계는 부정적으로 작용되는 측면도 있다. 사회적 자본의 부정적 측면으로는 ① 집단 이외의 사람을 배제하는 경향이 생긴다. ② 집단이 구성원에게 과도한 요구를 할 때가 있다. ③ 규범이 너무나 강하기 때문에 개인의 자유가 제한될 수 있다, ④ 강제적인 구성원의 평균화(눈에 띄는 행동 금지)를 예로 들 수 있다. 지역에서 사회적 자본개입을 하려고 할 때는 사회적 자본이 가진 부정적 측면에도 유의할 필요가 있다.

【2】 사회적 자본과 정신적 건강

사회적 자본은 정신건강에도 좋은 효과가 있을 수 있다(相間潤, 近藤克則, 2014). 예를 들면, 사회적 자본이 높은 지역에서는 낮은 지역과 비교해서 주민의 우울도가 낮고 정신적 건강도가 높다고 알려져 있다. 또 이러한 지역에서는 정신질환의 빈도나 정신질환으로 인한 입원률이 낮다는 점이 보고되고 있다.

반면에 사회적 자본이 반드시 주민 모두의 정신건강에 혜택을 가져다주지 않을 수도 있다는 점이 제기되고 있다. 영국에서는 살고 있는 지역을 안전하다고 느끼고 있는 사람의 비율이 높은 지역일수록 그 지역의 정신질환을 앓고 있는 사람이 정신과 병원에 재입원하기 쉽다는 연구결과도 있다(McKenzie et al., 2002). 그 이유는 주민이 안전하다고 느끼는 지역일수록 일탈행동에 대해 주민의 내성은 낮아지는 것으로 나타났다.

【3】 지역의 사회적 자본과 자살률

지역의 사회적 자본과 자살률과의 관계에 대해서 지금까지 나온 다섯 가지 연구내용을 소개하고자 한다. 유럽 11개국의 유럽사회조사(European Social Survey) 데이터를 이용한 연구에서는, '대부분의 사람을 신뢰할 수 있다고 생각하는가?'라는 질문에 대한 답변과 각국의 연령보정 자살률(남여포함)간에 주목할 만한 부적 관계가 있다는 점이 발견되고 있다(Kelly et al., 2009). 또 미국에서 종합사회조사(General Social Survey)를 이용하여 사회적 자본 수준을 각 주별로 측정한 연구에서는 결속성이 강한 지역일수록 정신장애를 가진 자의 퇴원 후의 자살률이 낮은 것으로 보고되고 있다(Deasai et al., 2013).

우리나라에서는 도쿄도의 20곳 시정촌(市町村)에 대한 지역상관연구가 이뤄진 적이 있다(芦原ら, 2014). 이 연구에서는 어떤 조사 데이터를 2차례 이용하여 시정촌의 사회적 자본을 측정하였다. '대부분의 사람을 신뢰할 수 있다'고 응답한 자가 많은 시정촌일수록 남성의 연령보정 자살률이 유의하게 낮다는 것을 알 수 있었다. 그러나 사회적 자본과 자살률 간에 유의한 상관관계는 보이지 않았다. 다른 연구에서는 홋카이도(北海道)부터 오키나와(沖縄)현까지 분포하는 31곳 시정촌의 일반 고령자를 조사한 사회적 자본의 19가지 지표와 각 시정촌 자살률과의 관계에 대해 지역상관분석을 실시하고 있다(三瓶ら, 2012). '지역주민 간에 호혜성이 있다', '지역에 애착이 있다', '친구・지인과 만나고 있다', '수단적 지원을 제공하고 있다',

'(지역에 있는) 6종류의 모임 · 그룹 중 어느 한 곳 이상에 참여하고 있다', '노인 동호회에 참여하고 있다', '자원봉사 그룹에 참여하고 있다'하는 고령자의 비율이 높은 시구정촌에서는 자살률(남여포함, 전체 연령)이 유의하게 낮았다.

그러나 주의를 환기시키는 연구도 있다. 일본 전국에서 무작위로 추출한 시구정촌 100곳의 20~60세 주민에게 조사한 사회적 자본 지표와 자살률의 관련에 대해 지역상관분석을 진행한 적이 있다(三瓶ら, 2012). 도시부(정령지정도시 또는 도쿄 23구부(区部))에서는 '대부분의 사람을 신뢰할 수 있다'고 답한 사람이 많은 시구정촌일수록 남성의 연령보정 자살률이 낮은 경향을 보였다. 그러나 이외의 비(非) 도시부의 시구정촌에서는 반대로 '대부분의 사람을 신뢰할 수 있다'로 답한 사람이 많은 시구정촌일수록 남성의 연령보정 자살률이 높다는 것을 발견할 수 있었다. 그리고 이 연구에서는 전체 및 비도시부에서 '사람들은 서로 도와주려고 한다'고 답한 사람이 많은 시구정촌일수록 여성의 연령보정 자살률이 유의하게 낮았다.

【4】 사회적 자본과 향후의 자살대책

지금까지의 연구에서는 일반적으로 사회적 자본이 높은 지역일수록 자살률이 낮다는 것을 보여주고 있다.

사회적 자본이 풍부하다는 것으로 주민의 정신건강이 향상되고 자살행동을 감소시키거나 자살하고 싶다는 생각이나 행동에 대해 주변에서 관심을 갖는 것, 또 자살대책에 주민이 협력함으로써 효율적인 대책이 진행되는 것 등이 기대된다.

그러나 그 관계는 사회적 자본 지표의 종류, 남녀 어느 쪽의 자살인지 그리고 도시부와 비 도시부에 따라 다르다. 지역에서 어떤 사회적 자본에 대해 이것을 향상시킬 대책을 시행할 것인가에 대해서는 주의가 필요하다. 일반적으로 사회적 자본이 낮은 도시부에서는 주민의 상호신뢰를 향상시키는 것을 목표로 하는 것이 자살대책으로서 효과적일 수 있다. 그러나 비 도시부, 이미 응집성이 높은 집단인 경우에는 이 방법은 오히려 이러한 집단에 들어갈 수 없는 사람을 지역사회로부터 배제하는 것으로 될지도 모른다. 한편 지역에서의 학습・자원봉사 등 지역 활동 참여율은 도시부와 비 도시부 모두에서 자살률과 부적 관계가 있는 것으로 나타나고 있기 때문에(芦原ら, 2014), 효과적인 방법일수도 있다. 이와 같이 지역활동 참여를 촉진하는 시책은 보다 구체적이어서 지역에서 진행하기 쉬운 대책일 수 있다. 이 대책은 지역에서 고령자 자원봉사자를 양성함으로써 자살을 감소시킨 아키타현의 접근법과도 일치하고 있다(本橋, 2006).

[참고문헌・자료]

相間潤, 近藤克則, 「ソーシャル・キャピタルと健康格差」, 『医療と社会』 24(1), 2014, 57-74.

McKenzie K, Whitley R, Weich S. Social capital and mental health. *Br J Psychiatry* 181, 2002, 280-3.

Kelly BD, Davoren M, Mhaoláin AN, Breen EG, Casey P. Social capital and suicide in 11 European countries: an ecological analysis, *Soc Psychiatry Psychiatr Epidemoil* 44(11), 2009, 971-7.

Deasai RA, Dausey D, Rosenheck RA., Suicide among Discharged Psychiatric

Inpatients in the Department of Veterans Affairs, *Mil Med.* 173, 2008, 721-8.
Okamoto M, Kawakami N, Kido Y, Sakurai K., Social capital and suicide: an ecological study in Tokyo, Japan, *Environ Health Prev Med.* 18(4), 2013, 306-12.
芦原ひとみ, 丞媛, 近藤克則, 鈴木佳代, 福島慎太郎,「自殺率と高齢者におけるソーシャル・キャピタル関連指標との関連―JAGES データを用いた地域相関分析―」,『自殺予防学会誌』34, 2014, 31-40.
三瓶舞紀子, 川上憲人, 下光輝一, 原谷隆史, 堤明純, 島津明人, 吉川徹, 小田切優子, 井上彰臣, 岡本真澄,「地域のソーシャル・キャピタルと自殺率 都市部と非都市部での相違」,『日本公衆衛生学会総会抄録集』71, 2012, 435.
本橋豊,『自殺が減ったまち―秋田県の挑戦』, 岩波書店, 2006.

3. 자살대책 효과와 그 평가

(12) 고령자의 '은둔'과 자살대책

후지타 고지*

【1】 고령자의 '은둔'위험성

고령자의 폐쇄, 은둔(閉じこもり) 생활은 신체적 · 정신적 기능 저하를 초래하고, 개호가 요구되는 위험한 상태가 될 수 있다고 알려져 있다. 고령자가 은둔 생활을 하는 원인을 크게 나눠보면 신체적 요인과 심리 · 사회적 요인이 있다.

고령자는 노화에 따른 신체기능 저하나 만성질환, 체력 · 이동능력 · 생활기능의 저하처럼 신체적인 문제를 안고 있는 경우가 많다. 이러한 신체적 요인으로 인한 비활동, 활력이 없는 생활은 폐용성 기능저하를 일으키고, 더욱더 외출하는 빈도를 저하시킨다. 또 고령기는 쇠퇴와 상실의 시기로서, 노동활동에서 은퇴, 자식의 자립 등으로 인한 역할상실, 배우자나 가까운 사람의 상실 등 여러 가지 상실체험을 비교적 단기간에 경험하는 사람이 많기 때문에 고령자가 넘어야 하는 심리적 위기가 된다.

고령자가 심리적 위기에 직면했을 때, 주위에서 적절한 지원이 이

* 아키타대학 대학원 의학계 연구과 공중위생학 강좌 조교수

뤄지는 경우에는 극복할 수 있는 가능성이 높지만, 지역에서 고립되어 누구에게서도 지원을 받을 수 없는 경우에는 더욱더 고독감이나 심리적 고립이 심해지게 된다. 고령기의 여러 가지 정신적 스트레스는 친한 친구・지인의 존재나 사회와의 관계(사회참여나 네트워크)에 따라 완화된다고 하지만, 은둔 생활은 지역사회와의 관계나 사회적 교류를 위축시키기 때문에 스트레스에 따른 대처가 곤란하다. 따라서 정신건강은 악화되고 외출하고자 하는 의욕은 저하되고 우울해지는 경향이 강해지는 등 악순환에 빠지기 쉽다.

이러한 악순환의 예방이나 개선은 개호가 요구되는 상황이 되지 않도록 막고, 정신장애가 발생하는 것을 방지하기 위해서도 중요하다. 그런데 은둔 생활을 하는 고령자에 대한 개호예방적 차원의 접근은 어렵기 때문에 유효한 대처법을 개발하는 것이 중요한 과제가 되었다. 동시에 고령자가 은둔 생활로 이어지게 되는 것을 사회 전반적인 차원에서 방지하는 것이 중요할 것이다.

【2】 은둔과 자살

은둔이란 '일상생활에서 활동범위가 집안에 거의 한정되어 있는 상태'이고 외출 빈도가 극단적으로 낮은 생활양식이다. 일반적으로 외출 빈도가 일주일에 1회 이하 또는 1회 미만이고 몇몇 조사연구에서는 지역 고령자의 약 5~10%정도가 폐쇄적인 은둔자인 것으로 보고하고 있다. 은둔자인 고령자는 그렇지 않은 고령자와 비교해서 정신건강 상태가 좋지 않은 경향이 있다. 물론 정신건강이 악화된 결과, 은둔 생활을 하게 되는 경우도 많을 것이다. 그러나 정신건강에 문제가 없던 고령자만을 대상으로 한 추적 조사에서는 앞으로 정신건강이 나빠질 비율이 은둔자인 고령자의 경우가 더 높다는 연구 결과가 보고되어 있다.

고령자의 우울경향은 자살위험의 요인이고, 자살대책의 관점에서도 사회적 고립이나 폐쇄적인 은둔 생활에 대한 시책을 충실하게 하는 것이 요구된다. 그렇다면, 은둔의 예방이나 개선을 목적으로 하는 자살대책으로는 어떤 방법이 유효할까? 최근 사회 전반적으로 고민을 갖고 있는 사람에 대해 지원할 수 있는 체제를 갖춰간다고 하는 지역 만들기 형태의 자살예방대책이 주목받고 있다. 누군가 슬퍼하거나 어려움을 겪고 있고 고민을 갖고 있을 때, 필요하거나 적절한 지원을 받을 수 있는 좋은 연대(신뢰와 연대 유대)를 지역주민이 재구축하여 나아가기 위한 사회적 지원환경의 형성(지역 만들기)은 지역주민의 정신건강이나 자살예방에 유효하다. 특히 지역과의 연계 중요성은 고령자가 다른 연령대와 비교하였을 때 더 강하고, 폐쇄·은둔이나 고독·고립을 방지하고, 고령자의 자살예방을 촉진하기 위해서는 지역의 지지력을 높일 필요가 있다.

필자들은 저출산, 고령화가 진행되는 아키타현의 농·어·산촌 지역인 핫포(八峰)정에서 행정기관과 협동하여 지역 만들기 활동을 진행하였다. 구체적으로는 '찾아가는 교류 모임'실시와 '지역사회 역량강화(Community Empowerment)'(개인이나 조직, 지역 등 지역사회가 갖고 있는 힘을 끌어내어 발휘할 수 있는 조건이나 환경을 만듦으로써 지역사회의 '자기 결정력'을 높이는 것)(安梅, 2005)의 일환으로 마음건강 만들기 친목회를 개최하였다(<도표-1>). 먼저, 찾아가는 교류 모임은 정기적으로 모임 활동을 개최하고 있는 자원봉사 단체의 협력을 통해 집회장소나 지역사회 센터에서 교류 모임을 개최하고, 그 지역의 은둔 생활 고령자를 봉사자와 담당지구의 민생아동위원이 개최안내 전단지를 가지고 가서 참여를 권하는 것이다.

〈도표-1〉 지역사회 역량강화
'누군가에게 받는 것'에서 협동하여 '함께 지역을 움직이는 것'으로

제1단계	제2단계	제3단계
• 모임의 장 · 기회를 가짐 • 함께 지역문제나 과제를 의논함 • 참여하는 것의 의의를 앎	• 문제나 과제 해결을 위해서 어떻게 하면 좋을지를 의논함 • 목표 지향의 비전을 공유함(목적 · 가치관)	• 문제나 과제 해결, 비전을 위하여 어떻게 할 것인지를 의논함 • 구체적인 행동과 활동의 발전 · 지속

적극적인 주민참여

참여와 협동

활동의 과정을 통하여 신뢰와 연대감을 높임

지역의 지지력이 높아지고 고독 · 고립을 해소 · 예방

또 건강증진(Health Promotion) 기법을 활용하는 적극적인 사회참여를 촉진하는 지역 만들기 형태의 개입이 지역의 사회적 자본을 강화시키고, 지역 고령자의 자기 효능감 향상이나 은둔 생활의 예방을 촉진하고, 자살예방에 효과가 있다는 관점에서 지역사회 역량강화의 지역 만들기 사업을 실시하였다. 프로그램은 대상지역의 주민회관·집회장소를 이용하고 주민이 적극적으로 모여서 지역의 문제점과 해결책을 생각하는 주민주체 모임의 장(기회)을 각 3회로 설정하였다.

첫 회에는 지역사회 문제나 과제를 밝히는 것으로 설정하고 지역에 자살예방과 관련된 주제에 대해 주민이 주체적으로 의논한다. 두 번째에는 첫 회에 제시된 문제나 과제를 해결하기 위하여 어떻게 하면 좋을까에 대한 비전을 만들어 내는 것(목적이나 가치관 공유 등)을 과제로 하고 워크숍을 진행한다. 세 번째에는 주제에 대해 주민주체로 지역의 비전을 검토하고 향후 구체적인 활동 방침을 확인한다. 전후에 실시한 전수조사 결과, 지역사회 역량강화에 따른 적극적인 사회참여와 주민 간의 신뢰를 높이는 지역 만들기형 프로그램의 실시는 지역의 사회적 자본을 조성하고 지역의 힘을 향상시킬 수 있다는 점을 시사한다. 찾아가는 교류 모임은 폐쇄·은둔 성향이 있는 고령자에게 사회참여를 유도하고, 마음건강 만들기 친목회는 자살예방 계발과 동시에 지역 내 신뢰관계를 구축하는 수단이 되었다.

【3】 필수불가결한 지속적인 대처

지역연대 만들기는 생명을 지키는 지역 만들기를 위한 접근법이다. 생명을 지키는 지역 만들기를 위해서는 지속적인 활동이 필요하다. 이를 위해서라도 주민의 적극적인 사회참여와 지역과제에 대한 주민주체의 대처가 효과적이며, 행정의 지원도 요구된다.

[참고문헌·자료]

安梅勅江編,『コミュニティ・エンパワーメントの技法—当事者主体の新しいシステムづくり』, 医歯薬出版, 2005.

3. 자살대책 효과와 그 평가

(13) 자살대책의 경제적 편익

가네코 요시히로*

【머리말】

'도시 · 사람 · 일 창생본부'가 발족되고 저출산, 고령화 대책과 지역진흥이 정책과제가 되고 있는 요즘, 지역에서 생활하는 사람들의 생활안정은 지역경제의 기반이 되기 때문에, 사람들의 생명과 생활을 지키는 자살대책도 경제에 대한 영향을 이해하면서 추진해 나가는 것이 중요하다. 소비세율 인상의 연기가 결정되었기 때문에, 경제성장률이 저하되고 세수나 사회보험료 수입의 증가가 줄어들면, 사회보장급부금의 증가도 억제되고 자살대책에 지출될 예산이나 대책비 증가폭도 줄어들 가능성이 있다. 그런 만큼 자살대책의 경제적 편익을 밝히는 것은 경제성장과 지역경제 진흥이 중시되는 상황에서도 자살대책이 중요하다는 것을 나타내는 유력한 근거가 된다.

본 항에서는 이 관점에서 자살로 인한 경제적 손실과 자살대책의 경제적 편익에 대한 사고방식과 그 추계방법에 대해 고찰하고 몇 가지 방법에 대해 추계결과의 개요를 보여준 다음에 향후의 과제에 대

* 국립사회보장 · 인구문제연구소 정책연구 연계 담당참여

해 서술한다(참고문헌 · 자료).

【1】 자살로 인한 경제적 손실과 자살대책의 경제적 편익에 대한 사고방식

경제학에서 경제적 손실을 생각할 때 이용하는 개념은 기회비용(opportunity cost)이다. 기회비용은 어떤 행동을 선택함에 따라 잃게 되는 것으로서 다른 선택지를 선택했더라면 얻었을 이익을 의미한다. 기회비용라고 불리는 이유는 실제로 다른 선택지를 고르지 않아서 그 이익은 잃어버리는 것이 되기 때문에 코스트(비용)로 간주되는 것이다.[1]

이 기회비용의 사고방식을 이용하면, 자살로 인한 경제적 손실과 자살대책의 경제적 편익은 다음과 같이 이해될 수 있다. 자살로 인해 사람이 사망하게 되면, 만약 그 사람이 평균 수명연령까지 살았다고 가정했을 경우에 얻을 수 있는 소득, 즉 자살 후 평균 수명의 사망연령까지의 기간 모두를 잃게 된다. 예를 들면, 어떤 사람이 50세에 자살했다고 하자. 그 사람이 자살하지 않고 평균수명까지 살아있었다고 가정한다면, 적어도 그 사람은 51세부터 퇴직할 때까지 근로소득과 연금수급권에 의거하여 얻을 수 있었을 노령연금급부(국고부담부분 제외) 및 유가족 연금급부의 총액(배우자가 있는 경우)을 얻을 수 있었겠지만, 실제로는 이러한 소득을 잃어버리는 것이 된다.[2]

1 그렇기 때문에 기회비용은 일식이익(逸失利益)으로도 간주된다.

이처럼 개인 차원에서는 자살한 나이에서 평균수명까지의 근로소득과 연금소득 등의 합계액이 자살로 인한 생애소득의 손실액, 즉 자살로 인한 경제적 손실이 된다. 그리고 이러한 개인 차원의 자살로 인한 생애소득의 손실액을 노동자와 자영업자 등 직업별로 합산함으로써, 자살로 인해 사회적으로 잃어버리는 생애소득 손실액, 즉 기회비용의 사고방식에 근거하여 사회적인 자살로 인한 경제적 손실액을 얻을 수 있다.

자살대책에 따라 자살로 인해 사망하는 사람이 감소하면 그만큼 자살로 인한 경제적 손실이 감소하기 때문에 자살대책의 경제적 편익은, 자살대책에 따라 자살로 사망한 사람이 감소한 인원수에 미시적 차원의 자살로 인한 경제적 손실액을 곱하고, 실업률 등 노동시장의 동향을 나타내는 계수를 이용하여 실태를 반영하도록 조정함으로써 추계할 수 있다.[3]

이러한 추계를 정규노동자의 경우(1조 932억 엔), 비정규노동자의 경우(약 1,900억 엔), 자영업자의 경우(약 1,500억 엔)를 합하여 볼 때, 자살사망으로 인해 잃게 되는 경제적 손실은 약 1조 4,000억 엔을 넘는 것으로 추정된다. 이런 손실에 대해, 자살대책을 통해 2013년의 자살사망률이 0으로 되었다고 대담하게 가정해 본다면,

2 연금급부는 임금의 후불로 간주되는 경우, 개인 차원의 경제적 손실로 되지만 국고부담이나 세대 간에 서로 떠받치는 부분이 있기 때문에, 이것을 개인 차원의 경제적 손실로 포함하지 않는 경우도 있다.

3 (역자 주) 필자는 2013년의 자살에 따른 경제적 손실액의 추계치를 도표로 제시하고 간략한 설명을 추가하고 있으나, 저작권 관계로 한국어판에는 이에 관한 내용을 사용할 수 없음을 밝힌다.

이 추계방법을 썼을 때 자살대책을 시행함으로써 1조 4,000억 엔의 경제적 편익을 얻을 수 있다고 볼 수 있는 것이다.

【2】 자살대책의 거시 경제적인 경제적 편익

자살로 인한 생애소득의 손실은 거시 경제적으로도 영향을 미친다. 수요적 측면을 보면, 자살 사망자의 생애소득이 손실된 결과, 이 사람들의 소비활동이나 저축·투자활동(주식투자 등)은 사라지고 총수요는 감소한다. 동시에 만약 자살한 사람들이 살아 있다고 한다면, 그 사람들이 노동한 만큼 노동력 인구가 증가하고 총공급이 증가한다. 거시 경제적으로 보면, 자살로 인해 없어진 경제 전체 소비액과 저축·투자액 및 노동력이 자살대책으로 인해 없어지지 않고 경제활동에 기여했다고 했을 때 얻을 수 있게 되는 국내총생산(GDP)은 자살이 발생한 현실의 GDP보다 크다. 따라서 자살이 없다고 가정한 경우의 GDP가 자살이 발생한 현실의 GDP를 상회하는 금액이 바로 거시 경제적으로 본 자살대책의 경제적 편익이 된다.

단, 자살한 사람들이 살아있다고 하더라도 그들도 노동시장에서 결정되는 실업률에 직면하기 때문에, 일부의 사람들은 일하지 못할 가능성도 있고, 노동공급의 증가에 따라 임금수준은 감소할 가능성도 있다. 수요적 측면을 보면, 만약 자살한 사람들이 사망하지 않고 일하고 있다고 가정한다면, 그 사람들의 소비가 총수요의 증가를 가져오고 실업률은 저하될 수 있다. 이러한 자살대책의 효과로 인한 노동시장의 변화도 고려하여, 자살대책의 경제적 편익을 추계하는 방법이 거시 경제 모델을 이용하는 방법이다.

이러한 거시 경제 모델을 이용하여 추계된 거시 경제적인 자살대책의 경제적 편익의 한 예로서, 2010년 9월에 공표된 추계결과(<도표-1>)가 있다. '인구동태통계'에 따르면, 1997년 이전 5년간 평균 자살자 수는 남자 14,517명, 여자 7,182명으로 합계 21,699명이고, 1998년 이후 5년간 평균 자살자 수는 남자 21,834명, 여자 8,715명으로 합계 30,549명이다. 1997년 이전의 자살자 수 수준이 만약 그 후에도 옮겨간다고 한다면, 1998년 이후의 3만 명 이상의 상태와 비교해서 연간 남자 7,317명, 여자 1,533명, 합계 8,850명으로 약 9,000명의 자살자 수가 감소하는 것으로 상정할 수 있다. 그래서 현실의 사례(사례 1)와 비교되는 예로서 다음의 세 가지 사례를 상정한다.

- 사례 2: 1997년 이후, 자살자 수가 연간 9,000명씩 감소하여 1998년 이전의 수준으로 추이하는 경우
- 사례 3: 2010년 이후, 자살자 수가 연간 3만 명씩 감소하는 경우
- 사례 4: 2010년 이후, 자살자 수가 연간 9,000명씩 감소하여 1997년 이전의 수준으로 추이하는 경우

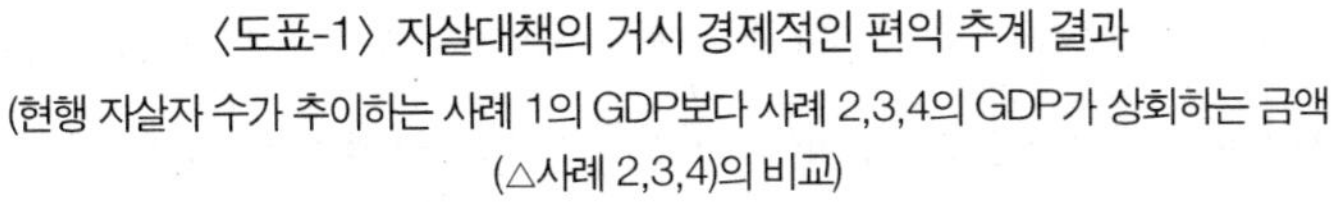
〈도표-1〉 자살대책의 거시 경제적인 편익 추계 결과
(현행 자살자 수가 추이하는 사례 1의 GDP보다 사례 2,3,4의 GDP가 상회하는 금액
(△사례 2,3,4)의 비교)

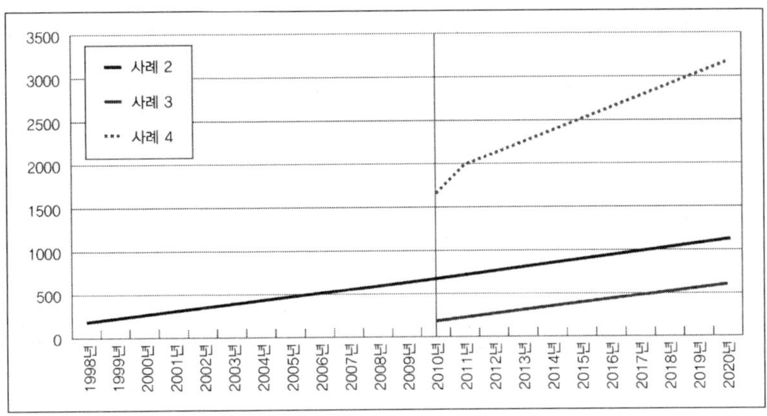

*출처: 金子能宏, 佐藤格, 「自殺・うつ対策の経済的便益(自殺やうつによる社会的損失)」(厚生労働省・報道発表資料, 2010年9月), 참고 URL: ① http://www.mhlw.go.jp/stf/houdou/2r9852000000qvsy.html, ② http://www.mhlw.go.jp/stf2/shingi2/2r9852000000sh9m-att/2r9852000000shd1.pdf

<도표-1>에서 <사례 2>는 자살자 수가 1997년 이전 수준으로 추이되고 있다(주: 자살자 수가 1998년에 3만 명으로 급증하지 않고 약 20% 적게 추이되었다)고 한다면, 1998년부터 2009년까지 GDP의 증가는 누적액 약 4조 7,000억 엔이고, 1998편부터 2022년까지 GDP의 증가는 누적액 약 14조 8,000억 엔이 된다는 것을 나타내고 있다. 추계결과 중 <사례 3>은 자살이나 우울증이 없어진 경우, 2010년에 GDP 인상 효과는 약 1조 7,000억 엔이 되고, 그 뒤 10년간의 GDP 증가는 누적액 27조 7,000억 엔이 된다는 것을 보여준다. 그리고 추계결과 <사례 4>는 자살자 수가 2010년 이후, 1997년 이

전의 수준으로 된다고 하면(주: 자살 사망자 수는 약 20% 줄어듦), 2012년 이후 10년간의 GDP 증가는 누적액 약 4조 6,000억 엔이 된다는 것을 나타내고 있다.

【3】 향후 과제

자살로 인한 경제적 손실은 경제학적으로는 기회비용의 사고방식으로 파악할 수 있다. 즉, 자살로 인해 사람이 사망하면, 그 사람이 평균수명을 다할 때까지 살았다고 가정했을 경우에 얻을 수 있는 소득에서 자살한 후의 평균수명 연령까지의 기간을 모두 잃어버리기 때문에, 그 잃어버린 금액이 개인 차원(미시적 차원)의 경제적 손실이 된다. 이 개인 차원의 손실액에 자살로 사망한 사람의 연령이나 성별, 유가족의 유무 등을 고려해서 합한 금액이 사회적으로 봤을 때, 자살로 인한 경제적 손실이 된다. 자살대책의 경제적 편익은 자살대책을 통해 자살 사망자 수가 감소함으로써 얻을 수 있는 경제적 편익이고, 개인 차원의 경제적 손실에 사망자의 감소 수만큼을 곱한 금액으로 추계된다.

단, 자살대책을 통해 자살자 수가 감소하고 노동력 인구가 증가하면 실업률이나 임금률이 변하고 소비액도 변하여 총공급과 총수요가 변할 가능성이 있다. 이러한 거시 경제적인 변화를 고려할 경우, 실업률이나 임금률, 소비 등의 경제변수의 내생적 변화를 고려한 추계치(예를 들면, 거시 경제 모델에 따른 추계치)가 자살대책의 거시 경제적인 편익이 된다.

자살대책의 예산이나 재원은 정부의 사회보장 예산이나 지방 자치 단체의 재정에 영향을 받고, 이들은 일본경제의 성장률이나 지역경제의 동향에 영향을 받는다. 이 점에서 보면, 거시 경제 모델에 따른 추계는 자살대책의 필요성과 효과를 나타내는 그 나름의 의의가 있는 근거이다. 그러나 거시 경제 모델은 경제분석 관점에서 보면, 모델의 추정방법이 경기변동의 확률적 변동을 충분히 반영하고 있지만은 않다는 점이나 연금제도 등의 사회보장제도를 모델에 포함하고 있는 반면, 근로자 세대와 은퇴한 고령자 세대 간의 소득이전을 모델화하는 세대 중복 모델과 같은 구조를 하고 있지 않다는 점 등이 있다는 점에서 유의해야만 한다. 또, 아베노믹스에서는 디플레이션에서 벗어나기 위해 인플레이션을 어느 정도 인정하는 성장전략을 취하고 있지만, 물가변동이 없던 최근까지의 경제 상황을 근거로 하는 거시 경제적인 자살대책의 경제적 편익의 추계를, 물가상승이 있는 경제상황에 맞춰서 명목치와 실질치 양쪽으로 추계하여 임금상승률이나 인플레이션이 자살대책의 경제적 편익에 미치는 영향을 검토하는 것이 향후 과제로 남아있다.

[참고문헌·자료]———————————

T.F.ナス(著), 萩原清子(訳),『費用・便益分析—理論と応用』, 勁草書房, 2007.
R.クライン, 市村真一編,『日本経済のマクロ計量分析』, 日本経済新聞出版社, 2011.
金子能宏, 篠崎武久, 山崎暁子,「自殺の社会経済的要因と自殺予防の経済効果」,『季刊社会保障研究』40(1), 2004.
北浦信敏,『マクロ経済のシミュレーション分析—財政再建と持続的成長の研究』, 京都大学学術出版会, 2009.
本橋豊, 高橋祥友, 中山健夫, 川上憲人, 金子義博,『STOP自殺—世界と日本の取り組み』, 海鳴社, 2006.
金子義博・自殺実態分析プロジェクトチーム,「自殺による経済的損失」,『自殺実態白書2008』, 特定非営利活動法人自殺対策支援センターライフリンク, 2008.
澤田康幸, 上田路子, 松林哲也,『自殺のない社会へ, 有斐閣, 2013.
高橋祥友, 竹島正編,『自殺予防の基礎』, 永井書店, 2009.
常木敦,『費用便益分析の基礎』, 東京大学出版会, 2000.
本橋豊編,『ライブ総合自殺対策学講義』, 秋田魁新報社, 2009.
本橋豊編,『続・ライブ総合自殺対策学講義』, 秋田魁新報社, 2009.
国立社会保障人口問題研究所編,『社会保障の計量モデル分析』, 東京大学出版会, 2010.

3. 자살대책 효과와 그 평가

(14) 법률실무가가 본 과로자살대책

오고시 데류유키*

【1】 직장에서의 심리적 부담과 과로 자살의 관계

직장에서 강한 심리적 부담을 받으면, 우울증 등 정신장애가 발병하고 자살로 이어진다는 사실은 이미 널리 알려져 있다.

이 점에서 국가는 '심리적 부담으로 인한 정신장애 인정기준에 대하여'(기발 1226 제1호 2011년 12월 26일, 이하 '인정기준'이라고 함)를 발표하고, 업무 기인성 유무에 관해, ① 대상 질병이 발병된 것, ② 대상 질병의 발병 전 약 6개월 이내에 업무로 인한 강한 심리적 부담이 인정되는 것, ③ 업무 이외의 심리적 부담 및 개인적 요인에 의해 대상 질병이 발병했다고 볼 수 없는 것이라는 세 가지 요건을 정하였다.

위의 ① 요건은 국제 질병분류 10회 수정판(ICD-10)에 의거하여 판단한다. 업무와 관련해서 발병했을 가능성이 있는 정신장애는 주로 조현병(F2), 기분(감정) 장애(F3), 정신성 장애(F4) 3가지로 분류가 된다.

위의 ② 요건은 인정 기준 <별표1>에 의거하여 판단된다. 이 <별

* 자살유족지원변호단 변호사

표1>은 '특별한 일'과 '특별한 일 이외'로 분류된다. 전자는 심리적 부담이 극히 심한 것(생사와 관련됨, 극도의 고통을 수반함 또는 영구적으로 노동이 불가능한 후유장애를 남길 만큼 업무상 병이 생기거나 부상을 입은 경우 등)이나 필요 이상의 장시간 노동(발병 직전 1개월 동안 약 160시간이 넘는 시간외 노동을 했을 경우 등)이거나 이와 같은 '특별한 일'이 있었다면 상기 ② 요건을 충족한다. 후자는 36가지로 일어날 수 있는 항목이 정해져 있고, 각각의 항목마다 '강', '중', '약'으로 나뉜 구체적인 예가 제시되어 있다. '강'으로 평가되면 위의 ②의 요건을 만족시키는 것으로 한다. 예를 들면, "전근이 있었다"의 경우 "과거에 경험한 업무와 전혀 다른 업무에 종사하는 것으로 되어서, 배치전환 후 업무에 적응하는 데 많은 노력을 하였다"고 볼 수 있기 때문에, '강'의 구체적인 사례가 된다. 또한 인정기준은 심리적 부담의 종합평가에서 월 100시간 정도의 시간외 노동이 있었는가를 중시하고 있다.

위의 ③ 요건은 업무 이외의 심리적 부담을 <별표2>에 의거하여 판단한다. <별표2>는 업무 이외의 사항을 유형화하고 있고, 심리적 부담의 강도를 'Ⅰ'(예를 들면, '부부문제, 불화' 등)부터 'Ⅲ'(예를 들면, "자신이 중대한 병에 걸리거나 부상을 당했다 또는 유산했다" 등)의 3단계로 평가하고 있다. 위의 ③ 요건을 충족하기 위해서는, 'Ⅲ'이 복수인 경우나 'Ⅲ'에서도 특히 강도가 센 사항이 있어야 한다.

그런데 노동자 재해보상 보건법 제12조 2-2의 제1항은 '고의'로 부상 등이 발생한 경우, 노동재해 지급을 인정하지 않는다. 여기에서 자살이 '고의'에 해당하는지의 여부가 문제로 되는데, 인정기준은 ICD-10상의 F2부터 F4의 질병에 관해, 자살을 질병에 걸리는 병태로서 발생한 것이라고 하여 '고의'가 결여된 것으로 추정하고 있다. 따라서 우울증 등 정신장애가 업무에 기인하여 발병했다고 인정되면, 자살의 업무기인성도 추정되는 것으로 된다.

【2】 법률실무의 관점에서 본 과로로 인한 자살 안건의 특징

직장에서 심리적 부담으로 우울증 등의 정신장애가 발병한 경우, 노동자는 자신의 건강상태가 사업자에게 알려짐으로써 인사평가에 불리해질 것을 우려해서 건강상태를 말하지 않는 경우가 많다. 게다가 노동자가 국가를 상대로 노동재해 보상을 청구하거나 사업자에게 안전의무 위반에 근거하여 손해배상을 청구하면, 사업자가 대립적인 태도를 취하는 경우가 많기 때문에, 노동자는 인사평가 점수가 낮아지거나 직장을 잃을 것을 두려워하여 자신의 법적권리를 주장하지 않는 경우도 많다.

또, 증거의 많은 부분이 직장에 남아 있기 때문에 입증하기 어려운 경우가 많다. 특히 괴롭힘이 문제가 되는 사안은 괴롭힘 당시의 상황이 녹음된 음원 등 객관적인 증거가 존재하는 경우가 아니라면, 동료의 증언이 없을 때 사실입증이 어렵다.

자살 유가족의 경우, 직장에서 어떤 일이 있었는지 직접 경험하지 못했기 때문에 생존해 있는 경우의 사안보다 입증이 더 어렵고, 과로 자살 이외에도 법적문제(상속, 임대물건에서 자살이 발생한 경우, 집주인으로부터 손해배상청구, 생명보험 등)등 여러 문제를 안게 되는 경우도 적지 않다. 게다가 몸 상태가 좋지 않고 자살을 막을 수 없었다는 자책감, 자살을 둘러싼 편견에도 노출되어 버린다.

이와 같이 법률실무의 관점에서 본 과로로 인한 자살 건은 법적인 입증의 곤란성이나 복잡성에 더하여, 몸 상태나 심리적인 면까지도 배려하면서 사건을 진행하지 않으면 안 된다는 점이 특징이다.

【3】 과로자살 예방에 필요한 것은 무엇일까

과로자살을 예방하기 위해 필요한 것은 무엇일까?

첫 번째는 장시간 노동이나 괴롭힘 등 우울증 등의 정신장애의 원인이 되는 직장환경을 개선할 필요가 있다. 구체적으로 사업자는 공법, 행정 및 안전 의무상 노동자의 노동시간을 적정하게 파악할 의무를 지고 있기 때문에, 이러한 의무를 적절하게 이행하고, 과도한 장시간 노동을 시정해갈 필요가 있다. 또 2014년 6월 25일에는 '노동안전위생법의 일부를 개정하는 법률'이 공포되어, 상시 사용하는 노동자에 대해, 의사, 보건사 등에 의한 심리적인 부담 정도를 파악하기 위한 검사(스트레스 체크)를 실시하는 것이 사업자의 의무로 되었지만, 직장의 일정 규모의 집단(부, 과 등)마다 스트레스 상황을 분석하고 그 결과를 바탕으로 직장환경을 개선하는 것이 강하게 요망된다.

두 번째는 과로자살 예방에 힘쓰는 기업을 지원할 필요가 있다. 2010년 5월 28일에 공표된 '누구나 안심하고 살 수 있는 따뜻한 사

회 만들기를 목표로: 후생노동성의 자살 · 우울증 등에 대한 대책'은 '직장환경에 관한 모니터링 실시'로서, "환경보전 노력처럼 심리 사회적 직장 환경을 정비하는 것이 기업 이미지 향상으로 이어질 수 있도록, 우수한 대처 활동을 펼치고 있는 사업장에 대해 공표 등을 실시한다"고 하여, 과로자살의 예방에 대처하는 기업이 사회적으로 평가받는 체제를 만들 필요성을 지적하고 있다. 그것을 위해서는 과로자살 예방을 위한 대처를 함으로써 우수한 인재의 확보로 이어질 수 있고, 더 나아가서 매출증가나 이익으로 이어진다는 것을 보여줄 수 있는 기초연구가 중요할 것이다. 그 다음에 과로자살 예방에 대처하는 기업에게 어느 정도의 우대조치를 해줌으로써 예방활동이 기업의 이익으로 될 수 있도록 하는 체제의 구축이 필요하다고 생각된다.

3. 자살대책 효과와 그 평가

(15) 핀란드의 자살대책

모리야마 가린*

【1】 선진사례로서의 핀란드

지금까지 일본에서는 핀란드의 자살대책을 선진사례로 꼽는 경우가 많다. 그것은 핀란드가 국가 프로젝트로서 자살대책을 실시하여 자살사망률(10만 명당 자살자 수)을 대폭 낮춘 나라이기 때문이다.

핀란드의 자살대책 연구에 대해서는 다카하시 요시토모(高橋祥友) 선생이나 모토하시 유타카(本橋豊) 선생, 야마다 마치코(山田眞知子) 선생이 자세히 해놓았기 때문에, 관심이 있는 분은 이 분들의 연구성과를 읽어보기 바란다. 여기에서는 핀란드의 자살대책에 대한 개요를 말하고자 한다.

핀란드는 1974년 국회에서 자살대책의 필요성이 지적된 후, 1986년부터 본격적으로 자살대책을 시작하였다. 당시 자살대책 추진은 보건사회부 장관이면서 본인도 자살 유가족이었던 에바 쿠스코스키(Eeva Kuuskoski)의 영향이 컸다고 한다.

연구 면에서는 헬싱키대학(당시)의 J・롱크비스트(J. Lonnqvist)를

* NPO법인 Grief Support House, 전 내각부 자살대책 추진실

중심으로 당시 국립공중보건연구소(National Public Health Institute, KTL)에서 예비조사를 실시한 뒤, 1987년 4월부터 1년간 핀란드에서 일어난 전체 자살의 96%에 대해 심리학적 부검을 이용하여 상세하게 유가족 조사를 실시하였다. 그것은 총 1,397명의 자살자(남성 1,077명, 여성 320명)의 유가족 등에 대한 조사로서, 대상은 유가족뿐만 아니라 죽기 전에 케어를 담당했던 관계자나 마지막으로 만났던 의료・복지 관계자 등도 포함하는 것이었다.

참고로 심리학적 부검 조사란 자살 유가족이나 자살자와 가까이 지냈던 사람들에 대해 인터뷰 조사를 실시하고, 그 자살의 원인과 과정을 밝히는 기법이다. 그 결과를 통해 핀란드에서 자살의 주요 요인은 명확해졌고 그 후 국가 차원의 대책이 실시되었다.

그 결과를 받고서, 당시 국립복지건강연구개발센터(The National Research and Development Centre for Welfare and Health, STAKES)는 자살예방을 위한 전국적인 전략을 수립하였다. 핀란드에서 자살의 요인은 우울증이 70%로 나타났다. 1992년에는 핀란드의 자살예방 방침으로서 우울증에 대한 인식과 치료, 자살 미수자에 대한 지원, 알코올 소비의 감소 등이 이뤄졌다. 결과적으로 핀란드 자살사망률은 1990년에 30.4였으나 2002년에는 21.1으로 되어 약 30%의 감소가 이뤄졌다.

현재 핀란드에서는 국가 차원에서 보건사회부가 자살대책을 담당하고 있고, 2009년 1월 국립공중보건연구소와 국립복지건강연구개발센터가 합병하여 이뤄진 국립보건복지연구소(The National Institute for Health and Welfare, THL)에서 현재는 자살대책에 관한 연구를 담당하고 있다.

핀란드의 자살대책으로는 자살시도자 지원이나 자살자 유가족 지원도 활발하며, 민간단체에서 지원하는 우울증 당사자끼리의 자조(自助)그룹 등도 있고, 헬싱키에서는 자살시도자에게 24시간 언제든지 전문가가 찾아가는 'SOS카'라고 불리는 활동이 실시되고 있다. SOS카를 가동하여 운영하고 있던 핀란드 정신보건협회(The Finnish Association for Mental Health)는 자살 유가족을 위한 그룹도 운영하고 있다. 또 핀란드에서는 1992년부터 11월 19일을 '자살로 인한 희생자 기념일'로 제정하여 추모하고 있다. 핀란드 거의 전 지역에서 촛불 추모가 이루어지고, 매년 이 날을 기점으로 정신건강 주간이 시작된다.

세계적으로도 핀란드의 자살대책은 국가 차원에서 실시한 선진적인 사례로 꼽히고 있다. 특히 심리학적 부검법을 이용하여 국가 차원에서 연간 자살사망자 거의 모두를 대상으로 조사하고 그 원인을 밝힌 뒤에 대책을 추진하는 것은 전 세계적으로도 유례를 찾아볼 수 없다.

【2】 일본 자살대책과의 관계

일본에서 핀란드는 자살에 대해 국가 차원에서 사회적 대처를 실시한 나라로서 자살대책의 실시근거로 거론되는 경우가 많다. 자살대책기본법의 성립 전인 2005년, NPO법인 자살대책지원센터 라이프 링크는 자살대책이 국가적인 프로젝트라는 인상을 주기 위해 핀란드 국립복지건강연구개발센터로부터 번역 허가를 얻어, '핀란드의 자살방지 프로젝트'(1992년~1996년) 보고서를 번역하였다. 또 그와 비슷한 시기에 자살대책기본법 성립을 위해 애쓰고 있던 야마모토 다카시(山本孝史) 참의원 의원(당시)도 자신의 자살대책에 관련된 질문 중에서 핀란드의 사례를 국가적 차원의 종합적인 대책으로 꼽고 있다.

그 후 일본에서는 자살예방종합대책센터에서 심리학적 부검 기법을 이용한 연구가 실시되고 있다. 일본에서도 자살대책이 정착되기 시작하면서 일본의 자살대책 관계자의 핀란드 방문조사도 많이 이뤄져 왔다. 내각부도 2010년에 핀란드에서 조사를 하였고, 그 내용을 자살대책백서에 "우리나라에서 효과적인 자살대책을 추진하기 위해서는 핀란드에서 진행된 자살대책 전반에 대해, 특히 유가족 조사 및 민간단체나 연구기관 등과 효과적으로 연계하여 펼친 활동을 적극 참고할 수 있다."라고 적고 있다. 그리고 일본 변호사연합회도 핀란드를 방문 · 조사한 뒤에 2012년 10월 5일에 '강요된 죽음이 없는 사회를 목표로 실효성 있는 자살방지대책을 요구하는 결의'를 발표하였다.

자살대책은 일본에서 원래 실시'근거'가 부족한 정책이기도 하였다. 그 속에서 자살대책의 사회적인 의의를 알리기 위해 국가 프로젝트로서 자살대책을 실시한 핀란드의 사례는 그 대책방법이 일본에게 참고가 될 수 있을 뿐만 아니라 자살 대책의 근거로서 큰 의미를 갖는 중요한 사례라고 할 수 있겠다.

사실, 핀란드의 자살사망률은 2009년 현재 19.3으로 지금도 외국의 여러 나라들 가운데 결코 낮은 것은 아니다. 일본과 비교해 보더라도 자살이 발생했을 때, 자살 유가족에 대한 경찰의 청취방법도 다르고, 국민에 대한 등록번호 유무도 다르다. 또 연간 자살자 수 자체도 일본과 비교해서 큰 차이가 있다. 그렇기 때문에, 핀란드의 대책을 그대로 일본에 응용한다면 좋을 것이라고 말하는 것이 아니라, 문화 차이나 제도 차이를 참작한 뒤에 핀란드의 자살대책을 참고하면서 일본의 독자적인 자살대책을 추진하는 것이 중요하다.

따라서 핀란드 모델을 선진사례로 활용하면서도 사회적인 제도나 국민성이 다른 해외의 모델을 어떻게 사용할지를 검토하고 일본 독자의 모델을 확립하여 나가는 것이 중요하겠다.

3. 자살대책의 효과와 그 평가
(16) 안전 프로모션(Safety promotion)과 스웨덴의 자살대책

소리마치 요시히데*

【서론】

본 항에서는 먼저 safety promotion(이하 SP로 함)에 대해 해설한다. 다음은 스웨덴의 SP로서의 자살예방에 대해 지역 실례를 소개한 후에 국가 차원의 SP와 자살대책의 관계에 대해 언급한다. 마지막으로 'Vision Zero'[1]가 도입된 스웨덴 자살대책의 최근 동향에 대해 소개한다. 일본의 SP로서의 자살예방에 대해서는 별도의 글(反町, 新井, 2012)에서 논하고 있기 때문에 그것을 참조하기 바란다.

* 오쓰마여자대학 대학원 인간문화연구과 교수

1 Vision Zero란 사고로 인해 사망하거나 회복 불가능한 장애를 입은 희생자가 발생하는 것을 사회적 차원에서 윤리적으로 허용하지 않고, 생명이나 건강을 다른 편익과 비교하는 것을 거부하는 정책철학이다(Tingvall and Haworth, 1999). 교통사고・상해 예방정책의 기초로서 1997년 스웨덴 국회에서 결의되었다. 사고는 철저히 분석되고, 도로 이용자뿐만 아니라 도로 관리자, 자동자 제조자, 소비자 등 모든 관계자가 책임을 분담하다(Tingvall and Haworth, 1999). 또 만약 사고가 일어나더라도 치명적인 상해가 일어나지 않도록 제품개발이나 환경개선에 노력하는 것으로 한다.

【1】 Safety promotion이란

1989년에 개최된 제1회 세계사고 · 상해 예방학회에서는 모든 사람이 일정 수준 이상으로 안심하고 안전한 생활을 할 수 있는 것을 기본적 인권으로 부여하고, 그것을 위한 환경정비를 각국 정부와 관계자에게 확인시키는 '스톡홀름 선언'을 채택하였다(WHO Collaborating Centre on Community Safety Promotion. Introduction). 이를 시작으로 세계적으로 전개된 활동이 SP이다. SP는 사고 · 재해, 폭력으로 인한 상해나 사망, 자살 등에 대해 주민참여를 포함하여 부문 간 횡단적인 협동을 토대로 과학적인 개입과 평가를 통해 예방하려는 활동이다(反町, 新井, 2012; WHO Collaborating Centre on Community Safety Promotion. Introduction). 스톡홀름 선언은 건강증진에 대한 오타와 헌장(1986년)의 영향을 받아 채택되었다. 안전 · 안심의 증진을 목표로 하는 SP는 건강증진을 지향하는 것과 자매관계에 있다. SP는 지역사회 차원의 SP활동에 국제인증을 부여하는 운동인 Safe Community(이하 SC로 함) 활동으로서 주로 전개되었다(反町, 新井, 2012; WHO Collaborating Centre on Community Safety Promotion. Introduction).

【2】 스웨덴의 SP 자살예방과 이후의 대책

스웨덴의 SP 자살예방의 구체적인 예로서, 북극권 내에 있는 인구 밀도가 낮은 SC인 아르예플록(Arjeplog, 인구 3,150명, 2010년)

의 활동을 보자(Bo Henricson, 2010). 대책 이전에는 청년・여성 인구의 유출이 두드러지고, 남녀 인구비율이 2대 1을 넘었으며 남성 자살자가 많은 지역이었다. 1975년~94년의 자살 사례들을 보면, 정신과 의료서비스 대상이었던 중증 정신질환 환자가 포함되지 않았고, 사회적인 고립으로 인한 알코올 남용 등으로 자살로 내몰려지는 경우가 많았다는 것이 밝혀졌다. 그리고 높은 자살률은 지역사회의 태도의 문제로 인식되었다. 효과적인 예방을 위해서는 고위험자에 대한 접근만으로는 충분하지 않기 때문에, 지역사회에 대한 촉구로 이어졌다. 1차 보건의료센터를 시작으로 지역사회에 대한 활동에 중점을 둔 자살대책이 실시되었다(구체적인 프로그램: 젊은이의 주거 마련과 그것을 위한 조례, 따돌림에 대한 대책, 가족 구하기 프로젝트, 여성인구 유출을 막기 위한 취업현장 확보나 지원, 자살 위기에 있는 사람을 위한 전화상담 등). 그 결과, 자살률은 인구 10만 명당 35(1984~93년)에서 9(1994~2009년)로 감소했다(인구가 적기 때문에 통계적인 검정은 할 수 없음).

한편 국가 차원의 정책으로서 SP프로그램은 1986년에서 2000년경까지 국립공중보건연구소가 건강증진 정책과 함께 담당하고 있었다. 카롤린스카 의과대학 등 대학에서 과학적 지원과 함께 스웨덴 각지의 SC활동 지원을 통해 이뤄져왔다. 그러나 국가 차원의 SP프로그램은 국가기관의 기구개혁의 과정에서 2002년 소방부문으로 이관되면서 제대로 작동되지 않게 되었고 2006년 폐지되고 말았다(Skjönberg G, 2010).

한편 국가적 차원의 자살예방정책은 국가 보건사회부, 국립공중보건연구소, 국립자살연구・정신질환예방센터의 협력을 통해 1995년에 이뤄졌다(Jan Beskow, 2010). 따라서 국가적 차원의 경우 SP 프로그램의 자살예방대책에 대한 영향력은 제한적이라고 추측된다. 현재 SP로서의 자살예방대책은 SC활동의 일부로서 기능하는 것에 머물러 있다고 생각된다.

【3】 Vision Zero도입 후의 자살예방대책

2008년 스웨덴의 자살예방정책이 새롭게 이뤄졌다. 'Vision Zero'를 자살예방에도 도입한다는 국회의 결의가 반영된 것이다(Jan Beskow, 2010). 새로운 자살예방정책의 9개 전략을 표로 나타내보면 다음과 같다(Jan Beskow, 2010).

〈도표-1〉 국가 차원의 스웨덴 자살예방 프로그램 (2008년~)

1	가장 지원을 필요로 하는 그룹을 지원하기 위해 보다 좋은 생활의 기회를 추진함
2	고위험・표적그룹의 알코올 소비를 최소화함
3	자살수단의 입수 가능성을 감소시킴
4	자살 고위험군의 효과적인 관리를 위한 생명지킴이 교육
5	자살예방의 의학적, 심리적, 심리사회적 서비스 지원
6	근거에 기초한 자살을 줄이는 방법에 대한 지식을 보급함
7	헬스케어 종사자의 능력 향상
8	자살 사례의 계통적 분석
9	자원봉사조직 지원

Vision Zero 자살예방대책 도입에 따라 자살예방은 자살위험에 있는 당사자만의 문제가 아니라, 사회를 구성하는 모든 기관이나 주민들이 책임을 분담하고 대처해야 한다는 것이 명확해졌다(Jan Beskow, 2010). 또 당사자에 대한 의학적 접근에 치우치지 않고 자살을 줄이는 환경 정비에도 중점을 둔다는 것을 명확히 했다는 점에서, SP의 자살예방과 중복된다고 해석할 수도 있겠다. 이후에 구체적인 전개 활동이 주목된다.

[참고문헌·자료]

* 다음의 인용사이트는 모두 2015년 1월 24일에 최종 접속함

反町吉秀, 新井山洋子,「セーフティプロモーションとしての自殺予防」,『日本セーフティプロモーション学会誌』5(1), 2012, 1-8.

Claes Tingvall and Narelle Haworth, Vision Zero-An ethical approach to safety and mobility, Paper presented to the 6th ITE International Conference Road Safety &Traffic Enforcement: Beyond 2000, Melbourne, 6-7 September 1999.
(URL: http://www.monash.edu.au/miri.research/reports/papers/visionzero.html)

WHO Collaborating Centre on Community Safety Promotion, Introduction.
(URL: http://www.ki.se/csp/who_introduction_en.htm)

Bo Henricson.. Specific example 1: Arjeplog, Sweden- and example of true community approach with the Health Centre as initiator. *Community Suicide Prevention* Edited by Osorno J, Svanström L, Beskow L. Karolinska Institutet, Department of Public Health Sciences, Division of Social Medicine, Stockholm, Sweden, 2010, 117-135.

Skjönberg G., Svanström L., Schelp L., The rise and fall of a national safety promotion program - the case of Sweden, 2010.
(URL : http://www.ki.se/csp/pdf/Publications/rise_fall_national_safety_promotion_program_sweden.pdf)

Jan Beskow, Love is the best kick Suicide prevention among youth in Sweden: national, regional, and community efforts, *Community Suicide Prevention,* Edited by Osorno J, Svanström L, Beskow J., Karolinska Institutet, Department of Public Health Sciences, Division of Social Medicine, Stockholm, Sweden, 2010, 189-205.

3. 자살대책 효과와 그 평가

(17) WHO의 세계자살보고서

다케시마 다다시 / 고다카 마나미*

【1】 WHO 최초의 세계자살보고서 발행

연간 80만 명 이상의 사람이 스스로 목숨을 끊고, 그보다 더 많은 사람들이 자살을 시도하고 있다. 자살은 비극이고 가족, 지역 그리고 나라 전체에 영향을 미치며, 남겨진 사람들에게 장기간에 걸쳐 영향을 미친다. 자살은 일생에 거쳐 일어나는 것이며 2012년에는 전 세계적으로 15세부터 29세의 사망요인 제2위를 차지하고 있다.

자살은 고소득 국가에서만 일어나는 일이 아니라 전 세계 모든 지역에서 일어나고 있는 현상이다. 실제로 2012년에는 세계 자살의 75%가 저·중소득 국가에서 일어났다. 자살은 심각한 공중보건상의 문제이다. 그러나 자살은 적시에, 과학적 근거가 있는 그리고 대부분의 경우 낮은 비용을 들이고서도 예방이 가능하다. 국가의 대응이 효과적이기 위해서는 포괄적이면서 다양한 부문을 통한 자살예방 전략이 필요하다(세계자살보고서 개요에 따름).

이러한 배경 하에, WHO(세계보건기구)는 처음으로 세계자살보

* (독립행정법인) 국립정신 · 신경의료연구센터 정신보건연구소 자살예방 종합센터장 / 연구원

고서를 발행하기로 결정하고, 2014년 9월4일에 『자살예방: 전 세계적 과제』(Preventing Suicide: A global imperative)를 공표하였다.

자살예방 종합대책센터는 2013년 1월에 WHO 정신보건·물질 남용부가 그 초안을 발표했을 때부터 작성 과정에 참가해왔다. 2013년 1월에는 도쿄에서 WHO, WHO 서태평양사무국과 함께 '세계자살 보고서 회의 및 관련행사'를 관련 학회 등의 협력을 얻어 개최하였다. 그리고 WHO가 보고서의 영어판, 아랍어판, 프랑스어판, 러시아어판을 발표하는 것과 동시에 일본어판 『자살을 예방하다-세계의 우선 과제』를 공표하였다.

본 항에서는 세계자살보고서가 작성된 경위와 그 내용, 일본에서의 활용에 대해 서술한다.

1991년 국제연합(UN) 총회에서 국가적 차원에서 자살예방을 실행하기 위한 구체적인 행동을 개시한다는 점이 제언되었다. 그것을 바탕으로 1993년 5월에 캐나다 캘거리에서 UN과 WHO의 전문가 회의가 개최되었다. 그 회의에서의 의논 사항을 바탕으로 자살예방을 위한 가이드라인이 결정되었고, 1996년 UN과 WHO를 통하여 각국에 배포되었다. 이 가이드라인에는 각국이 각 사회문화적 실정에 맞춘 대책을 계획하는 것이 중요하다는 점이 강조되어 있다(高橋, 2011). 그 후 WHO는 자살예방을 솔선한다는 입장에서 SUPRE를 시작하였다. 그리고 WHO는 자원이 부족한 상황에 놓여 있는 국가들에게 초점을 맞춘 '정신보건 격차 감소 프로그램'(WHO's mental health gap action programme, mhGAP)'의 개입 가이드에 자살예방에 관해 기재하기로 하였다.

〈도표-1〉 자살을 예방하다-세계의 우선 과제

*출처: http://ikiru.ncnp.go.jp/ikiru-hp/pdf/topics_140905_.pdf

그리고 2013년 WHO총회에서 승인된 '정신건강실천계획(Mental Health Action Plan) 2013-2020' 달성목표 가운데, "각 나라의 자살 사망률을 10% 낮춘다"는 것을 내세웠다. 이 계획은 정신적으로 만족한 상태(mental well-being)가 WHO에서 정한 건강에 관한 정의의 기본적인 요소라는 점, 정신질환은 감염성 질환과 비감염성질환, 고의가 아닌 외상과 고의적인 외상의 위험을 높인다는 최근의 실증 연구의 성과를 바탕으로, "No health without mental health"(정신건강 없이는 건강도 없다)(Prince, M., et al., 2007)라는 원칙을 세우고 있다. 이하, 세계자살보고서의 개요를 기술하겠다.

【2】 국제적인 지식 집약

세계자살보고서는 계통적인 리뷰나 데이터 수집 및 국제적인 전문가의 합의를 바탕으로 작성되었다. 그 목적은 ① 자살은 공중보건상의 중요한 과제라는 인식을 향상시킴 ② 자살예방을 세계적인 보건 과제로 우선시함 ③ 자살 고위험자에 대한 각국의 효과적인 활동을 장려하고 지원함 ④ 자살예방에 관한 과학적 근거를 바탕으로 하는 제안을 함 ⑤ 국제 및 국내의 지원 협력을 호소하는 것이다.

세계자살보고서는 5장으로 구성되어있다. 제1장 '자살과 자살시도에 관한 세계의 역학(疫學)'은 인구 30만 명 이상의 WHO 가맹국 172개국의 자살사망자 수나 자살사망률의 추정치에 대해 WHO 지역별, 소득별, 연령계급이나 성별에 따른 비교를 보여주고 있다.

제2장 '위험인자 · 보호인자 · 관련개입'은 위험인자를 보건의료 시스템적, 사회적, 지역적, 인간관계, 개인적인 영역으로 그룹별 분류를 하고, 전체적 예방개입(universal prevention), 선택적 예방개입(selective prevention), 개별적 예방개입(indicated prevention)이라는 이론적 틀로 구분하여 관련되는 개입내용과 연결 지어 설명하고 있다.

제3장 '자살예방의 현상'은 국제자살예방학회(IASP)와 WHO 정신보건 · 물질남용부가 실시한 자살예방에 관한 각국 전략이나 활동

에 대한 실태조사 결과를 게재하고 있다.

제4장 '자살예방을 목표로 하는 포괄적인 국가 대응을 위하여'는 자살예방 전략의 구성요소를 구체적으로 제시하고 일본, 칠레, 스위스, 스코틀랜드의 전략 사례를 소개하고 있다.

그리고 마지막 장인 '자살예방을 위한 향후 전망'은 국가적인 전략이 있는 나라, 어느 정도 갖춰진 나라, 갖추지 못한 나라들이 향후 취해야할 행동을 제안하고 있다.

이와 같이 세계자살보고서는 자살대책을 추진하면서 중요한 정보를 간략하게 정리하고 있으며, 지역의 실천적인 자살대책의 추진에도 큰 도움이 될 수 있다.

세계자살보고서는 보건의료부문(hearth sector)과 보건의료 이외의 부문(non-hearth sector)을 포함하여 다양한 부문으로 구성된 공중보건 관점의 접근으로서, 포괄적인 자살예방 전략의 발전이나 강화를 각국에 권하고 있다.

【3】 세계자살보고서와 일본 자살대책의 관계성

일본은 자살대책기본법 하에 자살이 다양한 또는 복합적인 원인 및 배경을 가지고 있다는 점에 입각하여 종합적인 대책에 힘써왔다(Takeshima T. et al., 2014; Motohashi, 2012). 이 방향성은 WHO가 권하는 포괄적인 자살예방 전략과 일치하고 있다.

다행히 일본의 자살사망률은 2013년 이후 점차 감소하고 있지만, 자살대책을 지속가능한 것으로서 자살사망률을 더욱 감소시키기 위해서는 세계자살보고서에서 제시하고 있는 3종류의 개입(전체적 예방 개입, 선택적 예방 개입, 개별적 예방 개입)의 과학적 근거를 고려한 지역별 맞춤 대응이 필요하고, 세계자살보고서는 그것에 도움이 될 만한 정보를 제공하고 있다. 반드시 세계자살보고서를 읽기 바란다.

[참고문헌·자료]

高橋祥友,「世界の自殺と日本の自殺予防対策」,『精神經誌』, 113(1), 2011, 74-80.

Prince, M., et al., No health without mental health, *Lancet* 370(9590), 2007, 859-877.

Takeshima T., et al., Suicide prevention strategies in Japan: A 15-year review (1998-2013), *Journal of Public Health Policy*, 2014.

Motohashi, Y., Suicide in Japan. Lancet 379(9823), 2012, 1282-1283.

4. 지역이 지키는 '생명'–'지역 자살대책 긴급 강화기금'의 평가

나지마 가즈히사*

본 항에서는 내각부의 지역 자살대책 긴급강화기금 · 긴급강화사업의 5년간의 활동을 정리하면서 지역 자살대책과 관련된 '정책효과'나 '행정활동 평가'과제를 검토한다.

【1】 내각부의 '지역 자살대책 긴급강화기금'

정부의 '지역 자살대책 긴급강화기금'(이하 '긴급강화기금'이라고 함)이란 내각부의 '지역 자살대책 긴급강화교부금'을 바탕으로 2009년도에 도도부현에 조성된 100억 엔의 기금을 말한다.

이 기금의 목적은 '지역의 자살대책 역량 강화'를 위한 것으로서, 자살대책 관련 사업인 '대면상담사업', '전화상담사업', '인재양성사업', '보급계발사업', '강화모델사업'의 5가지 정책에 대해 지자체가 선택적으로 활용할 수 있도록 하였다. 당초 이 기금은 당면한 3년간의 지자체 자살대책에 필요한 원천자금의 성격으로 조성된 것이지만, 그 후 동일본 대지진 재해 등의 영향으로 추경예산이 증가하

* 고베학원대학 법학부 준교수

고, 지자체측의 신청에 따라 기간연장도 가능하게 되었다. 결과적으로 이 기금의 규모는 총액 약 200억 엔, 기간은 2009년~2014년의 약 5년간인 것으로 설정되었다.

긴급강화기금에 대해서는 다음의 세 가지 사항을 보충하고 싶다.

첫째, 자살대책의 역량 강화와 관련된 활동의 대강에 관한 것이다. 기본적인 정책의 틀은 '자살대책기본법'(2006년 6월 제정) 및 '자살종합대책대강'(2007년 6월 내각부 결정)에 따라 제공되고 있다. 이 가운데 '자살종합대책대강'은 대략 5년을 목표로 하여 개정할 예정이고, 그 후의 활동 상황 등을 고려하여 2012년 8월에 전면적으로 개정되었다.

둘째, 긴급강화기금 이외의 정부 자살대책에 관한 것이다. 대강에서 제시된 정부 자살대책의 목표수치는 2016년까지 2005년 자살사망률을 20%이상 감소시키겠다는 것이었다. 이에 대해서는 대강에서 "연간 자살자 수를 2만 4,428명 이하로 한다"는 것으로 바꿨다. 이 목표수치는 긴급강화기금만으로 달성할 수 있는 것은 아니지만, 각 부처에서 "기금을 통해 어느 정도의 자살예방 효과가 있었는가?"라는 물음이 반복적으로 제기되었다.[1] 긴급강화기금은 정부 자살대책의 일부에 불과했지만, 결정된 재정지출이었기 때문에, 보다 확실한 설명이 요구되었다.

1 2014년도 '자살대책백서'의 '자살대책관련 예산조사'에 따르면, 중앙정부의 2012년도 결산액은 189억 6,300만 엔이고, '자살종합대책대강의 시책 실시상황'에 따르면, 관련 시책이 있는 관청으로서 내각부, 금융청, 소비자청, 부흥청, 경찰청, 총무성, 법무성, 문부과학성, 후생노동성, 농림수산성, 경제산업성, 국토교통성 등을 거론할 수 있다.

셋째, 긴급강화기금을 통한 5년이라는 활동기간 동안에 전국의 자살자 수가 감소되었다는 것이다. 1998년 이후 14년간 연속해서 3만 명을 넘었던 자살자 수는 2010년 이후 감소하는 경향을 보였고, 2012년 이후로는 3만 명 이하로 떨어졌다. 긴급강화기금을 통한 5년간의 활동은 자살자 수 감소와 일치하고 있기 때문에, 정부에서는 "긴급강화기금의 효과가 있다"고 설명할 때도 있었다. 확실히 일정한 효과는 있었지만, 명확한 인과관계의 설명, 객관적인 증명 등에는 한계가 있었다. 이 점에 대해서 지금부터 서술하겠다.

【2】 자살대책에 관한 행정활동의 평가 대강

(1) 세 가지 전제조건

행정활동을 평가할 때는 다음과 같이 세 가지 전제를 두는 것이 바람직하다. 긴급강화기금 효과와 관련시켜 보도록 하자.

첫 번째 전제조건은 "정책효과란 무엇인가?"라는 문제가 잘 정리되어 있어야 한다는 것이다. 자살대책에서는 '자살자 수 감소'라는 정책효과가 있다. 그러나 이것은 거시적인 논의 사항이다. 이것을 미시적인 측면에서 보면, 지역구획별, 연령별, 테마 · 프로그램별 등 복수의 영역을 들 수 있다. 행정활동 평가를 생각할 때, 그러한 복수의 정책효과 가운데 "특히 무엇에 주목해서 정책관리를 할 것인가?" 하는 우선과제가 정리되어 있어야만 한다.

두 번째 전제조건은 "정부가 관여하면서 무엇을 제어하려고 하는가?"라는 문제가 잘 정리되어 있어야 한다는 것이다. '긴급강화기금의 집행'은 '지역의 자살대책 역량 강화'를 목적으로 하고 있다. 이것은 지자체 자살대책의 '체제정비 추진'을 의미하는 것이었다. 그런데 '자살자 감소'는 이 '체제정비'의 결과로 기대되는 것으로서, '보다 간접적인 효과'인 것일 뿐이다. 이러한 '행정활동으로서 제어할 수 있는 것'과 '보다 간접적인 효과'의 식별은 중요하다. 여기서 말하는 '보다 간접적인 효과'는 '결과(outcome)'라는 것이다. 구체적인 '행정활동(activity)'과 '결과'의 관계 사이에는 '외부요인(external factor)'이 개입되어 있는 것이 일반적이다. 외부요인이 적절히 배제되지 않으면 '행정활동'과 '결과'의 관계는 잘 보이지 않게 된다.

세 번째 전제는 "관련된 프로그램 간의 관계는 어떠한 것인가?"라는 문제가 잘 정리되어 있어야 한다는 것이다. 자살종합대책대강은 '행정활동 프로그램집'이다. 대강에는 '그 누구도 자살로 내몰리지 않는 사회'를 목표로 하여 나아가는 가운데, '자살을 예방하기 위한 당면의 중점시책'(제3)으로서 9항목의 활동이 거론되어 있다.[2] 게다가 예산을 사정할 때에는 이 가운데 사무사업에 초점을 두고, 9항목의 하위에 놓인 개별적인 사무사업이 그 대상으로 되어 있다. 예산사정 단위와 정책관리 단위가 완전히 일치하고 있다면, 예산과 관련된 설명의무를 다하는 것으로 인정된다. 그러나 현실의 행정활동은 프로그램마다 또는 예산마다 단편화되어 관리되고 있고 그것들이 일

2 9항목이란 '자살의 실태를 분명히 한다', '국민 한 사람 한 사람이 알아차리고 보살피도록 촉구한다', '조기대응의 중심적인 역할을 하는 인재를 양성한다', '건강한 마음 만들기를 추진한다', '적절한 정신과 치료를 받을 수 있도록 한다', '사회적인 대처를 통해 자살을 막는다', '자살 미수자의 재시도를 막는다', '남겨진 사람에 대한 지원을 충실히 한다', '민간단체와 연대를 강화한다'이다.

치하지 않은 경우가 일반적이다.

(2) 설명 책임

이상을 고려해서 자살종합대책 효과와 관련된 논의를 '설명 책임(accountability)'의 관점에서 살펴보고 싶다. 'accountability'는 '설명 책임(의무)'이라고 번역되지만, 그 본래 취지는 특히 재정적 관점에서, "외부자의 문책에 답한다"는 것이다. 오랫동안 축적된 논의를 바탕으로 다음과 같이 5단계가 있다고 생각할 수 있다. 설명 책임의 단계론은 행정활동 평가에서도 중시되고 있다(山谷, 1997; 山谷, 2005; 山谷2010).

설명 책임의 제1단계는 '정책에 대한 설명 책임'이다. 여기에서는 대강 차원의 종합적인 활동을 통해 일본사회 전체의 '자살자 수 감소'가 어느 정도 진척되고 있는지에 대한 설명이 요구된다. 앞에서 기술하였듯이, 일본사회 전체의 '자살자 수 감소'는 거시적인 논의여서 개별의 행정활동과 인과관계로 설명하는 것은 맞지 않다.

제2단계는 '프로그램에 대한 설명 책임'이다. 여기에서는 대강의 개별 주제 · 프로그램의 효과에 대한 설명이 요구된다. 예를 들면, '자살 미수자의 재시도 막기'를 위해서는 의료기관과 지자체의 보건사 등과 구체적인 협력 · 연대가 필요하게 된다. 그러한 구체적인 대처가 이뤄지는 가운데, 개별 주제 활동을 통해 어느 정도 자살자 수를 줄일 수 있었는지에 질문이 이뤄지는 것이다.

제3단계는 '활동에 대한 설명 책임'이다. 여기에서는 개별의 행정활동에 대한 실적을 묻게 된다. 예를 들면, 철도 자살 방지를 위하여 철도회사의 협력을 얻어 계발(啓發)용 포스터를 역에 게시하는 경우, 그 계발효과로서 "얼마나 자살을 방지할 수 있었는가?"를 묻는다. 그 예로서 자주 이용되는 것이 계발용 포스터의 '발행 매수'이다. 즉, 설명이 가능한 부분은 "예산을 어디에 사용했는가?"라는 실적 기준인 것이다.

제4단계는 '과정에 대한 설명 책임'이다. 여기에서는 순서나 매뉴얼 정비 또는 그것들에 따라 대응하는 것이 설명 책임인 것이다. 예를 들면, 학교 등에서 자살 발생 직후의 대응 매뉴얼 정비나 자살 미수자에 대한 치료나 케어에 관한 가이드라인 등은 절차의 정비와 그 준수상황이 프로그램의 중요한 구성요소이다. '룰(rule)'이라고 바꿔 말해도 좋지만 때로는 그것이 중요한 의미를 가질 때가 있다.

제5단계는 좁은 뜻으로 '규정 준수에 대한 설명 책임'이다. 여기에서는 불법 또는 부당하지 않은 것이 규정 준수의 구성요소이다. 예를 들면, 생활보호가 이뤄져야할 지자체에서 보호신청서를 교부하지 않는 것에 대한 걱정으로서, 자살이 일어난 경우 유족은 손해배상 등 소송을 검토할 것이다. 아니면 따돌림으로 인한 자살의 사후대응 시, 유족에게 교육위원회나 학교가 의도적으로 정보를 숨기거나 피해자나 친족에게 입단속을 시키는 것은 결코 용납할 수 없는 것이다. 행정활동으로서 그러한 위험성을 발생시키지 않는 것도 중요한 일이다.

이러한 설명 책임 단계론의 핵심은 다음의 세 가지이다. 첫째, 이 5단계 내에서는 사회적으로 보다 더 높은 차원의 설명 책임이 요구된다는 것이다. 둘째, 높은 차원의 설명 책임이 이뤄지지 않은 경우,

낮은 차원의 설명 책임에 대한 문책으로 전이된다는 것이다. 셋째, 그렇다고 하더라도 가능한 한 높은 차원의 설명 책임을 이루는 것을 항상 추구해야 한다는 것이다.

【3】 자살대책에 관한 평가 결과—교훈과 한계

그런데 행정활동 평가를 할 때, 중요한 것은 정부가 어디까지 사업전개를 할 수 있는가 하는 '이상적인 정책 모델(perfect policy)'을 제시하거나 목표로 향하기 위한 단계나 로드맵 등을 보여주는 것이다.

2012년 8월에 전면 개정된 대강을 토대로 한 '자살대책 검증평가 회의'에서는 긴급강화기금의 평가검증 작업을 중심으로 이 정책의 단계에 대한 논의가 이뤄졌다. 즉, 활동 초기단계에서는 보급계발이나 인재육성사업, 그 다음 단계에서는 대면상담이나 전화상담 사업, 그리고 마지막 단계에 알코올 중독 대응이나 지원, 자살 미수자 대응이나 개별 사례분석 등의 사업에 착수하는 모델을 만드는 것이 불가능한가 하는 것이다. 이러한 정책단계의 논의는 행정활동의 우선순위를 정리하는 논의로서도 필요할 것이다.

지방분권 시대에 정책단계의 논의는 지자체의 기획입안 단계에서 검토되어야만 할 것이다. 그것은 지역 실정을 고려한 지자체의 자율적인 정책관리로서 필요한 것이다.

이외에 자살대책검증평가 회의에서 논의되었던 지자체의 과제는 다음과 같다. 사견을 포함하여 세 가지 핵심사항으로 좁혀서 논점을 제시하고 정리하고자 한다.

첫째, 긴급강화기금 후의 지자체 자살대책에 대해서이다. 도도부현이나 정령(政令) 지정도시 등 대도시 지역은 별개로 하고, 그 이외의 많은 지자체에서는 자살대책에 충분한 예산을 마련하는 것이 어려운 상황이다. 자살관련 예산을 어떻게 확보하는가의 문제는 먼저 해당 지자체의 정치적인 자세에 관한 것이다. 예를 들면, 이 문제에 참고가 될 만한 것은 전국으로 확산되고 있는 기금조례 이외의 자살대책조례의 책정에 관한 활동이다. 국가의 경우도 입법으로 자살대책기본법이 제정되었고 이것을 계기로 활동이 진행되었다. 지방분권시대에 이 문제를 어떻게 지자체측의 문제로서 대처할 수 있겠는가 하는 것을 물을 수 있다.

둘째, 예산 측면의 불확실성 문제로 인해 지자체에서는 항상 인사배치를 요하는 활동(대면상담이나 전화상담)에 대해서 이제까지 소극적이었다. 긴급강화기금으로 대처할 수 있었던 것은 '보급계발', 강사 초빙을 통한 연수, 또는 마을회의 · 자치회 등 지역사회를 중심으로 한 생명지킴이 연수나 회합 등을 통한 '인재양성'이었다. 긴급강화기금의 기한에 다다른 지금, 그 이상의 단계도 포함하여 다시 지자체의 자살대책 방식에 대해 재검토를 해야 하는 시기를 맞이하고 있다고 말할 수 있을 것이다.

셋째, 지자체에서 자살대책 예산을 확립하기 위해서는 지자체마다 자살대책의 정책효과에 관한 검증이 요구된다. 그런데 나라 전체로는 3만 명 규모의 자살자 수도, 1,700 지자체의 대부분을 차지하는 인구 5만 명 이하의 소규모 지자체에서는 연 20명 이하로 되어 버린다. 여기에는 연도예산의 효과를 묻는 경우, 어떻게 성과를 설명해야 좋을 것인가 하는 문제가 있게 된다. 이 논점에 대해서는 '설명책임'에서 기술하였던 것과 같은 논의가 참고로 될 수 있을 것이다. 논점을 다시 말하자면, '복수의 정책효과'를 전제로 하면서 그 '우선순위'에 대해 지자체가 자체의 문제로서 이 과제를 마주 대하는 것이 중요하다는 것이다.

[참고문헌·자료]

谷清志,『政策評価の理論とその結果：政府のアカウンタビリティー』, 晃洋書房, 1997
山谷清志,『政策評価の実践とその結果』, 萌書房, 2005.
山谷清志,『公共部門の評価と管理』, 晃洋書房, 2010.
山谷清志,『政策評価』, ミネルヴァ書房, 2012.

제2부

자살대책의 ‘최전선’

자살대책의 이론과 실제

1. '일본 자살종합대책학회'의 의의
– 자살대책에 총력을 결집시켜 정책 수립의 새로운 틀을 만들다

시미즈 야스유키*

【1】 설립 배경

자살대책기본법이 2006년에 시행된 이후 일본의 자살대책은 큰 진전을 이뤘습니다. '개인의 문제'로 인식되었던 자살이 '사회의 문제'로 인식되면서, 자살대책도 '삶을 위한 지원'으로서 사회적인 과제의 하나로 자리 잡게 되었습니다.

2007년 책정된 자살종합대책대강에 따라 실천적인 활동이 시구정촌 현장에서 이뤄지기 시작한 2009년부터 연간 자살자 수도 감소로 전환되었습니다. 2012년에는 15년 만에 3만 명을 밑돌았고, 2014년에는 2만 5,000명대로 줄어 자살이 급증했던 1998년 이전 수준으로 줄어들었습니다.

그럼에도 매년 많은 사람(하루 평균 70명)이 자살로 인해 목숨을 잃고 있어서 결코 낙관적인 상황은 아닙니다. "자살이 줄었다"고 해도 연간 추세일 뿐이고 절대수는 항상 누적되고 있습니다. 실제로는 "늘어나는 속도가 조금 늦춰졌을 뿐"인 것입니다.

* NPO법인 자살대책지원센터 라이프링크 대표

일본의 자살률은 여전히 선진 주요 7개국 가운데 가장 높고, 최근 수년간은 젊은 세대의 자살률이 높은 상태를 유지하고 있다는 것도 눈에 띕니다. 비상사태는 지금도 계속되고 있으며 지금까지의 경험이나 지식을 활용하여 대책을 가속화시켜야 합니다.

【2】 설립 목적

지금까지 일본의 자살대책은 밑 빠진 독에 구멍을 메우는 식으로 임시방편적인 경향이 많았습니다. 앞으로는 중장기적인 시점에서 사회 전체적으로 전략적 또는 안정적인 자살대책을 추진하는 것이 중요할 것입니다. 즉, 자살대책을 "사회적인 자율궤도에 올려야 한다."는 것입니다.

이를 위해서, 일본 자살종합대책학회는 자살대책의 '현장(실천)'과 '연구'와 '정책'의 연동성을 높여서 일본의 자살대책에 총력을 결집시켜 정책수립의 새로운 틀을 만드는 것을 목표로 하고 있습니다.

현장의 실천적인 대처활동을 바탕으로 자살문제나 대책으로서의 본연의 모습을 여러 학문적 관점에서 연구하고, 그것들을 정책입안에 활용하기 위한 구조를 만드는 것, 사회전체로 자살대책을 종합적으로 추진하기 위한 PDCA사이클 'Plan(계획) - Do(실행) - Check(검증 · 평가) - Act(개선)의 사이클(<도표-1>)'을 확립하는 것이 일본 자살종합대책학회의 설립목적입니다.

〈도표-1〉 사회적인 자살대책의 PDCA사이클

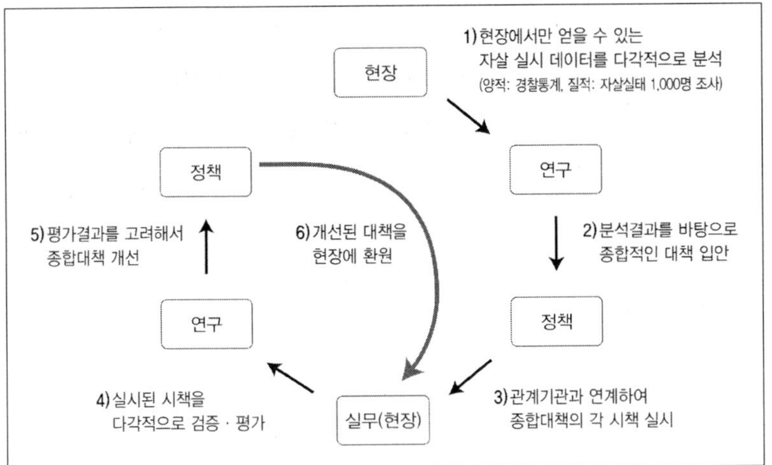

【3】 활동 내용

일본 자살종합대책학회는 위와 같은 목적을 달성하기 위해 크게 다섯 가지의 기능을 수행하는 것을 목표로 하고 있습니다.

(1) 포럼 기능

여러 관계자가 서로의 입장이나 시스템, 전문분야의 벽을 넘어 자살문제나 자살대책에 대해 협의하는 '포럼=장(場)'으로서의 기능입니다. 예를 들면, '향정신약의 부작용'이나 '자사(自死)·자살이라는 표현'의 문제, '자살 미수자 지원 시, 개인정보 취급'문제 등 모든 문제를 금기시하지 않고 의논하기 위한 '장'이 되는 것을 목표로 합니다.

(2) 엑터(actor) 기능

국내외를 대상으로 연구발표나 정책제언을 하는 '액터=주체'로서의 기능입니다. 예를 들면, '자살보도 가이드라인'을 지키도록 보도기관에 요청을 하고, 여러 연구 성과를 바탕으로 정부에 효과적인 대책 추진을 요구하는 등 스스로가 '주체'가 되어 활동하는 것을 목표로 합니다.

(3) 데이터베이스 기능

'지역의 선진적인 실천사례'나 '현장 실패담', '효과적인 연수 프로그램'이나 '홍보계발 도구' 등의 정보를 축적하고 널리 관계자들에게 환원하기 위한 '데이터베이스'로서의 기능입니다.

(4) 매칭 기능

여러 분야의 연구자와 정책 입안자를 연결시키거나, 현장에서 활동 중인 민간단체를 연구자에게 소개하거나, 미디어 관계자와 자살대책 관계자를 중개하는 '매칭=중개'기능입니다.

(5) 감시 기능

자살대책의 진척상황을 여러 각도에서 감시하는 '워치독(watch dog)=번견'으로서의 기능입니다. 예를 들면, 정부나 지자체의 자살대책 활동상황을 검증하는 '자살대책 정책평가'를 실시하거나 보도기관에 의한 자살보도의 검증·평가 등을 실시하는 것을 목표로 합니다.

【4】 학회 발기인

일본 자살대책에 총력을 모으기 위해 '현장(실천)'과 '연구'와 '정책', 각자의 분야에서 제1선으로 활동하고 있는 사람들이 발기인이 되었습니다.

정책에서는 현직 지사, 기초 자치 단체장, '자살대책을 추진하는 의원모임(自殺対策議連)' 회장이나 부회장, 연구 분야에는 사회정책학이나 사생학, 경제학이나 공중위생학 등의 제1인자, 실천 분야에서는 NPO나 변호사, 정신과 의사나 종교인, 자살 유가족이나 자살 미수 경험자 등 총 50명이 있습니다.

앞으로는 회원을 1,000명 규모로 늘려서 일본의 자살대책을 이끌어갈 역할을 담당해 나아갈 계획입니다.

2. '자살 유가족'을 지원하는 활동

(1) 남겨진 사람을 지원한다는 것은…

스기모토 나오코*

【1】 NPO법인 전국자살유족 종합지원센터의 활동

본 센터는 소중한 사람을 자살로 잃은 사람이 편견에 노출되지 않고 슬픔을 마주 대하고, 필요하거나 적절한 지원을 받으면서 인간다운 삶을 재구축할 수 있도록 종합적인 자살 유가족 지원을 확충할 것을 목표로 하고 있습니다. 당사자인 유가족 자신과 전문가, 자원봉사자, 그리고 행정 관련 기관에서도 각자의 입장이나 분야를 넘어 서로 힘을 합치자는 취지에서 2008년부터 활동에 참여하고 있습니다. 주된 활동은 다음과 같습니다.

① 자살 유가족 상담 다이얼

(전화상담) 매주 목요일 11:00~19:00

② 남겨진 아동 · 가족 모임의 설립과 운영

'유가족 모임-나눔의 모임'은 소중한 사람의 죽음으로 인해 일어

* NPO법인 전국자살유족 종합지원센터 대표

날 수 있는 내면적인 갈등 · 고뇌를 안심하고 표현할 수 있는 곳으로, 고립되기 쉬운 유가족의 '거처'와 같은 존재입니다.

본 센터의 회원단체와 관계있는 모임은 전국 각지에 약 60곳 정도이며, 유가족을 중심으로 전문가나 자원봉사자를 포함하여 행정과 많은 연계가 되어 있는 것이 특징입니다. 정신적인 면뿐만 아니라 여러 실무적인 문제에 대처할 수 있도록 실마리를 찾을 수 있는 곳이기도 하며, 최근에는 보다 적극적으로 비탄과 맞서기 위해 인지행동요법을 도입하려는 움직임도 있습니다.

지금까지 지연되고 있던 남겨진 아동에 대한 지원도 드디어 2013년 1월부터 '소중한 사람을 잃은 아이들과 그 가족 모임'의 형태로 도쿄에서 매월 개최하게 되었습니다.

③ 워크숍 · 연수회 개최

각지로부터 의견 · 정보 교환을 위한 합숙형식의 워크숍을 도쿄에서 2회, 교토, 후쿠시마, 아키타, 미야자키, 하마마쓰에서 매년 1회씩 개최해왔습니다. 유가족에 대한 지원에 충실하고 네트워크 구축을 위하여 밤을 새워가며 활발하게 이야기를 나눌 수 있습니다.

또 남겨진 아이들을 지원했던 경력이 있는 미국 '더기 센터(The Dougy Center)'의 강사를 초빙하여 지금까지 네 차례 연수를 진행해왔습니다. 그 결과로 조금씩 전국 각지에 어린이 모임이 생겨나고 있습니다. 그 외에 스텝양성 연수나 워크숍도 각처에서 실시하고 있습니다.

④ 여러 가지 제언

본 센터의 회원은 많은 행정기관의 자살대책회의의 위원직을 맡아 현장에서의 활동을 통해 제언을 하고 있습니다. 2012년의 자살종합대책대강 개정 시에도 자살에 대한 기본인식을 사실에 맞게 공손하게 표현하는 등의 제언을 하였습니다.

또한 자살 표현에 관해서 상황이나 관계성에 따라 적절하게 쓰는 것이 중요하다는 가이드라인을 작성하여 각 관계자들에게 제언하고 있습니다. 이는 유가족을 비롯한 관련자들을 최대한 배려하는 것이 당연히 전제되어야 하는 중요한 점이기 때문이며, 사실・현실로부터 도망치지 않고 맞서야 한다고 생각하기 때문입니다.

자살은 많은 경우 '순간'이 아닌 '과정'에서 일어나고 있다는 점을 이해한다면, 자살방지, 자살미수, 자살시도 등의 행위를 표현할 때, '자살'이라는 표현을 쓰지 않을 수 없습니다. 한편, 상태를 나타낼 경우에는 '자사(自死)'라는 표현이 적절하지 않을까 생각하는데(自死遺族: 자살 유가족, 自死遺兒: 부모 등 자살로 남겨진 아이), '자사・자살' 또는 '자사(자살)' 등 병기하는 방법도 선택지가 될 수 있습니다. 중요한 것은 표현이라는 것이 발신자가 선택하는 것이고 통일하기에는 무리가 따를 수 있다는 것입니다.

【2】 자살 유가족 지원의 현상과 과제

(1) 자사 · 자살의 올바른 이해

최근 제가 살고 있는 지역의 광고지에 '생명의 소중함'에 대한 초 · 중등생의 작문이 게재되었는데, 그 내용에 "스스로 목숨을 끊은 사람이 있는데, 정말 아까운 일이다", "죽을 각오를 할 정도라면 다른 방법도 있을 것이다", "죽음을 선택할 용기가 있다면, 용기를 가지고 사는 길을 선택했으면 좋겠다."라고 기술되어 있었습니다. 어린이들은 어른들의 말을 그대로 받아들이고 있을 것입니다. 아무리 계발활동을 해도 시민들의 의식은 바뀌지 않는 것인가 하고 생각하니, 굉장히 씁쓸한 생각이 들었습니다. 요즘 소중한 생명을 생각하는 수업이 많이 이뤄지고 있는데, 이러한 방향으로 흘러가버리고 있는 것은 상당히 우려되는 점입니다. 자살은 선택이나 각오나 약한 사람이 하는 것이라는 종래의 생각에서 벗어나는 것, 사회의 이러한 자사 · 자살에 대한 편견에서 벗어나 바로잡는 것이 우리의 최대 과제입니다.

(2) 자살대책의 시점과 상실 비탄(grief)의 관점 정리 · 종합

편견이 가장 현저하게 나타나 있는 것은 "임대주택 내에서 자살로 인해, 임차인과 연대보증인이 선량한 관리자의 주의의무를 다하지 않아 임대건물의 가치를 떨어뜨린 경우, 연대보증인은 손해배상의 의무가 있다."라는 해석입니다(도쿄지재판결 2007년, 2010년 외). 자살에 대한 편견과 몰이해는 남겨진 사람에게 이중삼중의 고통을 가져오고, 장례를 치르는 것을 더욱 어렵게 만들기 때문에 실무적인 지원체제를 강화하는 것이 중요합니다.

한편 소중한 사람과의 사별은 누구에게나 일어나는 일로서 인생에서 가장 괴로운 사건입니다. 아무도 죽은 이를 되살릴 수 없다는 현실 앞에서 사인과는 관계없이, 감정, 신체, 사고나 인지(認知), 그 위에 영적(spiritual)인 측면 및 전인적인 고뇌이고 갈등이라고 하는 상실비탄(grief)의 관점도 있습니다. 비탄은 인간에게 자연스럽고 당연한 일이며, 슬픔을 느끼는 것도 자연스러운 일로서 각자의 방식으로 표현하고 받아들이는 것이 중요합니다. 그리고 슬픔이 사라지지 않고 이런저런 생각들을 하게 되더라도 누구나 미소를 되찾을 수 있다는 생각으로 계속해서 되돌아가려는 노력이 중요합니다.

이러한 관점을 충분히 정리하고 종합하지 않는다면, "자살 유가족의 비탄은 특별하다"고 하는 안이한 해석을 하게 되어버립니다.

【3】 자살대책의 미래에 대해

생산성 지상주의 · 문제해결 지향의 성격이 강한 사회에서 간과되어 온 것은 "상실체험과 마주한다"는 측면일 것입니다. "계속 울고만 있지 말고 빨리 일어서라"로 대표되는 정형화된 압력은 사별뿐만 아니라 여러 가지 상실을 체험하며 고통스러워하는 사람들에게 재차 충격을 주는 것이며 넓은 의미에서 자살의 요인이 되고 있다고 생각합니다.

상실의 아픔을 사라지게 할 마법도 특효약도 없습니다. 역설적이지만 슬플 때는 충분히 슬퍼하고 탄식하면서 여기에서 도망쳐서는 안 된다고 생각하는 것이 중요합니다. 단, 혼자만 괴롭고 슬픈 것은 아니라는 것, 이것이 핵심입니다.

곁에 바싹 다가서고, 받아들이고, 함께 생각하며 앞으로 나아가는 사람의 존재를 실감하면서 살아갈 수 있는 것, 이것이 공생사회의 참모습이지 않을까요?

서로 같은 처지라는 입장에서…….

2. '자살 유가족'을 지원하는 활동
(2) '마음의 카페 교토'에서 들려오는 유가족의 마음

이시쿠라 히로코*

【머리말】

'마음의 카페 교토(자살 유가족 지원팀)'는 대학 동아리 활동인 '생명, 마음, 죽음에 대해 생각하는 모임'에서 시작하여 발전한, 자살 예방 · 자살 유가족 지원 · 자살 미수자를 지원하는 활동단체입니다.

자살대책기본법이 성립되기 전까지 '마음의 카페 교토'의 활동을 이어가면서 행정기관(교토부, 교토시, 교육위원회 등)이나 시민 자원봉사 활동단체 등에 유가족 지원이나 유가족 실태에 대한 모임이 개최될 수 있도록 청원했지만, 당시에는 이야기를 꺼내는 것조차 어려운 상황이었습니다.

그런 가운데, 2006년 5월에 거의 한 달에 걸쳐 자살예방, 유가족 지원을 위한 법률 책정을 요구하는 서명활동이 벌어졌고, 10만 명이 넘는 서명을 모은(발기인: NPO법인 라이프링크 대표 시미즈 야스유키) 것이 자살대책기본법의 성립에 큰 힘이 되었습니다. 교토에서는 '생명, 마음, 죽음에 대해 생각하는 모임'의 멤버가 중심이 되어,

* '마음의 카페 교토' 대표

교토의 도심부 가와라마치(河原町) 주변에서 서명활동을 실시하였습니다. 그리고 자살대책기본법 성립의 중심적인 활동을 맡았던 라이프링크의 내각부에 대한 제안에서 이뤄졌던 전국자살유족지원단(自死遺族支援全国キャラバン)이 2007년에 아키타현을 시작으로 진행되면서, 드디어 전국 47개 도도부현에 최소 하나 이상의 유가족 지원 모임이 개설되었습니다. 2007년 8월에는 아키타에 이어 교토에도 지원단 모임이 개최되었습니다. 2006년 2월, '마음의 카페 교토' 성립 당시 10개 정도의 단체였던 모임이 현재는 전국적으로 90개가 넘는 단체로 늘어나게 되었고 이들은 각자의 상황에 맞는 활동을 하고 있습니다.

【1】'마음의 카페 교토'의 활동

현재 '마음의 카페 교토'에서는 한 달에 3회 정도, 장소를 바꿔가면서 모임을 개최하고 있습니다. 다른 단체에서도 정규적인 개최가 이뤄지고 있지만 지역 상황에 따라 개최 상황은 다릅니다.

또 행정기관이나 타 단체와 연계하여 전국 지원단이 끝난 후부터 이어져온 자살 유가족 지원 및 자살예방을 위한 심포지엄을 연 1회씩 개최하고 있습니다. 그리고 해마다 수차례 시민이나 자살 유가족 대상의 연구회를 개최하고 있습니다. 최근 모임에는 소중한 사람을 잃은 직후의 참가자가 늘고 있습니다. 또 지속적으로 참가하고 있는 사람들도 증가하는 한편, 매년 약간의 신규 참가자도 있습니다. 그리고 최근 몇 년 사이에 아이를 잃은 참가자도 많이 보입니다.

처음 함께 하는 모임이 개최되었을 때, 죽음의 경험이 오래된 유가족이 많았고(예를 들면, 40년 전에 아버지를 잃었지만 참가하면서 처음으로 마음을 열고 이야기할 수 있었다는 사례 등), 배우자를 잃은 유가족의 참가도 많았습니다. 당시 한 차례 모임에 40명이 넘는 참가자가 모일 때도 있어서 모임 공간이 충분하지 못했던 경우도 있었습니다.

현재는 모임이 전국적으로 늘어서, 매 회 10명에서 20명 정도의 참가자가 오십니다. 이는 마음을 추릴 수 있는 장소가 늘어났기 때문이라고 생각합니다. 장기간에 걸쳐서 지속적으로 참가하는 유가족도 있는 반면, 몇 번 참가한 후에 오지 않는 유가족도 있습니다. 어떤 사람의 경우는 모임에 참가하는 것으로 마음이 정리되어서 더 이상 참가할 필요가 없는 상태가 되었다고 생각할 수도 있을 것입니다. 그러나 개최 할 때마다 몇몇 신규 참가자가 있는 것을 보면, 현재도 모임이 필요하다는 것을 강하게 느끼고 있습니다.

전국적으로 모임이 늘어났다고 하더라도, 긴키(近畿) 이외의 먼 지역에서 오는 참가자가 많은 것을 보면, 역시 유가족이 거주하는 인근 지역에서 개최되는 모임에는 "아는 사람이 볼 수도 있어", "가족의 자살 사실이 알려질 수도 있어"와 같은 이유로 참가하기 어려워 합니다. 이것은 인근 주민들의 오해, 편견, 몰이해, 차별이 근저에 있기 때문이라고도 생각합니다.

【2】 다른 기관과의 연계

유가족이 상담이나 고민을 털어놓았을 때, 전화 상담이나 지원을 요구하면 다음에 제시되는 관련 단체와 연계하여 행하는 것과 동시에 필요한 경우에는 지원자가 대상자와 1:1로 지원하는 동반 지원[伴走支援]이 이뤄집니다.

특히 교통관련 기관의 배상 문제(국철이나 다른 민간 교통기관 등)나 변호사, 보건센터와 연계하는 경우, 그리고 복지사무소 등(생활보호 신청, 영유아 보육소 입소문제 등)의 도움이 필요한 경우가 많습니다.

■ 연계기관의 예

· 행정기관의 정신보건센터

· 복지사무소(생활보호, 보육원 입소신청 외)

· 민간단체

· 변호사

· 법무사

· 정신과 의사/정신보건복지사/임상심리사

· 의존증 관련 자조그룹

· 긴키 지역의 함께 하는 모임 네트워크(近畿わかちあいネット) 가맹단체(7단체) 등

【3】 들을 수 있게 된 자살 유가족의 마음

(1) 지니고 있는 문제나 희망하는 지원의 차이

'마음의 카페 교토'의 활동을 통해서 유가족들의 절실한 심정은 물론이고 떠안고 있는 문제나 유가족이 희망하는 지원방법도 여러 가지라는 것을 알게 되었습니다. 소중한 사람을 잃은 후, 혼자서 살아가는 것조차 불가능할 정도로 괴로움 속에 살아가고 있는 유가족에게는 도저히 혼자서, 심지어는 가족단위로도 해결할 수 없는 문제가 산적해 있습니다. 죽은 사람을 뒤따라 가버릴 지도 모를 정도의 상태가 되는 경우도 있습니다. 유가족의 이러한 마음의 고충을 나누기 위해서는 다음과 같은 점들을 소중하게 생각해주기 바랍니다.

① 한 사람 한 사람의 유가족에게는 떠나간 사람과 함께 했던, 너무나도 소중한 시간들이 있으며 그 누구도 그것을 침범해서는 안 된다는 것

② 유가족은 결코 예전의 시간으로 되돌아갈 수 없으며, 함께 하는 모임에서 죽은 사람은 결코 돌아오지 못한다는 것을 반복적으로 이야기함으로써 스스로 타이르고 받아들이도록 할 수밖에 없다는 것

③ 모임 참가를 통하여 유가족 스스로가 자신의 존엄성을 되살리고 돌아가신 분의 '사람으로서의 존엄'을 회복해 나가는 것이 가능하다는 것

④ 유가족 자신도 자살에 대한 편견을 가지고 있다는 것 등입니다.

(2) 자살 유가족의 현 상황

유가족이 처하는 다음과 같은 상황에 대해 함께 생각해주기를 바랍니다.

① 유가족들이 마치 나쁜 짓을 한 것처럼 고개를 숙이고 살아야하는 이유는 무엇에 기인하는 것일까?

② 그것은 자사・자살을 대하는 사회의 관점이 크게 영향을 미치고 있기 때문이 아닐까?

③ "자살한 사람은 제멋대로다", "자신 밖에 생각하지 않는 마음 약한 인간이다", "그냥 좋은 사람이었다는 것뿐이다" 등 슬픔으로 비통에 빠진 유가족에게 마치 재확인하는 듯한 차가운 말이나 처우들에 대한 것 등입니다.

활동을 통해서 볼 수 있었던 점은 이러한 말이나 행동으로 유가족의 심정이나 안고 있는 문제는 거의 이해되지 않고, 세상에 알려지는 것을 두려워하며 오직 침묵해온 유가족의 모습들이었습니다.

사람은 언젠가 반드시 죽음을 맞이하게 됩니다. 어떠한 죽음이든 괴롭고 슬픈 이별이며 눈물과 고통이 있고, 자책하며 고독감에 괴로워하게 됩니다. 이런 슬픔을 바로 옆에서 함께 해 주는 사람이 있기 때문에 비로소 사람은 고립되지 않고 살아갈 수 있는 것입니다.

향후의 활동을 이어나가면서 자살 유가족이 소중한 사람의 죽음을 자연스럽게 이야기할 수 있는 날이 오기를 진심으로 바랍니다.

2. '자살 유가족'을 지원하는 활동
(3) NPO법인 자살유족지원네트워크 Re의 활동에서

야마구치 가즈히로*

【머리말】

2006년에 성립된 자살대책기본법(이하 기본법)의 목적은 '자살대책을 종합적으로 추진하고 자살의 방지를 도모하며 동시에 자살자의 친족 등에 대한 지원을 충실히 행하여, 국민들이 건강하고 보람 있게 살 수 있는 사회의 실현에 기여하는 것'이라고 명기되어 있습니다. 기본법이 단순히 예방적인 노력에만 집중하는 것이 아니라 유가족에 대한 지원을 도모하는 것을 목표로 한다는 점은 유가족지원 활동을 위해 노력하는 가운데 큰 의미가 있는 것이었습니다. 그 결과 연간 자살자 수는 감소세로 돌아섰고 유가족과 관련된 과제에 대해서도 완화되거나 정비되어 가고 있습니다.

【1】 Re의 발족

NPO법인 자살유족지원네트워크 Re(이하 'Re')는 자조 그룹 활동

* NPO법인 자살유족지원네트워크 Re 대표

으로서 기본법 성립 전인 2006년 4월에 시작되어 2007년 2월에 NPO법인자격을 취득하였습니다. 국내의 자살자 수의 급증과 함께 나가사키(長崎)현에서도 자살자 수가 증가하고 있었습니다. 2005년 인구동태통계에 따른 자살률은 29.3으로 도도부현 중에서도 상위권에 위치하고 있었습니다. 당시 우울증 대책이 실시되고 있었지만, 유가족 지원에 도움이 될 만한 활동은 찾아보기 어려웠습니다.

그러던 가운데, 2005년 9월과 2006년 1월에 나가사키현의 어린이들이 연속해서 자살하는 일이 발생했습니다. 가족을 자살로 잃었기 때문에 그 슬픔이나 자책감은 물론이고 말로 표현할 수 없을 정도의 괴로움과 주변으로부터의 편견이 있을 것이라고 추측할 수 있었습니다. 그래서 남겨진 사람들이 모여 거리낌 없이 이야기할 수 있는 자리를 만드는 것을 목표로 2006년 4월에 '자살 유가족 모임'을 시작했습니다. 2005년 10월부터 준비를 시작하여 정신보건복지센터, 보건소 등의 행정기관에 협력을 요구했지만, 기본법 성립 전이었기 때문인지 행정기관의 반응은 별로였습니다.

매월 1회씩 모임을 계속하던 중, 기본법 제정에도 도움이 될 수 있도록 2006년 9월에는 나가사키현립정신보건복지센터와 연계하게 되었습니다. 그 후 연계활동은 현 단위에서 시 단위로 조금씩 확장하게 되었습니다.

【2】 연계를 위한 전개

Re는 나가사키현의 중앙에 위치하고 있는 오무라(大村)시를 중심으로 활동하고 있습니다. 오무라시는 나가사키현에서 시정별 자살자가 4번째로 많은 지역입니다. 그러나 오무라시에서 '자살 유가족 모임'에 참가하는 경우는 낮고 다른 시(市)와 정(町)의 참가자가 다수를 차지하고 있었습니다. 자살대책 계발사업도 충분히 이뤄지지 않았기 때문에, 자살에 대한 편견도 뿌리 깊었고 경험을 말하는 자리를 원하는 것보다 이웃에게 자살 사실이 알려질 수 있다는 불안감이 높아서 참가할 수 없는 면도 있다고 추측할 수 있습니다. 그래서 활동이 보다 광역적으로 이뤄질 수 있도록 나가사키시와 협의를 거듭한 끝에 2007년 8월에 공동개최하기에 이르렀습니다. 이후에도 두 달에 한 번씩은 나가사키시와 함께 활동을 계속하고 있습니다.

또 외딴 섬이 많은 것도 나가사키현의 큰 특징입니다. 섬의 자살자 수 증가도 심각하고 자살에 대한 편견이 오히려 다른 지역보다 강하다는 것을 상담대응 등을 통해서 파악하게 되었습니다. 그래서 나가사키현의 지리적 특징을 고려하여 자살종합대책대강에 규정된 관민(官民)연계 방법의 일환으로 고토(五島)시에서 대처활동을 시작했습니다. 그 후 지역의 자살대책 긴급강화기금을 통해 나가사키현 내 여러 지역에 퍼지게 되었습니다.

【3】 향후 과제

기본법 성립 후의 자살대책 추진은 놀라울 정도이며, 나가사키현의 경우 현으로서도 자살 유가족 지원이 선행하는 형태로 활동이 이뤄졌습니다. 그러나 행정기관과의 연계로 광역화를 진행하는 과정에서 해결해야 할 과제도 생겼습니다. 나가사키현에서는 홍보나 장소확보 등의 하드웨어적인 부분을 행정기관이, 당일 행사운영 등의 소프트웨어적인 부분은 Re가 맡는 것을 기본으로 하는 연계 형식의 광역화를 도모했습니다. 연계를 통하여 행정기관이 주체적으로 활동할 수 있도록 수월한 행사 진행과 함께 소프트웨어적인 측면의 경험을 전수하였으나 행정기관이 독립성을 갖고 대처할 수 있는 단계까지는 이르지 못했습니다. 그 이유 중의 하나가 자살 유가족 모임에 대한 평가지표나 효과측정이 명료하지 않기 때문이라고 생각합니다. 아무래도 참가자 수가 평가의 중심이 되고, 아울러 참가자의 변화 등에 대한 평가에는 주관적인 요소가 크게 작용하기 때문에, 인사이동이 잦은 행정기관에서 연간 수차례의 활동을 하는 것만으로 사업의 의의를 지속적으로 전달하여 정착시킨다는 것은 어려울 수밖에 없을 것입니다. 자살예방 활동에 대한 과학적인 근거를 요구하는 움직임이 있는 것처럼, 자살 유가족 모임에 대한 평가나 검증할 수 있는 제도를 충실하게 만드는 것이 바람직합니다. 물론 자살 유가족 모임을 평가한다는 것이 맞지 않다는 이야기도 있습니다만, 민간단체나 개인의 힘만으로는 한계가 있는 것이 사실입니다. 보다 더 널리, 보다 더 잘 이해할 수 있고 지속적인 활동으로 이어지기 위해서라도 평가 방식에 대한 논의가 이뤄져야 하겠습니다.

또 자살 유가족 지원 가운데 남겨진 아동에 대한 지원도 큰 과제로 남아 있습니다. 아동을 지원하는 곳은 꾸준히 늘어나고 있지만, 성인에 대한 지원만큼 빠르게 확산되고 있지는 않습니다. Re에서는 지역의 자살대책 강화 기금을 활용하여 아동지원에 관한 상담회를 개최하였지만, 보호자나 지원자가 상담의 중심이 될 뿐 어린이들이 직접 상담회를 찾아오는 경우는 적었습니다. 아동지원은 심리적인 지원은 물론 경제적인 지원과 학습지원 등 보다 폭넓은 지원이 요구됩니다. 더구나 어린이들이 스스로 지원을 요구하는 일은 현실적으로 어렵기 때문에, 외부의 적극적인 접근이 해결의 실마리가 된다는 사실을 재차 인식하게 되었습니다. 어린이들에게는 자살대책 제도에만 얽매이지 않고, 최근 주목받고 있는 아동의 빈곤대책 추진 등과도 상호 보완하면서, 자살로 인해 남겨진 아동이라는 데 한정하지 않고 활동해 나아가는 것을 검토하고 싶습니다.

연간 자살자 수가 감소하고 있는 가운데 자살대책에 대한 관심이 희박해질 것이 우려되지만, 자살 유가족은 매년 늘어나고 있기 때문에 지금까지 해온 것 이상으로 효과적이고 유기적인 연계를 도모하면서 활동하고자 합니다.

3. 아키타 후키노토 현민 운동

하카마다 슌에이*

【1】 전국에서 유일한 현민 운동

'아키타 후키노토 현민 운동(秋田ふきのとう県民運動)'은 2010년에 발족된 전국 유일의 자살예방 목적의 현민 운동입니다. 이러한 운동체가 생겨난 배경에는 아키타현의 자살률이 47개 도도부현 가운데 가장 높다는 슬픈 현실이 있습니다.

1995년부터 아키타현의 자살률은 최악의 상태가 계속되고 있습니다. 그러나 현민들은 이러한 사실을 2000년까지도 알지 못했습니다. 자살은 개인적인 문제로 여겨졌고 현 차원의 대책은 이뤄지지 못했기 때문입니다. 자살 데이터를 접할 수 있는 시정촌 보건관계자 등 제한된 사람들만이 '건강한 마음 만들기'라는 이름의 사업을 실시하는 정도였습니다.

전환점은 2000년이었습니다. 지사가 바뀌면서 아키타현은 자살대책에 본격적으로 착수하기 시작했습니다. 그 첫 번째 사업이 7월 21일에 진행된 '생명의 소중함을 생각하는 심포지엄'이었습니다. 현 당국이 자살문제에 대한 변화의 노력을 보여주자, 그때까지 금기

* 마음과 생명을 생각하는 모임 대표

시되었던 이 문제에 대처하려는 민간단체가 생겨나기 시작했습니다. 제가 속한 '마음과 생명을 생각하는 모임(心といのちを考える会)'도 그 해 10월에 발족되었습니다.

곧 몇몇 단체가 서로 연락을 주고받기 시작하게 되었고, 2006년에는 9개 단체가 모여서 '아키타, 마음의 네트워크(秋田・こころのネットワーク)'라는 조직을 만들었습니다. 이후 이 네트워크를 중심으로 현내의 민간단체 간의 연계가 이뤄지기 시작했습니다. 2014년 2월 현재, 37개의 단체가 가맹되어 있습니다. 또 2000년부터 아키타현이 진행하고 있는 '자살대책모델사업'에서는 모델 시정촌을 지정하고 아키타대학 의학부에 의뢰하여 지역 자살을 심리적 관점에서 조사하기 시작하였습니다. 이 모델사업을 통하여 생겨난 민간단체들도 많이 있습니다.

이처럼 아키타의 자살대책이 본격적으로 시행된 것은 2000년부터였습니다. 그 후의 움직임 가운데 주목할 만한 것은 2007년 7월 10일, 현 주최로 열린 '자살예방에 관한 시정촌 톱 세미나'를 들 수 있습니다. 현내의 시정촌 대표들이 모여 자살의 현 상황을 이해한 다음, 각 지자체에 적합한 세부적인 대책을 취하도록 촉구하였습니다. 이로 인해 어떤 대책을 취하면 좋을지를 연구하는 '학교'와 보건사를 중심으로 하는 '관', 대책을 실시하거나 협력하는 '민간' 간의 연계가 비약적으로 진행되었습니다.

아키타현 자살대책의 특징은 '민・학・관'의 연계라고 할 수 있습니다. 현청(県庁)에는 자살대책반이라는 팀이 있어서, 청사 내에 대책반의 이름까지 게시되어 있습니다. 아키타대학 의학부의 연구는 국가의 자살예방 책정에 크게 기여해왔습니다. 자살예방에 있어서 선진화 된 현이라고 불리게 된 이유가 여기에 있습니다. 이렇게 연계가 강화되고 자살문제를 담당하는 관계자가 고정되면서 담당 관계자가 대처해야 하는 문제라는 분위기가 형성되었습니다.

최근에는 자살이 '내몰린 죽음'으로 인식되고 있습니다. 내몰린다는 것은 사회구조 그 자체인 것이지 않겠습니까? 사회적 약자가 사회 속에서 살아갈 수 없는 구조를 만들고, 약자들은 전문가가 필요한 지원을 해야 하는 사람으로 간주되어 사회에서 배제되고, '고립'이 발생하게 되는 구조인 것입니다. 예를 들면, 고령자는 신체적으로 쇠약해지거나 치매 등으로 도움이 필요하게 되면 개호의 정도가 정해집니다. 그에 따라 서비스가 정해지고 의료기관이나 개호사업자에게 전달됩니다. 그렇지 않으면, '보통'의 생활을 하고 있는 사람들에게 방해가 되기 때문입니다. 현대의 일상에서 '보통'이라는 것은 일하는 것 또는 일하는 사람에게 방해가 되지 않는 것을 의미하게 되었습니다.

또한 '보통'이라는 것은 쾌적하게 생활하는 것입니다. 나는 쾌적한 삶을 유지하거나 발전시키기 위해 일하지 않으면 안 되고 사회도 그것을 요청하고 있습니다. "불쾌감을 주는 사람=약자는 전문가가 지원해줘야 하는 사람이지 내가 지원해야 하는 것은 아니다"라는 인식이 있습니다. 이렇게 함으로써 우리들은 그 누구도 도와주지 않게 되어버린 것은 아닐까요?

【2】 활동 키워드는 '연계'

전문가가 지원하는 시스템은 '의료모델', '복지모델'이라고 불리는 것입니다. 자살문제는 이 두 가지만으로는 대응할 수 없습니다. 고민하고 괴로워하고 슬퍼하는 사람을 불쾌하다고 배제하는 사회가 변해야만 합니다. '사회모델'이라는 또 하나의 대책이 불가결한 것입니다. 아키타는 자살률이 1위이기 때문에 보다 빨리 사회모델을 만들어야 한다고 생각하였고, 2009년 '아키타 우키노토우 현민운동'을 구상하게 되었습니다.

그 해, 8월 29~30일 이틀 동안 아키타현 후지사토(藤里)정에서 '북도후쿠 자살예방 민간단체 활동교류회(北東北自殺予防民間団体等活動交流会)'라는 긴 명칭의 모임이 열렸습니다. 북 도후쿠 3개 현인 아오모리 · 이와테 · 아키타현은 자살률이 높습니다. 그래서 3개 현의 자살예방을 목적으로 하는 민간단체가 정보교환을 통하여 각자의 활동을 활성화시키겠다는 모임을 결성하였고, 2005년부터 매년 모임을 개최하고 있습니다. 민간단체 모임이지만 연구자나 행정기관 관계자도 많이 참가하고 있습니다. 여기에 참가한 아키타현 관계자들 사이에서 아키타현의 향후 자살대책의 전개 내용을 검토하고 있을 때, '사회모델'을 설계하는 내용이 화제에 올랐습니다. 그리고 사회모델 구축을 위해서는 종래의 민 · 학 · 관 연계를 보다 공고히 하고, 더 많은 사람들을 참여시키기 위한 조직체가 필요하다는 데 의견을 모았습니다.

다음해인 2010년 6월 16일에 발기인 회의를 개최하고, 7월에 조직의 설립을 목표로 했습니다. 한 달 후인 7월 16일, 111개의 단체와 개인들이 출석한 가운데 아키타 후키노토 현민 운동 실행위원회가 개최되었습니다. 그 자리에서 3월 1일을 '아키타현 생명의 날'로 지정하고 캠페인도 실시하기로 결정하였습니다.

이미 거리 캠페인은 9월 10일 WHO 세계 자살 예방의 날과 12월 1일 전국 생명의 날에 맞춰 아키타현과 아키타시가 주최해왔지만, '아키타현 생명의 날'을 제정하게 되면서 현민 운동도 주최자로 참여하여 행사를 진행하게 되었습니다. 이 캠페인은 지사나 시장, 아키타대학, 민간단체의 참여가 이뤄지면서 현민 운동 활동의 중심이 되었습니다. 또 하나의 중심이 되는 활동이 '현민 운동 대회'입니다. 이 대회에서는 아키타현에 연고가 있는 작가나 유명인사의 강연, 자살예방 표어나 센류(川柳)[1] 표창식 등이 이뤄집니다.

현민 운동이 가능했던 이유는 민・학・관의 연계가 힘이 되었기 때문입니다. 자살예방의 '의료모델', '복지모델', '사회모델'은 단독적으로 기능할 수 없다고 생각합니다. 핵심은 '연계'라는 것을 아키타 우키노토우 현민 운동 활동을 통하여 강하게 느끼고 있습니다.

1 역자 주: 5・7・5 형식의 17음의 일본 전통 시.

4. 니가타(新潟)현의 생명의 전화

오이카와 기쿠오*

【1】 니가타현의 생명의 전화 활동

(1) 활동 현황

생명의 전화는 영국에서 한 소녀가 자살한 것이 계기가 되어, 전화상담 자선단체인 '사마리탄즈(Samaritans)'가 1953년 런던에서 처음 개설되면서 시작되었습니다. 일본에는 1971년 도쿄에 '생명의 전화'가 개설되었고, 2015년 3월 현재 전국적으로 50곳의 센터가 활동하고 있습니다. 자원봉사자 상담원 수는 전국적으로 6,700명을 넘어섰고, 상담 건수는 연간 75만 3,000여건(2013년)에 이릅니다.

니가타현의 생명의 전화는 1984년 4월, 전국에서 17번째 센터로 개국되었습니다. 160명의 상담원이 연중무휴 24시간 체제로 자살을 비롯한 삶의 어려움이나 위기를 안고 있는 사람들에게 고독이나 절망에 빠지기 쉬운 야간이나 심야시간대에도 이용할 수 있도록 전화에 대응하고 있습니다.

생명의 전화 상담원은 무상으로 활동하는 자원봉사자이지만, 자살예방에 대한 의식이 높은 경청기술을 지닌 관계자여야 합니다. 상

* 사회복지법인 니가타현 생명의 전화 이사장

담원들을 위한 연수회는 내부 연수회와 일반 사단법인 일본 생명의 전화연맹이 주최하는 전국연수회 등이 있는데, 그들은 의무적으로 연수에 참여해야만 합니다. 니가타의 경우는 해마다 4월에 시작하여 다음해 3월까지 매주 목요일에 진행되는 39회의 커리큘럼을 수강하고 자질과 적정성 평가를 받아야만 상담원으로 인정됩니다.

(2) 니가타현의 자살사망률과 상담전화 수신 상황 그리고 자살경향

니가타현의 생명의 전화 수신건수는 매년 2만 건 전후의 추이를 보이고 있습니다. 2013년 수신건수 2만 296건 중 자살경향을 보인 건은 1,862건으로 9.2%에 해당합니다. 2013년 연령대별 · 남녀별 수신건수를 보면, 상담자는 30대부터 70대까지, 어느 연령대에서나 여성의 숫자가 많았으며 자살경향도 여성이 높았습니다.

자살자 수는 모든 연령대에서 남성이 여성을 크게 상회하고 있으며, 70대의 연령층에서 다른 연령층보다 남성과 여성 모두 가장 높게 나타났습니다. 그러나 70세 이상의 연령대에서 생명의 전화에 상담하는 건수는 크게 감소하였습니다. 여기에서 다음과 같은 두 가지 사항을 알 수 있습니다.

① 30대~60대 남성의 상담전화 건수는 여성보다 적지만 자살자 수는 두드러지게 많습니다. 이 연령대의 자살예방은 경제계와 협력하여 '건강경영'을 축으로 하는 적극적인 대책이 요구됩니다. 니가타 생명의 전화에서는 기업 · 단체 등의 강연 및 세미나를 개최하거나 직접 사업소를 찾아감으로써 계발강연의 기회를 마련하고 있습니다.

② 고령자의 전화상담 건수가 크게 감소하고 있는 것에 비해 자살자 수는 높습니다.

고령자는 가족과 지인 등 가까운 사람의 이별로 인한 상실감, 건강장애로부터 빠른 회복이 어렵고, 세대 간의 단절, 의지할 가족이 없는 고독감 등을 안고 있는 것과 관련된 상담이 많기 때문에 자살지향이 높은 것은 아닐까 하고 추정됩니다. 고령자의 전화상담 건수 감소는 전화로 상담하려는 기분이 약화되거나 전화를 걸어도 연결되지 않을 때, 전화 상담을 포기하는 것이 아닐까 하고 생각됩니다.

고령자의 전화를 기다리는 대응뿐만 아니라, 지자체 등에서 대면 · 면담이라는 더 나아간 위기개입 행동을 취할 수 있는 수단이 필요하다고 생각합니다.

(3) 상담전화를 통해 보이는 것

상담 내용은 우울증 등의 마음의 병에서 오는 불면증, 좋지 않은 몸 상태, 장래에 대한 심한 불안 등 건강문제에 관한 상담 내용이 크게 늘고 있습니다. 또한 삶의 방식과 보람에 대한 내용이나 고독을 호소하는 내용, 직장 · 이웃관계 · 친구관계 등에 있어서 소통 부족, 가족의 불화 · 불만뿐만 아니라 이에 더하여 부모의 개호문제 등 복수의 요인으로 인한 상담이 많아지고 있습니다.

“사회는 나를 필요로 하지 않는다”, “직장에서의 인간관계가 원활하지 않다”, “몸 상태가 좋지 않다’등의 상담내용이 복합적으로 뒤얽혀 있습니다. 현재의 사회 상황을 반영해서, 가정에서도 직장에서도 머물 곳이 없어 고독감을 느끼고 있는 상담자가 많아졌고 넓은 의미에서 인생이나 대인관계와 관련된 상담내용이 증가하고 있다고 볼 수 있습니다.

【2】 지역의 자살대책 역할로서의 생명의 전화

(1) 자살예방과 방지를 위한 라이프 라인으로서의 계발사업

니가타 생명의 전화는 전화라는 수단뿐만 아니라 니가타현, 각 시정촌, 후원회로부터도 적극적인 도움을 받아 계발사업을 수행하고 있습니다.

계발사업은 비교적 자살률이 높은 시정촌에서 이뤄지고 있습니다. 여기에는 중증의 우울증 상태에서 회복하여 현재는 쓰가루 샤미센(津軽三味線) 연주자로서 전 세계적으로 활약하고 있는 고바야시 후미요시(小林史佳) 씨와 그를 다시 일어나도록 해준 그의 어머니 다카하시 지쿠이쿠(高橋竹育) 씨도 참여하고 있습니다. 그녀는 니가타 다카하시치쿠잔카이(高橋竹山会)의 회주(會主)이기도 합니다. 매년 이들의 이야기와 함께 연주공연이 현의 각지에서 4~5회 실시되고 있는데, 어디를 가나 호평과 함께 만석으로 대성황을 이루고 있습니다.

또 후원회의 현내 각 지부가 독자적인 프로그램으로 적극적인 계발활동을 하고 있습니다. 니가타현, 니가타현 지역 진흥국, 시정촌이나 보건소가 공동 개최를 통해 그 활동을 지원하고 있습니다. 니가타방송(BSN)은 매월 1회, 일요일 17시부터 30분 동안 '행복의 씨앗 뿌리기 SHOW'라는 생명의 전화 프로그램을 편성하여 무료로 제공하고 있고, 생명의 전화 관계자나 협력하고 있는 대학 교수들이 이야기를 들려주고 있습니다.

(2) 대학 등과 연계 연구

상담전화를 통해 집적된 데이터는 니가타현 내의 대학과 공동으로 내부 인원을 포함시켜 상담전화와 자살통계의 관계성, 상담내용과 연령 · 남녀별 데이터 해석 등을 진행하고 있습니다.

【3】 생명의 전화 활동의 과제

(1) 연결이 어려운 생명의 전화

전화 연결이 어렵다는 민원이 많이 제기되고 있습니다. 연결률은 6~7%정도를 유지하고 있습니다. 전화회선을 늘리는 것이 하나의 해결책이지만, 자원봉사 상담원의 수가 부족해서 회선을 늘려도 대응할 수 없는 것이 현실입니다. 또 100분 이상의 장시간동안 수화기를 놓을 수 없는 통화자도 있을 수 있습니다. 그러한 것들이 연결이 잘 되지 않는 요인 중 하나라고 추측됩니다. 그래서 상담원의 전화상담 기술 향상 등 긴급한 대응책이 요구되고 있습니다.

(2) 상담원의 부족

전국적으로 생명의 전화의 최대 과제는 상담원 부족 문제와 그로 인한 심야시간대를 포함해서 담당표를 짜는 것이 어렵다는 점입니다.

(3) 빈도수가 높은 통화자에 대한 대응

동일인으로 생각되는 사람으로부터 하루에도 수십 번에서 수백 번까지 전화가 오고, 매월 10일 무료통화상담의 날이면 동일인으로부터 더욱 많은 전화가 걸려오기 때문에 이에 대한 대응이 큰 과제로 되었습니다.

(4) 위기관리

위기관리에는 두 가지 과제가 있습니다. 하나는 위력(威力)으로 전화 공격을 통해 방해하는 것입니다. 이에 대한 대책으로 통화녹음을 실시하고 있는 센터도 있습니다. 두 번째는 지진이나 홍수 등 재해관련 위기에 관한 대응입니다. 니가타 생명의 전화에서는 재해 위기관리 매뉴얼을 정비하고 있습니다.

【4】 생명의 전화와 자살예방대책으로서의 인터넷상담 도입

컴퓨터와 인터넷을 포함해서 소통 방식이 크게 변화하고 있습니다. 약 2년 전부터 자살자가 전국적으로 감소곡선을 그리는 것으로 전환되었지만, 이메일과 인터넷 세대인 20~30대는 변동이 없거나 지역에 따라서는 약간 오르는 경향을 보이고 있기 때문에, 젊은 세대를 위한 상담 도구로서 인터넷상담의 중요성이 높아졌습니다. 또 청각・언어 장애가 있거나 전화 거는 것을 어려워하는 은둔형의 사람, GID(성동일성 장애자)에게 전화상담이 반드시 대응책이 될 수 있는 것은 아닙니다.

UN은 2006년 인권조약인 장애인 권리조약을 채택하였고, 일본은 2014년 1월 20일 조약의 비준을 승인하였습니다. 지금까지 장애인에 대한 대응은 복지 차원에서 이루어져 왔지만, 장애인 권리조약에서는 사회적으로 인권의 관점에서 합리적인 배려가 이뤄질 수 있도록 요구하고 있습니다. 특히 인터넷을 포함한 접근성은 당연한 것으로 되었습니다. 따라서 생명의 전화도 전화상담은 물론 인터넷 상담을 실시하는 것을 외면해서는 안 됩니다. 니가타 생명의 전화는 2015년 4월부터 인터넷상담을 시행하기 시작하였으며, 도쿄, 센다이, 사이타마, 모리오카, 나라, 에히메, 후쿠오카 그리고 기후에 있는 생명의 전화도 이미 인터넷상담을 실시하고 있습니다.

5. 도진보(東尋坊)에서의 자살대책 활동
– 자살 시도자의 '외치는 소리'를 들어버렸습니다

시게 유키오*

【1】 경승지 '도진보'의 또 다른 얼굴

당신은 "도와주세요…!"라고 말할 수 있습니까?

당신은 "자살하면 안 돼요…!"라고 말할 수 있습니까?

호쿠리쿠(北陸)지방 후쿠이(福井)현 도진보는 경치가 매우 아름다운 경승지로서 국립공원으로 지정되어 있습니다. 2003년 당시 도진보는 연간 20~30명의 사람들이 동해(일본해)를 향해 몸을 던져 자신의 목숨을 끊는 자살 다발 장소였습니다.

저는 전직 경찰관입니다.

정년퇴직을 맞이한 2003년에 도진보를 관할하는 미쿠니(三國)경찰서(현 사카이니시(坂井西) 경찰서)에서 부서장(警視, 역자주: 우리나라의 경감에 상당)으로 근무하고 있을 당시, 21구의 자살자 시체를 검시하였고, 80명에 가까운 자살 시도자들의 이야기를 들었고, 많은 유서

* NPO법인 마음을 울리는 문집 · 편집국 이사장

들을 읽었습니다. 거기에서 들려오는 외침은 "죽음이 두려워…", "아직 죽고 싶지 않아…", "살려주세요…", "가능하다면, 인생을 다시 시작하고 싶어…" 등 비창한 외침이었습니다.

하지만 경찰관인 저로서는 그들의 외침에 아무런 대답도 할 수 없었고, 법에 따라 가족에게 인도하거나 복지기관에 인도하는 것 밖에 할 수 없었습니다. 그들은 안고 있었던 고민을 아무것도 해결할 수 없었기 때문에 장소를 바꿔 자살을 했던 것입니다. 이러한 실태를 알게 되었을 때, "이 세상은 뭔가 이상하다", "무엇인가 잘못되었다", "누가 이 사람들의 목숨을 구할 것인가?"라는 의문에 사로잡혔습니다.

【2】 고민상담소 개설

정년을 맞이하였을 때, "이 문제를 해결할 수 있는 사람은 누구일까…?"란 물음에 대해 "나 자신이지…"그리고 언제부터 할 것인지에 대해서는 "지금부터지…"라는 결론에 도달하게 되었습니다. 그래서 정년을 맞은 2004년 4월부터 동료를 모집하고 도진보의 한 구석에 활동거점인 '마음을 울리는 떡'(사설상담소)이라는 찻집을 개설하였습니다. 수요일을 제외하고 매일 일몰시까지 도진보를 순찰하면서 자살 시도자를 찾고, 거기서 만난 사람들의 고민을 들어주고, 그 고민을 해결해주기 위해 지원자 역할을 맡아 자립이 가능할 때까지 일련의 활동을 시작하였습니다.

그 결과, 지금까지 약 10년 10개월(2015년 2월 26일 현재)동안 511명의 자살시도자를 발견・보호하여 자립할 수 있을 때까지 도움을 제공해왔습니다.

이 분들 중에는 중·고·대학생도 있고, 공무원, 대학교수나 대기업 엘리트 사원, 회사 경영자 등도 있었습니다. 이들은 앞으로 일본을 짊어지고 나아갈 수 있는 오체가 건강한 사람들이었습니다. 이들이 자신의 인생을 끝내려고 할 때 마지막 고민은 '절망에 따른 고립감', '스스로 가치가 없다고 느껴짐', '좁은 시야', '분노', '미래에 대한 환상' 등이었으며, 이 세상에 대한 미련을 남기지 않고 미지의 세계에 자신의 미래를 맡기는 도피행(逃避行)이었습니다.

【3】 그들은 마지막까지 "그만둬"라는 말을 기다린다

그러나 이 사람들은 그들이 안고 있는 고민의 해결을 위한 작은 도움(동반활동)만으로도 힘을 얻어 스스로 회복하기 시작했습니다. 이런 분들의 모습을 보고 있으면, "그 누구도 혼자만으로는 살아갈 수 없다…"는 사실을 깨닫게 됩니다. 죽음을 생각하고 벼랑 끝에 선 사람일지라도 최후의 최후까지 "자살하면 안 돼!"라고 말해줄 사람을 기다리고 있는 것입니다.

그들의 외침에 답할 수 있는 것은 강한 힘을 가진 의원(정치가)의 정치활동이라고 생각합니다. 제가 지금까지 자살시도자로부터 들어왔던 '마음의 외침'을 여기에 기술하려고 합니다.

■ 의회(정치가)

자신의 선거구에서 자살자가 나온 경우, 그 책임은 자신에게 있다고 생각하고 자살의 원인을 검증하고 정책에 반영해주기를 바랍니다.

■ 행정관

생명에는 정해진 행정구역이 없습니다. 다른 현의 주민이라도 현지 보호를 철저히 하고 책임을 돌리지 말고 원스톱 서비스를 제공해주기 바랍니다.

■ 기업

고용자의 '마음의 건강'을 해치는 행위는 안전배려 의무위반입니다. 가동능력이 없어졌다는 이유로 해고하지 말기를 바랍니다.

■ 자살 다발 장소가 있는 지자체

매년 3명 이상의 자살자가 발생하고 있는 장소에는 그 자살자의 10배 이상의 자살 시도자가 모여들고 있습니다. 자살 다발 장소에 고민상담소를 개설해주기 바랍니다.

■ 정신과 의사

약물을 다량 투여하지 말아주기 바랍니다. 각 지자체 지정병원에서 인지요법이나 환경조정요법이 가능한 전문 치료 부문을 설치해주기 바랍니다.

■ 사법계

자살의 배경에는 인권침해가 산더미처럼 쌓여 있습니다. 사법계가 자원봉사 상담창구를 설치하지 않으면 일본의 자살률은 감소하지 않을 것입니다.

■ 교육현장

눈에 보이지 않는 협박죄, 명예훼손죄 등의 범죄방지교육을 철저히 하고, 역경에도 쓰러지지 않는 강한 정신력을 지닌 아이들로 키워주기 바랍니다.

■ 종교인

자살 시도자는 일시적인 피난장소, 기댈 수 있는 사람, 지지해줄 수 있는 사람을 원하고 있습니다. 문을 열어 보호소가 되어주기 바랍니다.

■ 복지관계자

마음의 병 때문에 자신의 가계를 관리할 수 없는 것입니다. 이중 삼중이 되더라도 거듭해서 보호의 손길을 내밀면서 마지막 방어막이 되어주기 바랍니다.

■ 카운슬러

공감할 수 있다면, 그 사람의 동반자(지팡이 역)가 되어주기 바랍니다.

■ 정신장애자보호시설

남의 힘을 빌려서가 아니라 자신의 손으로 시설 외 가동시설을 설립해주기 바랍니다.

■ 경제학자

자살로 인한 일본의 경제손실액을 국가에 제시하고 자살예방에 관한 예산획득을 위해 협력해주기 바랍니다.

【4】 도진보로부터의 메시지

· 자살은 본인이 약해서가 아니라 지역 차원의 지원이 부족하기 때문이 아닐까…
· 자살은 어느 가정에서나 발생할 수 있는 것으로 남의 일이 아니지 않을까….
· 타인의 단점을 찾지 말고 장점을 찾아주세요….
· 그들에게 국경이나 현의 경계는 없습니다….
· 질타나 격려만이 아니라 동정한다면 '동반자'가 되어주세요….

자살은 사회적 · 구조적으로 죽음에 내몰리는 조직범죄입니다. 이 범죄조직을 없애어 국민이 건강하고 보람차게 살아갈 수 있는 사회의 창생을 바라고 있습니다.

저희들 NPO법인은 국민의 생명을 지키는 '인명 구조 활동'을 하고 있고, 한 명의 사병이 되어 '자살 유가족을 만들지 않는' 싸움을 계속하고 있습니다.

6. 지방 자치 단체의 자살대책 활동

(1) 교토부(京都府)의 자살대책

가타오카 미카*

전국의 자살자 수는 2012년에 3만 명을 밑돌았고 그 해 교토부의 자살사망률은 전국 도도부현 가운데 가장 낮았습니다. 교토부에서는 자살대책기본법에 따라 자살대책을 위한 노력을 해왔습니다만, 2012년부터는 자살대책 전담부서를 설치하여 여러 가지 활동을 추진하고 있습니다.

【1】 교토부의 주된 활동

(1) 문제해결 상담창구

교토부의 자살대책의 핵심은 2009년부터 설치운영하고 있는 교토부 자살스톱센터(이하'센터'라고 함)입니다. 자살을 생각할 만큼 심각한 고민에 대한 상담을 임상심리사나 정신보건복지사가 전화를 받아, 경청하는 것으로부터 조언지도, 정보제공, 간단한 케이스워크, 위기개입까지 실시하고 있습니다. 또 필요에 따라서는 법무사나 변호사 등 외부 전문가와도 연계하여 팀으로 상담자에게 다가가며

* 교토부 건강복지부 복지・원호과 자살방지대책 담당과장

지원하고 있습니다.

2013년도부터는 새롭게 코디네이터를 배치하고 검토회를 정규적으로 개최하거나 상담원 간에 대응방침을 공유하는 등 상담기능을 강화하기 위한 체계를 구축하였습니다. 전화 연결이 어렵다는 문제에 대해서는 자살을 생각할 만큼 내몰리게 된 사람을 대상으로 하는 상담창구라는 것을 다시 한 번 명확하게 하는 것과 동시에, 개개인의 사례에 맞춰 타 기관과의 연계나 적극적인 문제해결을 지원함으로써 전화접속률이 대폭 개선되었습니다.

(2) 'all 교토'의 상담지원

자살에는 다양하고 복합적인 원인이나 배경이 있기 때문에 다양한 관계자와 연계하며 자살대책을 실시할 필요가 있습니다. 그러한 점에서 2013년도에 민간과 행정부가 힘을 합쳐서 26곳의 상담지원기관과 전국 시정촌에서 시작된 네트워크 조직인 '교토 생명 지원대'(이하 '지원대'라고 함)를 결성하게 되었습니다.

자살예방 주간에 계발활동을 교토부 각지에서 진행하는 것 이외에도, 시정촌 주최의 이벤트에 맞춰 여러 가지 고민을, 한 장소에서 상담할 수 있는 '삶과 마음의 종합 상담회'를 부 내 각지에서 개최하고 있습니다. 이에 변호사, 법무사, 임상심리사, 승려, 보건사, 자살유가족 등 지원대에 참가하는 단체가 서로 협력하며 상담에 응하고 있습니다.

(3) 아이의 자율성을 높이는 자살예방 교육

연령대별 자살사망률의 추이나 사인의 순위 등을 보면, 젊은 세대의 자살이 심각한 상황이기 때문에 교육위원회와 연계하여 아동·학생을 대상으로 하는 자살예방 교육을 2013년도부터 실시하고 있습니다. 나루토 교육대학(鳴門教育大学)이 개발한 프로그램을 활용한 수업과 지원대에 참여하는 단체의 방문수업 등을 자살예방 교육의 내용으로 하고 복수의 주제를 준비하고 있으며, 학교의 노력을 촉구하면서 실시하는 학교도 현재 증가하고 있습니다.

(4) 민간단체와 연계한 거처 만들기

센터를 비롯한 상담전화는 문턱이 낮아 상담하기 쉬운 반면, 얼굴이 안 보이기 때문에 그 자체만으로는 문제해결에 한계가 있습니다. 그래서 민간단체와 연계하여 부 내 각지에 편하게 말을 할 수 있고 고민 상담도 가능하며 연결이 유지될 수 있는 장소를 설치하고 있습니다.

그 중에도 자살로 남겨진 아이를 위한 거처와 자살 미수자를 위한 거처는 마치야(町屋, 역자주: 일본식 상가주택)나 사찰과 신사를 모임 장소로 하는 등 교토만의 자원을 활용한 활동이 이뤄지고 있습니다. 참가자로부터는 "고독감이 줄어들었다", "편해졌다"라는 평가가 있었기 때문에 앞으로도 민간단체와 연계해서 활동해 나가려고 합니다.

(5) 지역 실정에 맞는 활동

교토부 내 타 지역에 비해 자살사망률이 높았던 북부지역에서는 관계자끼리 연계하여 활동을 진행해온 결과, 최근 자살사망률은 감소하는 경향을 보이고 있습니다. 2012년도에는 교토부 단고(丹後) 보건소가 중심이 되어, 지자체나 지역의 153곳 단체로 구성된 자살 예방을 위한 네트워크 조직인 '모두가 서로 의지하는 단고 마음 지원 네트워크'가 설립되었고, 계발활동이나 강연회, 생명지킴이 양성, 상담회, 거처 만들기 등의 활동이 지역 전체적으로 진행되고 있습니다.

교토부 인구의 절반 이상을 차지하는 교토 시내에서도 보급계발, 생명지킴이 양성, 종합 상담회 등의 활동이 적극적으로 진행되어 자살사망률은 감소하는 경향에 있습니다.

남부지역에서는 2013년부터 소방본부, 긴급병원, 정신과 병원이 연계하여 자살 미수자가 신속하게 치료 받을 수 있는 체제를 정비하고 있습니다. 현재 북부지역이나 중부지역에서도 보건소가 중심이 되어 병원이나 시정촌과 함께 자살 미수자를 비롯한 고위험자를 지역차원에서 지원하는 구조를 만들어가고 있습니다.

【2】 향후 과제

이상과 같이 교토부에서는 시정촌이나 민간단체 등과 연계한 활동을 적극적으로 진행하여 왔지만, 자살에 대한 편견이나 몰이해 등으로 인해 아직까지 올바른 인식이 정착되었다고는 말할 수 없는 상황입니다. 지금까지 홍보계발이나 심포지엄 등을 통해서 올바른 정보를 알리는 데 노력해 왔지만, 앞으로는 부민들에게도 협력을 얻으면서 자살대책을 사회 전체적인 사안으로 추진해 나아갈 필요가 있습니다.

【3】 앞으로의 자살대책

이러한 과제에 대응하기 위해 교토부에서는 도도부현 가운데 처음으로 자살대책에 관한 조례를 제정하기로 하였습니다. 실업이나 다중채무 등 경제 · 생활문제, 암이나 우울증 등 건강문제, 가족의 불화나 이혼 등의 가정 문제는 누구나 겪을 수 있는 문제입니다. 그래서 조례에서는 "자살에 내몰리는 위기는 누구에게나 일어날 수 있다는 것을 모든 부민의 공통된 인식으로 한다."라는 것을 자살대책의 실시에 맞춰 기본이념으로 정하였습니다.

또 3월 1일을 '교토 생명의 날'로 정하고 이 날을 중심으로 자살에 관한 올바른 지식을 전달하고, 자살대책 추진의 분위기 조성을 도모하며, 관계자가 모두 하나가 되어 부민운동으로서 자살대책을 추진해 나아가는 것으로 하고 있습니다. 향후 진행할 시책에 대해서는 조례에 근거해서 새롭게 책정할 자살대책추진계획에 포함시키고, PDCA사이클에 따라 계획적으로 대처해 나아갈 것입니다. 이러한 활동을 통해, 고민하고 괴로워하는 사람들을 고립시키지 않고, 모든 부민이 지역사회의 일원으로서 함께 살아가고 서로 함께 지지하는 교토부를 만들어 나아가고 싶습니다.

〈도표-1〉 교토부의 자살대책

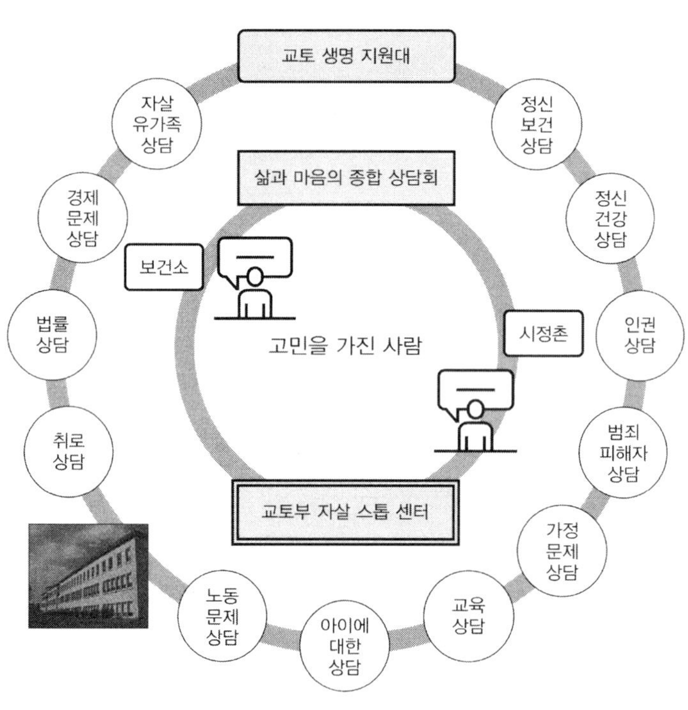

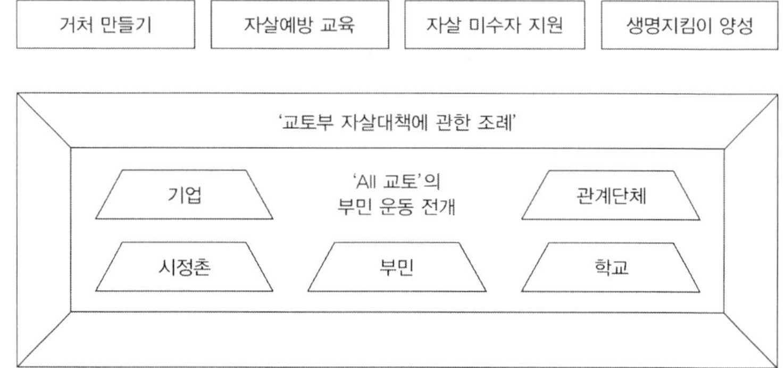

6. 지방 자치 단체의 자살대책 활동
(2) 아키타(秋田)시의 자살 미수자 대책

가네코 요시히로*

【1】 아키타시의 자살대책

현재 아키타시의 자살 미수자 대책은 주로 외래 응급진료를 받은 미수자에 대한 확실한 평가를 확충시키는 것에 중점을 두고 있습니다.

먼저 아키타시의 자살 미수자 대책사업의 경위를 살펴보겠습니다. 아키타시에서는 2007년도에 자살대책청(自殺対策庁) 내에 연락회의를 설치하고 다음해에 자살예방대책 네트워크 회의를 설치하였는데, 이것이 현재의 자살대책 네트워크 회의로 되었습니다. 이 회의는 사무국을 같은 시의 보건소에 두고 관계 행정기관, 의료기관, 민간단체 등의 위원으로 구성되어 자살대책 사업에 대한 의견교환과 활동상황의 공유를 도모하고 있습니다. 동시에 2009년도에 자살 미수자 팔로우업(follow up) 검토회의를 동 보건소 내에 설치하고, 시내 거점 병원의 정신과 의사, 응급 담당의, 소방본부 등을 구성원으로 하여, 미수자 대책을 검토하기 시작하였습니다. 검토회의는 그

* 아키타 대학 대학원 의학계 연구과 공중위생학 강좌 준교수

후 2012년도부터 앞에서 설명했던 네트워크 회의의 자살 미수자 대책검토부회로 발전하였습니다.

아키타시의 2012년 인구동태통계에 따른 자살자 수는 72명, 사망률은 22.4(인구 10만 명당)로서, 아키타현 내에서는 낮은 수치이지만 전국 평균보다는 약간 높은 수준입니다. 2000년부터 10년간 총계는 976명에 달하는 등 연간 100명 정도이지만, 2006년 106명을 정점으로 찍고 그 후부터는 줄어들고 있습니다.

【2】 자살 미수자에 대한 케어 체제

아키타시의 구급의료 체제는 구급 이송이 대부분 시내 5곳의 거점병원으로 이송되고 미수자의 경우도 마찬가지입니다. 그러나 정신과 병상이 없는 시설이나 상근 정신과 의사가 없는 병원도 있어서 이에 대한 검토가 이뤄지기 시작하였습니다. 다뤄진 주제로서, 구급외래 진료 후에 정신과 진료를 받은 미수자가 지역에서 어떻게 팔로우 되고 있는지 알 수 없거나 시 보건소가 미수자를 지원할 수 있는 것은 무엇인지, 미수와 관련해서 구급이송에 곤란했던 사례의 상황 등이 거론되었습니다. 그 과정에서 몇 가지 문제가 부각되었습니다. 미수자의 정보를 의료기관에서 보건소에 제공하는 것이 가능한지, 보건소가 대책을 이행한다면 대상자 수는 어느 정도인지, 자살대책에서 지역의 자원봉사자 등의 지원을 기대할 수는 있지만 미수자 지원에 대응할 수 있는지 등에 관한 것입니다. 이러한 점들에 대해 관련된 연구나 미수자의 실태조사 등을 참고로 검토를 거듭해왔습니다.

거기에서 각 의료기관으로 이송되거나 구급외래 진료를 받은 미수자의 상황을 파악하고 정신과 진료를 받을 때, 유용한 초기단계의 정보 수집을 목적으로 하는 '자손환자 진료상황시트(自損患者診療状況シート)'를 작성하여 구급의료기관에서 사용하기로 하였습니다. 이것은 자살생각의 유무에 관계없이 모든 자손행위 환자를 대상으로 하는 것이기 때문에, 각 의료기관 내에서 이용하는 공통서식으로 병원 간의 연계나 진료정보제공에 활용하기 쉬운 내용으로 구성되어 있습니다. A4양면의 서식으로서, 표면 상단에는 구급외래의 구급대 또는 접수담당자가 기입하는 내용이고, 하단은 구급담당의사, 뒷면에는 정신과 의사가 기입하는 난으로 구성되어 있습니다. 2014년도 현재, 뒷면은 정신과 의사가 있는 의료기관에서만 이용되고 있습니다.

2012년 4월부터 주요 병원 4곳에서 시범운용을 시작하였고, 개시 후 반년 간 구급이송된 자손행위자의 시트 기입률은 70%에 약간 못 미칩니다. 이 비율은 시작된 시점이란 점을 고려할 때 충분이 높다고 볼 수 있고, 관계자의 협력을 얻는 것도 가능하다고 생각합니다. 그 후 병원 한 곳이 추가되어 아키타 시내의 중증 자손행위자의 구급이송과 진찰을 거의 담당할 수 있을 정도로 체제가 정비되었습니다.

운용개시 후 2년간 연간 약 160건의 자손환자상황시트가 기입되었습니다. 각 병원에서 익명화해서 보건소에서 집계한 결과의 일부 개요를 소개하겠습니다. 구급 이송되어 진찰을 받게 된 경우가 약 절반 정도, 입원은 필요 없는 경증 환자도 약 절반 정도였습니다.

병원 내의 정신과 의사로부터 진단을 받은 경우는 약 60%였고, 배경이 되는 정신 질환의 상위는, F4 '신경증성 장애, 스트레스 관련

장애 및 신체표현성 장애'군이 최다로서, F3 '기분(감정) 장애'군보다 약간 많았고, 이어서 F2 '조현병, 조현성 장애 및 망상성 장애'군 순이었습니다. 이것은 가와시마 외(Kawashima et al., 2014)의 국내의 체계적 검토 연구와 같은 경향을 보여줍니다. 이미 알려진 것과는 다르게, F3군이 아니라 F4군이 최다였지만, 이것은 모든 사례의 진단결과가 아니란 점 등의 영향을 부정할 수 없기 때문에, 아키타시의 미수자들의 특성이라고 확정할 수는 없습니다.

그러나 이 실태를 통해 시민용, 관계자용의 보급계발 사업 등의 내용을 재고해야 한다는 촉구가 이뤄졌습니다. 기수자(既遂者)와 미수자의 배경 차이를 고려하여, 불안장애나 적응장애에 대한 보급계발이나 지원체제의 구축을 목표로 하는 사업도 검토하게 되었습니다.

그 외에 주된 결과로는 미수자의 약 절반이 재시도자이고, 많은 수가 이미 정신과 진료를 받는 중이거나 이후 진료로 이어졌습니다. 그러나 자손행위 후에 정신과 진료 여부를 확인할 수 없는 환자가 있다는 것도 새롭게 파악되면서 확실한 평가에 기초한 지원체제 구축의 필요성이 확인되었습니다.

이 사업에서 확인된 또 하나의 핵심은 가족 내에서 자손행위와 자살시도가 일어났는데도 다시 가족의 곁으로 돌아가는 모습이었습니다. 미수자를 발견하고 통보 및 함께 따라온 사람의 약 절반이 가족이었는데, 정신과 의사가 문진할 수 있던 미수자 가운데 자손행위가 일어나게 된 가장 큰 원인도 가족관계였습니다. 미수자에 대한 의료기관 이외의 지원에 대한 이용 빈도수는 적었고, 재시도 방지라는 관점에서도 본인과 가족에 대한 지원의 필요성이 확인되었습니다.

이 사업의 우수한 점은 미수자의 실태조사가 아니라, "실제 지원을 어떻게 할 것인가?"라는 점에서 검토가 시작되었다는 점, 시내의 구급의료와 관련된 복수의 의료기관 및 구급이송을 하는 소방본부 관계자에 의한 검토가 이루어지고, 전 시내를 담당할 수 있는 체제를 구축한다는 목적에서 시작되었다는 점 등을 거론할 수 있습니다.

【3】 포괄적인 팔로우업 체제 구축도 과제로

향후 과제로는 자손행위 예방 및 재시도 예방을 위한 지역 자원의 발굴과 양성을 꼽을 수 있습니다. 그러나 인적, 물적 자원이 한정되어 있는 지방도시에서는 종래의 지원체제를 중심으로 자살 미수자에 대한 대응 및 지원을 위한 연수나 연계를 진행하고, 보완할 수 없는 부분에 대해서 새로운 사업을 계획해 나아가는 것이 요망됩니다.

자살 미수자 지원을 위해 요구되는 것은 포괄적인 틀이며, 빈도수가 적은 배경요인이라고 하더라도 지원받을 수 있는 체제가 필요합니다. 그것을 위해서는 빠짐없는 평가와 포괄적인 제도에 따른 팔로우업 체제의 구축이 요구되고 있습니다.

[참고문헌·자료]

Kawashima Y., et al., Prevalence of suicide attempters in emergency departments in Japan: a systematic review and meta-analysis, *Journal of Affective Disorders* 163, 2014, 33-39. DOI : 10.1016/ j.jad.2014.03.025).

6. 지방 자치 단체의 자살대책 활동
(3) 교탄고(京丹後)시의 자살대책 활동

나카야마 야스시*

【1】 자살문제에 대한 생각과 바람

먼저 연간 2만 5,000명에 이르는 사람이 스스로 목숨을 끊을 수밖에 없는 우리나라의 자살을 둘러싼 이러한 엄청난 상황은, 사람이 살아가려고 본원적으로 지향하는 것보다 우리 사회의 성립 그 자체와 근본적으로 관계가 있습니다. 문득 발밑을 보면, "사회의 근저에 큰 구멍이 뚫려 있는" 것과 같은 상황에 있다는 것을 우리 스스로 깊이 자각하지 않으면 안 됩니다.

그런 다음에, 행정에서 복지 · 의료 · 산업 등 어떠한 분야더라도 사람의 생명을 지키며 생활을 지원하는 것이 모든 것에 공통하는 본분일 때, 자살대책은 같은 사회에서 살아가고 있는 동료의 생명을 지킬 수 있는 대책 그 자체인 것이며, 행정이 생겨나게 된 가장 근본에 속하는 것이며, 복지의 소중한 원점이라고 생각합니다.

이러한 점, 거기에 공통하는 그 어떤 것보다 생명의 소중함은 바꿀 수 없음을 정부도 지자체도 그리고 사회 전체적으로 진지하게 받

* 교탄고시장

아들이고, 정면에서 모든 대책과 한 사람 한 사람의 생명이 가장 소중하게 여겨지는 진심어린 사회를 진지하게 마음으로부터 바라고, 직원 및 관계자와 함께 만들어 나아가는 활동을 진행하고 있습니다.

【2】 교탄고시의 활동 특징

(1) 교탄고시의 노력

① '자살제로 실현추진협의회' 설치

2006년 기본법 성립을 계기로 새롭게 사회 전체가 자살에 이르지 않는 마을 만들기를 목표로 하고 있습니다. 이를 위하여 시내 16곳의 관계 기관이나 교토 생명의 전화와 연계하여 협의회를 설치하고 각 기관에 이를 위한 여러 가지 활동을 적극적으로 추진하고 있습니다.

예를 들어, 교탄고시에서는 원인해소대책을 위한 활동으로서, 우울증 예방 등 마음건강상담과 보급계발 이외에도, 2007년도 이후에 그 해결과 생활재건까지 함께 지원하는 '다중채무상담 · 지원실'을 설치하고, 교토 생명의 전화의 협력 하에 '교탄고시민 무료 전화상담 사업' 추진, '직원 전원(약 1,000명)에 대한 생명지킴이 양성 사업'개시, '자살 미수자 지원/자살 유가족 지원' 활동, 삶을 격려하는 '위로문구 작성사업(言の葉作成事業)'착수 등 여러 가지 활동을 진행하고 있습니다.

② '자살 없는 마을 만들기 추진계획' 책정

위에서 말한 추진협의회의 활동이 축적됨에 따라 2013년도부터 전체적인 추진계획을 책정하고 정보를 공유하면서 여러 가지 대책을 실시하고 있습니다. 과거의 상황(특히 2007년도)과 비교해보면, 전체적인 상황은 개선되고 있지만, 문제 해결에는 아직 이르지 못하고 있습니다. 더구나 자살제로의 목표를 달성하기까지는 아직도 갈 길이 먼 것이 현실이지만, 계속해서 열심히 활동하고 있습니다.

(2) 전국의 지자체, 관계단체 등과 함께

① '자살 없는 사회 만들기 시구정촌회' 설립

우리나라의 전체 자살률은 지극히 높은 비정상적인 상황이기 때문에, 지자체별 자살률이 높고 낮음에 상관없이 이 상황을 각 지자체와 함께 자신의 일로 인식해 나아가야 할 것입니다. 그 다음에 자살대책이 전국적으로 시작된 지 얼마 되지 않은 상태에서, 지자체 간의 시책 등 정보교환, 연계를 하는 것이 상호적으로 시책 향상이 이뤄질 가능성이 큽니다. 이와 함께 안전 네트워크 구축에도 그 만큼 도움이 될 수 있다는 취지에서, 전국의 뜻있는 지자체 등에서 정보·의견교환·연계 등을 추진하는 협의회를 2011년부터 설치하고, NPO법인 자살대책지원센터 라이프링크의 전면적인 협력을 얻어, 현재 전국 283곳의 시구정촌, 12곳의 부현(府県) 모두가 함께 활동을 추진하고 있습니다.

<구체적인 활동>

지자체 담당자등 연수회의 실시, 홈페이지, 담당자 메일 주소록 개설, 포럼 개최, 각 지자체 도서관에 특별코너 개설(자살대책강화

월간 등), 국가에 대한 요망서 등 제출 · 직접요청 등의 활동을 적극적으로 전개하고 있습니다.

② 전국 시장회(市長會)에서 결의한 '자살종합대책의 근본에 충실할 것을 요구하는 결의' 채택

전국 각 지역에서 자살종합대책을 철저히 하고 국가에 요청을 하기 위해서는 수장(首長) 간에 인식을 널리 공유하고 연계 등을 통하여 나아가는 것이 중요합니다. 이를 위해서 2012년 11월, 전국 시장회에서 교토부 시장회가 발의하고 연간 수회에 걸쳐 뽑아낸 중요한 이 결의가 전국 결의로 채택되었습니다(全国市長会, 2012).

【3】 향후 전망

전국의 지자체와 연계, 관민 일체가 된 활동, 특히 경제적인 안전네트워크 강화 등을 위해 다음 사항에 대해 정부에 요청하는 등 그 실현을 목표로 활동하고 있습니다.

(1) '지자체 연계 · 전국상담 네트워크(가칭)'의 창설

자살 위험성을 안고 있는 상담자가 본인이 거주하고 있는 지자체의 상담창구에 가기 어려운 경우가 있습니다. 그래서 지자체 상호간에 주민 상담을 긍정적으로 책임지는 (다른 지자체주민의 상담도 적극적으로 받음) 지자체의 횡단적인 상담체제를 전국적으로 구축할 것입니다(이때 상담의 편중에 대비한 <조정기금>을 요청).

(2) 정부의 '자살종합대책회의'(관계 각료로 구성)와 내각부에 부속 설치된 '관민연계협동회의'(自殺対策官民連携協働会議, 2013)나 신설된 '일본 자살종합대책학회' 등과 연계 강화

자살대책을 종합적이고 강력하게 추진하기 위해서는 계발, 복지나 보건의료, 금융이나 보험, 경제 등 여러 분야의 제도적인 지원책의 개별적, 종합적인 검토와 실천 등 복잡하고 계통적인 검토를 요하는 정책적인 과제가 수없이 많이 있습니다.

이를 위해, 관민연계협동회의 하위에 각 분야마다 상설 부회(部會)를 설치하고 일본자살종합대책학회와 함께 민간・관계자의 의견을 널리 정기적・유동적으로 청취하고, 정부의 자살종합대책회의 등에 건의 기능을 강화하여, 관민이 일체가 되는 종합적・유동적인 자살대책을 만들어 나아가는 것에 대해 강력히 추진할 수 있도록 요청하고 있습니다.

(3) 자살을 방지하는 '삶의 지원을 위한 보험(가칭)'의 창설

상상만으로도 참기 힘들만큼 어쩔 수 없이 보험금에 의존할 수밖에 없는 궁박한 사정에 내몰려 이뤄지는 자살을 방지하고, 만일 그러한 사정에 이르렀을 때는 다시 생활할 수 있도록 '삶의 지원'이 이뤄질 수 있는 사회적 보험제도의 창설을 강력하게 요구합니다. 심사기준 등의 문제를 넘어 이것이 실현된다면, 당사자의 생명을 지킬 수 있는 것은 물론 그 무엇보다 공익에, 생활 재건, 가족의 안녕, 관계자에 대한 여파 방지 등 공익적인 면에 공헌하고, 또한 재도전이 가능한 사회적 분위기를 만드는 것에도 크게 기여할 수 있을 것입니다.

어느 남성이 자신의 목숨을 구해준 것에 대해 감사의 연하장을 아마미(奄美)시 시민과에 보내왔습니다. 생각지도 못한 소중한 편지를 받을 수 있을 정도로 진심어린 활동이 이뤄질 수 있도록 우리들도 노력해 나아가겠습니다.

[참고문헌·자료]

全国市長会,「自殺総合対策の根本的充実を求める決議」(2012年11月15日).
自殺対策官民連携協働会議,「自殺対策官民連携協働会議の開催について」(2013年7月26日).

근하신년 제 목숨을 구해주셔서 정말로 감사드립니다. 설날에	어느 외딴 섬에 사는 40대 남성이 자살하려는 생각을 접을 때까지 이 남성은 지병을 안은 채, 여러 직장을 전전하면서 불안전한 생활을 하고 있었습니다. 때로는 생활을 위해 빚을 지고, 결국 빚을 갚기 위해 다시 빚을 내는 '다중채무'상태에 빠져버렸습니다. 미래에 대한 불안감과 채무 변제의 공포 때문에 배를 타고 바다에 나가 투신자살하려고 생각해 본적도 있었습니다. 어느 날, 남성은 아마미시에 채무 문제를 위한 상담 창구가 설치되어 있다는 것을 알게 되었습니다. 400만 엔 가까이 빚을 지고 있었지만, 시민과의 담당자와 상담을 했더니 변호사의 도움을 받아 채무 정리를 할 수 있었고, 4개월 만에 다중채무의 고통과 자살에 대한 생각에서 벗어나게 되었습니다. 현재 이 남성은 병의 증세도 안정되었고 평온한 생활을 보내고 있습니다.
↑남성으로부터 아마미시 시민과에 보내온 감사 연하장입니다.	

<참고>
자살종합대책의 근본에 충실할 것을 요구하는 결의

국가의 연간 자살자가 3만 명을 넘고 있고, 국제적으로 비교하더라도 두드러지게 높은 위기 상황이 14년간이나 계속되고 있다. 특히 요즘은 동일본 대지진의 피해나 장기화된 경기침체에 따라 생활고, 따돌림으로 인한 자살이 각지에서 현저하게 계속 일어나고 있는 상황이다. 원래 자살률이 극단적으로 높은 이러한 비정상적인 상황은 헌법상 보장되어야 하는 기본적인 인권, 최소한의 생활권 등의 근저에 놓인 문제인 것이며, 사회보장이나 주민복지가 논의되는 바로 그 기반에서, 눈치 채지 못하는 사이에 이 사회의 근본이 병들어가고 있다는 사실을 보여준다.

이러한 상황 속에서, 2007년 각의에서 결정된 국가의 '자살종합대책대강'이 금년 8월에 대폭 개정되었다. 이 개정된 '자살종합대책대강'에는 '누구도 자살에 내몰릴 일이 없는 사회의 실현을 목표로 한다.'는 문구가 명시되어 있고, '국가, 지방공공단체, 관계단체, 민간단체, 기업, 국민 등이 연계하고 협동하여 거국적으로 자살대책을 종합적으로 추진하는 것이 필요'하다고 되어있다. 이와 동시에 '향후 지역차원의 실천적인 활동을 중심으로 하는 자살대책으로의 전환을 도모해 나감'이라는 것이 명확하게 강조되고 있고 주민에게 가장 가까이 있는 기초 자치 단체의 역할과 책임은 더욱더 중요해지고 있다.

이를 위하여, 자살종합대책에서는 국가의 근본적이면서 가장 중요한 과제 중 하나인 지역 · 현장 차원의 실천적이고 구체적인 활동이 국가와 지방 전체적으로 종합적이고 강력하게 추진될 수 있도록 다음 사항에 대해 적극적이고 적절한 조치를 강구할 것을 강력히 요청한다.

1. 자살대책은 '살아갈 권리'라는 궁극적으로 기본적인 인권에 관한 과제이며, 국가적인 중요한 과제로 된 현재의 상황에서, 자살대책기본법이나 자살종합대책대강을 바탕으로 하는 지역자살대책 긴급강화 기금의 영구화나 기초 자치 단체가 실시하는 자살대책사업 등에 대해 항구적인 재정지원조치를 강구할 것.

2. 특히 종합적으로 대책을 추진하기 위한 '생명과 삶의 종합 상담회', 전문가와 연계하여 복합적인 문제를 지원하는 전임 직원의 확충, 자살 재시도 방지 전문가 팀의 파견 등 중요한 대책이 전국의 모든 지자체에서 실시될 수 있도록, 지자체에 대해 필요하고도 충분한 지원 또는 연계를 행할 것.

3. 자살자 보험급부제도의 방식에 대해 검토함과 동시에, 한편으로는 자살을 방지하고 '삶의 지원'을 위한 종합적인 안전 네트워크 구축에 대해 적극적으로 검토할 것.

이상을 결의한다.

2012년 11월 15일
전국 시장회(市長會)

6. 지방 자치 단체의 자살대책 활동
(4) 아다치(足立)구의 마음과 생명 상담지원 사업

바바 유코*

【1】 자살대책의 필요성

도쿄도 아다치구는 교통망 등 사회기반이 잘 정비되어 인구가 증가하는 한편, 도시화가 진전되면서 독거노인의 사회적 고립이나 지역의 경쟁력(地域力) 저하가 초래되었습니다. 2006년에는 도쿄의 23구 가운데 자살자 수가 가장 많아졌기 때문에, 2008년 10월 '마음과 생명 상담지원 사업'을 시작하였고, 2009년 5월에 NPO법인 자살대책지원센터 라이프링크와 협정을 맺어 사업을 진행하고 있습니다. 2010년부터 자살대책 전문부서를 설치하여 대처활동을 펼친 결과, 2013년에는 자살자가 148명이 되었는데, 이는 최고치인 1998년 193명에 비하면 23%나 감소한 것입니다. 구에서는 지속적으로 자살에 내몰리지 않고 살 수 있는 기분 좋은 사회 만들기를 목표로 하고 있습니다.

* 아다치구 마음과 몸 건강 만들기 과장

【2】 '알아차리기, 연결하기, 목숨 지키기'

구에서는 상담창구가 풍부한 도시부의 강점을 살려 각 과의 창구에서도 소관업무 외의 SOS를 받도록 하고, 상담창구를 상호 연계함으로써 과제의 해결로 이어지는 도시형 자살대책을 진행하고 있습니다. 그리고 자살통계를 분석하고, 중점적으로 대처해야 할 연령대·직업 등 목표를 정해서 전략적으로 대책을 강구하고 있습니다.

(1) '알아차리기'를 위한 인재 육성

이것을 위해 '알아차리기', '연결하기' 등의 능력에 맞춰 단계적으로 학습할 수 있는 '생명지킴이 연수'를 구청직원뿐만 아니라 여러 관계기관에서도 진행하여 '알아차리기'가 가능한 인재를 육성하고 있습니다.

(2) 당사자에 대한 지원

① '고용·생활·마음과 법률의 종합 상담회'

실업자의 자살이 많기 때문에 헬로워크(고용센터)가 있는 시설에서 종합 상담회를 실시하고, 상담은 헬로워크, 복지사무소, 보건사, 변호가가 담당하고 있습니다.

② '청년(35세) 건강진단'

구민에게 무료로 실시하고 있는 생활습관성질병 예방건강진단 가운데, "피곤한데, 2주 이상 잠잘 수 없었던 적이 있습니까?"라는 문항을 추가하여, 자살생각과 관련된 심각한 상담도 이뤄지도록 하고, 우울상태를 조기에 발견하는 것과 연결하고 있습니다.

③ 유가족지원

2009년 7월부터 '아다치구 나눔의 모임-홰(とまり木)'를 시작했습니다.

〈도표-1〉 아다치구 광고 표지

2009年
(平成21年)
12/10
あだち広報

3万人の尊い命

生活で悩んでいませんか?
緊急開設 ワンストップ
こころと法律の相談会

12月の区役所休日開庁日 12月20日(日)午前9時～午後4時

* 부정적인 면을 숨기지 않고 구민들과 함께 개선해 나아가는 것이 아다치구 스타일

(3) 구민에 대한 계발 · 주지

알림판이나 포스터 게시, 메시지카드 배포 등을 통해 많은 사람들에게 알리고 있습니다. 예를 들면, 2009년 12월 10일자 홍보지에 자살대책 특집을 실은 덕분에(<도표-1>), 도쿄도 홍보 콩쿠르에서 최우수상을 수상하기도 했습니다.

(4) 관련단체와 네트워크 강화

네트워크 연락 모임을 설치하고 경찰, 소방, 헬로워크, 철도 등 30개 이상의 관련단체가 자살대책을 위한 정보를 교환하고 있으며, 기관 내부에도 부장급, 과장급, 실무자 차원의 연락 모임이 있습니다.

【3】 어려움을 극복하여 '삶의 지원'을

(1) 사업화의 어려움

되돌아보면, 자살대책의 초창기는 고생의 연속이었습니다. '이념이 훌륭하다'는 것만으로 사업화를 할 수는 없습니다. 사업의 필요성을 수치와 함께 제시하고, 어떠한 대책으로 어느 정도의 성과를 언제까지 얻을 수 있을지, 비용대비 효과를 보여주고, 정책과나 재정과, 의회 등을 설득하지 않으면 안 됩니다. 게다가 매년 구민평가를 받아, "이 사업에 세금을 투입해서 좋았다"는 평가를 받지 못한다면, 사업을 계속하는 것도 어려워질 수 있습니다. 저는 당시부터 기획이나 예산서를 만드는 것이 어려워서 힘들어하고 있었습니다. 그런데도 이를 사업화를 할 수 있었던 것은 당시의 담당과장이나 구청

장을 비롯한 간부직원들의 이해와 자상한 지도가 있었기 때문이라고 생각합니다.

(2) 공통 이해의 어려움

사업개시 직후부터 구청 내에 연락모임을 설치하고 회의를 개최하였지만, "자살대책은 보건소의 소관이 아닌가", "업무가 바빠서 다음부터는 참여할 수 없을 것 같다"는 등의 의견이 이어졌습니다. 청사 전체적인 활동은 절망적이었다고 생각되었습니다.

그래서 자살대책은 살 수 있도록 하는 지원이며 모든 창구가 관계되어 있다는 것을 이해시키기 위해 직원들을 대상으로 생명지킴이 연수를 개최하였습니다. 그 결과, 다행스럽게도 담당자와 문제의식을 공유할 수 있게 되었고, 그 후 담당자 회의와 연수를 연동하여 구청 전체적으로 의논하면서 그때마다 과제를 공유해가는 방향으로 사업을 전개할 수 있게 되었습니다.

(3) 연계의 어려움

자살대책은 여러 부처와 연계가 필요하지만 실제로는 어려운 일입니다. 어느 직장이나 본업과 관련된 업무성과를 먼저 올릴 필요가 있고, 그 이외의 일은 뒷전이기 마련입니다. 저는 이해를 해주지 않는 직장을 몇 번이나 찾아가면서 신뢰를 얻었고 연계를 시작할 수 있었습니다.

그런데 "당신이 방문하면 창구에 자살 기운이 퍼지니까 더 이상 오지 마세요."라는 말을 들었을 때는 집에 돌아오는 길에 눈물을 짓기도 했습니다. 자살은 '고립의 병'이라고 하는데, 나 자신이 '고립' 되어 있는 것은 아닌가 하는 불안감에 휩싸였습니다. 그러한 환경에서도 서로 의지하면서 사업을 함께 진행해 왔던 담당자들은 지금도 마음 든든한 동료입니다. 다만, 다른 부처와 연계를 하기 위해서는 역시 상대방에게 어떤 이로움이 있는지도 생각하지 않으면 조직적으로 계속 이어지기가 어렵습니다. 현재, 구에서는 자살대책을 위해 모든 부서를 관통하는 연계를 통해 '삶의 지원'으로서 활동이 이뤄지고 있습니다.

【4】 전문가의 정책수립능력의 향상을

먼저 보건복지 분야에서도 정책수립이 가능한 인재의 육성이 필요합니다. 지금까지는 전문가로서 개별케어와 관련된 기량이 많이 요구되었지만, 앞으로는 행정가로서 정책수립 능력이나 절충 능력이 필요하게 되었습니다.

다음으로 자살대책의 필요성이나 노하우 · 과제를 모든 정책담당자나 단체장, 시민과 공유하는 것이 중요합니다. 아다치구에서도 정보를 제공하겠지만 보다 넓은 시야를 갖고 여러 가지 활동이 이뤄지기를 바랍니다.

그리고 국가 · 도도부현 · 지자체 · 지역의 중층적인 대책과 역할분담이 필요하지 않을까 생각합니다. 대책을 펼치고 있는 지역은 드뭅니다. 앞으로는 보다 많은 지역에서 활동하면서, '점'에서 '면'으로 되고, 여러 입장에서 중층적인 대책을 취할 수 있는 사회가 되기를 바랍니다. 아다치구는 앞으로도 도시형 자살대책의 중심인 네트워크 강화를 착실히 추진하면서, 자살대책을 '삶을 지원'하는 활동으로 노력해 나아갈 것입니다.

7. 직장에서의 정신건강과 자살대책
– 심리사 입장에서

오자키 겐이치*

【1】 직장에서의 정신건강 대책의 현황

(공익재단법인)일본 생산성본부의 조사(日本生産性本部, 2014)에 따르면, 최근 3년 간 기업에서의 '마음의 병'은 '증가경향'이라고 답한 경우는 감소했고, '보합'이라는 답변은 증가하고 있습니다. 또, '직업별 자살자 수'에서 '피고용자 · 근로자'는 완만한 감소경향을 보이고 있습니다(<도표-1>). 그런데, 후생노동성의 '정신장애에 따른 산재보상상황'(厚生労働制, 2013)을 보면, 수년간 자살과 관련된 산재청구건의 수가 감소하고 있다고 말할 수는 없습니다.

'자살대책'을 위한 대책을 채택하는 기업은 많지 않지만, 노동자의 건강유지나 생산성 저하를 막기 위한 목적으로 정신건강 대책을 도입하는 기업이 늘어나고 있습니다. '직장에서의 정신건강 대책에 관한 조사'(<도표-2>)에 따르면, 정신건강 대책의 구체적인 실천으로서, '상담창구 설치', '관리자 교육 · 연수', '종업원 교육 · 연수', '스트레스 체크' 등을 들 수 있습니다. 최근에는 상담창구나 사업장

* (주)라이프워크 · 스트레스 아카데미 대표이사

내의 임상심리사를 비롯한 심리사를 배정하는 직장도 늘어났습니다. 이들의 정신건강대책이 어느 정도 자살예방으로 이어졌는지에 관한 명확한 자료는 없지만, 적어도 정신건강대책은 직장 자살예방에 필요한 대책이라고 인식되고 있습니다.

〈도표-1〉 직업별 자살자 수의 추이

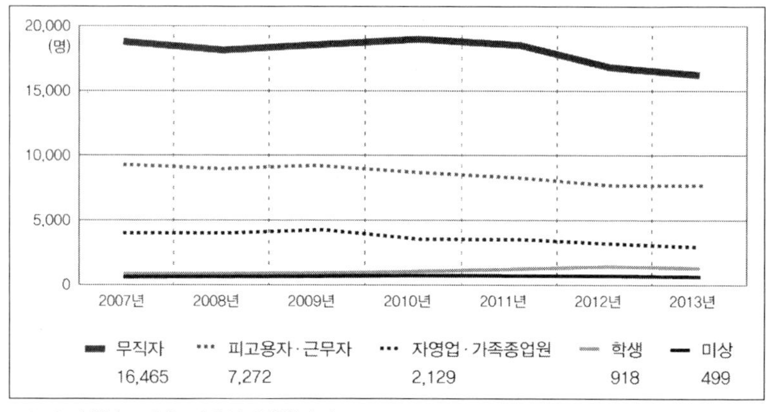

* 출처: 内閣府「平成26年版自殺対策白書」(2014)

〈도표-2〉 정신건강케어 활동의 구체적인 내용

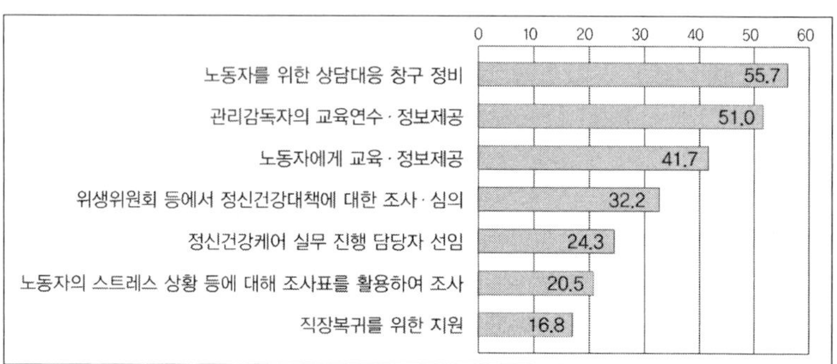

* 출처: (独立行政法人)労働政策研究·研修機構「職場におけるメンタルヘルス対策に関する調査」(2012)에서 작성

【2】 직장 내 자살문제에 대한 심리사의 역할

자살이 일어난 경우, 심리사가 맡는 역할은 유가족이나 주변 사람들 등 '남겨진 사람의 마음케어'를 들 수 있습니다. 직장에서 대응하는 심리사의 경우, 유가족 케어는 그들의 입장에 따라 필요성이 다르지만, 상사나 동료 등 주변 사람들의 케어는 직장 심리사로서 반드시 해야 할 일입니다.

함께 일했던 주변 사람들이 "어째서 도와줄 수 없었을까?" 또는 "왜 빨리 눈치 채지 못했을까?"와 같이 자책하는 모습을 볼 수 있습니다. 또 '왜 나에게 말하지 않았을까', '나도 그렇게 될 수 있겠다'등 분노와 불안이 섞인 복잡한 심리상태가 되어버리는 일도 드물지 않습니다. 그럴 때는 우선 마음을 정리하고 진정시킬 수 있도록 지원해야 합니다. 불면증이나 식욕저하 등의 신체증상이나 주의력 저하 등의 반응도 나타날 수 있기 때문에, 전문의를 소개하기 위한 평가도 실시해야 합니다. 이러한 점만으로는 충분하지 않기 때문에, 조직의 건강도가 장기간에 걸쳐 회복되지 못하는 경우도 있습니다.

또한, 유가족을 대응할 때의 유의점이나 주변 사람들을 위한 인사상의 배려점 등에 대해서, 인사부문으로부터 의견을 구하는 경우도 있습니다.

한편 예방이라는 관점에서, 직장 내 정신건강대책의 추진자로서 심리사가 할 수 있는 역할이 많이 있는데, 다음과 같은 것들을 예로 들 수 있습니다.

① 심리상담

노동자 본인의 상담을 받아 마음을 케어합니다. 이것은 심리사의 본래 업무로서 자살예방에 힘을 발휘할 수 있는 역할이라고 말할 수 있습니다.

② 휴직 · 복직자 지원

정신건강이 좋지 않은 직원의 휴직 · 복직에 대응을 할 수 있는 사람은 상사와 인사부, 산업의 등의 산업보건 관계자, 주치의 등 관련된 사람들이 많을 것입니다. 본인에 대한 지원과 함께 관계자 간의 코디네이터적인 역할이 요구됩니다.

③ 연수 등 계발활동

대기업을 중심으로 라인케어(line care)나 셀프케어(self care)에 관련된 연수가 이뤄져왔습니다. 이러한 계발은 마음 전문가의 설명이 있다면 더욱 효과적입니다. 관리자나 노동자가 올바른 지식을 가지고 정신건강의 불안함을 예방하는 것이 직장 내 자살예방의 첫 걸음이라고 할 수 있습니다.

④ 스트레스 체크 추진

2014년 노동안전위생법 개정으로 인해 직장에서의 스트레스 체크가 의무화되었습니다. 그 추진담당 실시자인 전문가와 연계하면서 실시하고 그 후에 상담대응을 하는 것도 요망됩니다. 스트레스 체크의 목적이 본인 스스로 알아차릴 수 있도록 촉진할 뿐만 아니라 직장환경의 개선활동도 요구하기 때문에 사업주와의 연계도 빠뜨릴 수 없습니다.

【3】 직장의 심리사가 역할을 다하기 위한 과제

【2】에서 기술한 것과 같이, 심리사가 직장 내 자살문제를 예방하거나 대응할 수 있는 방법은 많이 있습니다. 그럼에도 불구하고, 이러한 활동이 여러 직장에 널리 퍼져 있지 않다는 것이 문제입니다. <도표-2>에 제시된 바와 같이 상담청구를 갖고 있는 직장은 55%정도입니다. 게다가 "직장에 심리사가 있다"고 답한 직장은 지극히 적습니다.

미국에서는 EAP(종업원 지원프로그램)를 통해 외부기관이 조직을 지원하는 형태가 일반적이며, 심리사가 활약할 수 있는 장으로서 인식되고 있습니다. 최근 일본에서도 EAP 제도가 알려져 있기는 하지만 아직 충분하다고 말할 수는 없습니다. 또한 제도가 있다고 하더라도 충분히 알려져 있지 않고 이용되지 않고 있다는 점도 과제입니다.

이들 과제의 원인 가운데 하나로, '심리사'라는 직업이 일본 국내에서는 일반적으로 알려져 있지 않다는 것을 들 수 있습니다. 심리사의 자격이 통일되어 있지 않고 업무내용도 명확하지 않은 상황입니다. 심리사의 업무영역을 재정의하고 세상에서 어느 정도 인식 받을 수 있도록 하지 않으면 안 됩니다. 이를 위해서는 국가 자격화나 교육제도 확충 등의 체계가 필요합니다. 행정기관과 심리사의 교육현장이 일체가 되어 국민의 정신건강에 필요한 체계를 만들어 나아가는 것이 필요할 것입니다.

또한 노동자의 고민이나 자살문제 개선에 대해, "경영자가 노력할 필요가 있다"는 인식을 향상시키지 않으면 안 됩니다. 경영자는 직장 내 정신건강대책이 "종업원의 건강유지와 증진뿐만 아니라 생산성 향상으로 연결된다"고 하는 발상을 통해, 경영과제의 하나로 그 대책을 자리매김할 필요가 있습니다.

직장 내 정신건강대책 가운데 심리사의 활용이 이루어져 기능할 수 있게 된다면, 틀림없이 직장 내 자살예방으로 이어질 것입니다.

[참고문헌·자료]

(共益財団法人)日本生産性本部, 「『第7回メンタルヘルスの取り組み』に関する企業アンケート調査」, 2014.
内閣府, 「平成26年版自殺対策白書」, 2014.
厚生労働省, 「平成25年度脳・心臓疾患と精神障害の労災補償状況」, 2013.
(独立行政法人)労働政策研究・研修機構, 「職場におけるメンタルヘルス対策に関する調査」, 2012.

8. 민관학 연계에 따른 아키타현의 자살대책과 '생명의 종합 상담'사업

사토 히사오*

【1】 "상담을 통해 자살을 방지할 수 있다"

2002년에 NPO법인 '거미줄'을 설립하고, 중소기업 경영자와 그 가족의 자살대책에 대처해 왔는데, 설립 당초부터 '면담'을 통한 무료상담을 하고 진행해 왔습니다. 자살에 내몰릴 만큼 괴로워하는 사람과 상담한다는 것은 '면담'이 아니라면 받아들일 수 없다고 생각했기 때문입니다.

오직 내담자의 고민을 듣고 있습니다. 내담자의 고민에 집중하면서 어떻게 하면 내 앞에 있는 내담자의 자살을 막을 수 있을까에 대해 계속 모색하고 있습니다. "상담을 통해 자살을 방지할 수 있다." 라는 확신을 하게 된 것은 상담을 실시하고 5년이 경과된 후, 상담횟수가 1,000회를 넘었을 때쯤부터입니다. 내담자나 그 가족에게서 "그때 상담하지 않았더라면 자살했을 겁니다. 목숨을 구해주셨습니다."라는 전화가 오기 시작했습니다.

자살대책에 '계발'과 '상담'은 중요한 부분입니다. 상담 기관을 설

* 아키타 자살대책센터 NPO법인 '거미줄(蜘蛛の糸)' 이사장

립해도 고민하고 있는 사람에게 메시지가 도달하지 않는다면 상담 기관은 의미가 없습니다.

아키타현의 자살자 수가 크게 감소한 이유 가운데 하나로, 지역 신문사를 끌어들여 광범위한 계발활동을 실시하고 철저하게 상담 체제를 구축했다는 점이 있습니다. 내담자의 고민을 마주하는 '점'의 누적에서부터 '면'이 되는 자살대책을 위한 방법이 떠오를 것입니다. 내담자는 위기의 원인이 무엇인지, 가장 괴로울 때의 심리상태나 언제부터 죽고 싶다고 생각했는지를 말합니다. 자살하고 싶을 정도로 고민하고 있는 사람은 어떤 상담 기관을 원하는 것일까 하는 당사자의 시선이라는 발상에서 '생명의 종합 상담회'가 탄생하게 되었습니다.

【2】 '생명의 종합 상담회' 시동

'생명의 종합 상담회'는 2009년 9월부터 시작되었습니다. 개최 횟수는 58회, 상담일 수는 241일, 상담자 수는 511명이었습니다(2014년 12월 현재). 우리 상담회는 상담자의 고민에 다가가는 원스톱 상담회입니다. 자살예방 민간단체와 변호사, 법무사, 사회보건노무사, 임상심리사, 산업카운셀러 등 전문가가 동석하여 상담에 응하고 있습니다. 행정 홍보 잡지나 지역 신문사를 활용해서 계발활동을 하고, 해당 법인이 전화로 받은 상담자의 고민을 할당하여 나눕니다. 예를 들면, 다중채무 상담, 직장 내 인간관계, 이혼문제, 우울증, 은둔형 외톨이 등의 문제에 대해, 다중채무는 변호사와 법무사 그리고 민간단체가, 직장에서의 인간관계는 사회보건노무사와 민간단체가, 이혼문제는 변호사와 민간단체가, 우울증이나 은둔형 외톨이는 임상심리사와 민간단체가 각각 고민의 내용별로 대응하고 있습니다. 민간단체 소속의 2명과 전문가 1명이 팀이 되어, 5일 연속으로 상담하는 것이 기본 형태입니다. 민간단체 직원이 경청하며 고민을 정리한 후에 전문가와 문제점을 공유하면서 상담자의 고민에 답합니다.

'자살실태백서'의 '자살의 위기경로'(라이프링크 조사)가 보여주듯이, 자살하는 사람은 한 가지 요인 때문에 죽음으로 내몰리는 것이 아닙니다. 복수의 위기요인을 안고 있고 평균 네 가지의 원인 때문에 죽음에 내몰린다고 합니다. 위기경로요인을 전부 해결할 수 있는 상담기관은 없습니다. 그래서 자살의 위기경로에 따라, '자영업자'를 상담하는 경우라면, NPO법인 거미줄과 변호사, 전직 헬로워크(고용센터) 담당자, 산업카운슬러가 상담에 관여하며, 무직자라면 민간단체와 임상심리사, 생활보호담당자 등 복수의 상담원이 관여하면서, '한 명의 생명'을 지키기 위한 연계팀을 구축합니다. 자살원인의 발생부터 자살할 때까지의 기간이 남성은 3.8년, 여성은 8.1년이라는 자료가 있습니다. 위기요인별로 각 분야의 전문가와 경청이 가능한 민간단체가 융합함으로써 '자살은 막을 수 있다'고 생각할 수 있는 것입니다.

'생명의 종합 상담회'는 다음과 같은 특징을 가지고 있습니다.

① 복수의 상담원이 관여함으로써 상담자에게 안심감을 준다.

② 원스톱서비스를 제공할 때 상담원을 다른 곳으로 전가하지 않는다.

③ 처음에 민간단체가 담당하여 경청하면 상담자와의 문턱이 낮아진다.

④ 근로자가 상담하러 오기 쉽도록 휴일을 포함하여 개최한다.

⑤ 엔고로 인한 불경기와 같이 긴급한 때에는 해당지역에서 이동상담회를 통해 대응한다.

당일 상담회에서 대응하지 못한 경우에는 이름, 주소, 전화번호를 기록해 두고 민간단체가 사후 지원을 하도록 하며, 시정촌의 보건사나 정신과 의사에게 연결시켜 줍니다. '생명의 종합 상담회'는 횟수가 거듭될수록, 현민(県民)의 인지도가 높아졌고, 지역순회 상담회, 현 · 시정촌 보건사와 연계 상담회, 신문사 포럼과 공동개최하는 상담회로 발전하였습니다.

2006년에 자살대책기본법이 시행되고 9년째입니다. 당시까지만 하더라도, 일본에서는 자살문제를 사회문제로 인식하는 법률이 존재하지 않았습니다. 기본법은 자살대책에 대한 가치관을 개인문제에서 사회문제로 180도 전환시켰습니다. 자살대책은 자살이 개인적인 문제로만 인식될 수 없으며, 그 배경에는 여러 가지 사회적인 요인이 있다고 정의하였습니다. 일본인의 목숨을 지키는 '사회모델'의 시작이라고 할 수 있습니다.

'아키타 모델'은 민간주도형의 '민 · 관 · 학' 연계모델이라고 불립니다. 기본법 시행과 동시에 자살예방 '아키타 · 마음 네트워크'(당시 9개 단체)가 세워졌습니다. 그 구성원은 아마추어 집단이었습니다만, 그 집단은 현장체험을 쌓아가면서 36곳의 단체와 개인으로 늘어났고, 지역에서 상담자의 고민에 다가서는 실천 활동을 하고 있습니다. 상담자와 가까이 있는 '사회모델'을 전개하고 있는 것입니다. 자살대책은 '인간종합대책'이라고 생각합니다. 인간은 복잡하고 다채로운 심연(深淵)입니다. 어느 단체와 개인의 활동도 인간대책의 일부분에 지나지 않습니다. 자신들의 활동이 대책의 일부분에 지나치지 않는다고 생각했을 때, 다른 분야의 사람이나 조직에서 지혜로운 사람으로부터 대책을 배우려고 하는 '연계하려는 사고'가 생겨나는 것은 아닐까요?

【3】 확실히 감소추세에 있는 기록

아키타현의 자살자 수는 확실히 감소추세에 있습니다. 현내의 자살자 수는 2003년 519명을 정점으로 2010년는 400명을 밑돌았으며, 2012년에는 300명을 밑돌았습니다. 2013년에는 277명을 기록했기 때문에 정점일 때보다 46.6% 감소하였습니다. 자살률도 18.1 포인트 개선되었습니다. 같은 시기에 자영업자의 자살자 수도 89명에서 2012년 28명, 2013년에 30명으로 70% 가까이 감소하였습니다. 277명은 이전 수준으로 돌아간 수치입니다.

'아키타 모델'을 통해 자살자를 줄이기 위한 대상을 명확히 파악하게 되었습니다. 앞으로는 '경제문제'에서 고령자와 청년을 위한 대책으로 초점을 옮길 것입니다. 사회 사상(事象)의 변화와 연동하여 증가하거나 감소하는 청년층의 자살 그리고 사회변동으로부터 받는 영향이 매우 적어서 '봄까지 녹지 않는 잔설처럼'존재하는 고령자의 자살, 이 양쪽의 자살대책이 성과를 낼 때, 비로소 아키타모델의 진가가 발휘되는 때일 것입니다.

이제 아키타현 관계자는 하나의 숫자를 공유하기 시작했습니다. 자살자 수를 '200명 이하'로 만든다는 목표입니다. 자살률이 전국적으로 중위권에 있던 1965년경 수준인 '200명'까지 감소시키는 것입니다. 달성 연도는 2017년입니다. 풍부한 자연과 인정이 넘치는 미인의 고향 '미의 나라 아키타'에서 '생명'의 복원을 목표로 하고 있습니다. 현내의 관계자는 '연계'를 키워드로 여러 시련을 극복해왔습니다. 자살대책기본법의 기본이념인 2조 4항(관계자 상호의 밀접한 연계)에 가장 충실한 '아키타 모델'의 '현민의 생명을 지키는' 싸움은 아직도 계속되고 있습니다.

제3부

실천과 이론을 바탕으로 한 자살대책의 전망

자살대책의 이론과 실제

1. 지행의 통합을 통해 '생명'을 지키다

쓰바키 히로에*

【1】 자살대책을 위한 지식과 행동의 통합 - 그 필요성

2014년 현재 우리나라 자살자 수는 전체적으로는 감소하는 경향에 있다. 그러나 지역·세대·주요원인 등으로 분류해 보면, 여전히 증대되는 경향을 보여주고 있다. 자살률은 높지 않지만, 15세부터 24세까지의 연령대에서 자살감소 추세가 보이지 않는다는 것(自殺予防総合対策センター, 2013)은 심각한 문제이다. 그런데, 필요한 과학 지식이 뒷받침되는 자살대책은 어떻게 이끌어낼 수 있는 것일까?

그런 종류의 지식은 자살대책의 현장과 어떠한 관계성을 가져야만 하는 것일까? 그런 종류의 문제에 대해 지금까지의 학술 지식은 충분히 부응하고 있는 것일까? 자연과학·인문사회과학·생명과학 등의 지식이 "자살대책에 도움이 되고 있는가?"라고 묻는다면, 정신의학이나 자살대책에 관한 전문연구를 제외하고, "어떤 의미에서는 도움이 되고 있을 것이다."라고 경의는 표할 수 있을지도 모르겠다. 그러나 학술 일반과 자살대책이라는 사회과제는 조금 거리가 있다고 생각하는 사람이 많지 않을까?

* 통계수리연구소 교수

고(故) 요시다 다미토(吉田民人)씨를 중심으로 일본학술회의는 2004년 '새로운 학술 체계'(日本学術会議, 2004) 구축을 호소하며, 지금까지의 '과학을 위한 과학(인식과학)'에 대치하는 것으로서 '사회를 위한 과학(설계과학)'에 주력하겠다는 점을 시사하였다. 이후 우리나라에서도 다양한 사회과제 해결을 목표로 하는 프로젝트형 연구가 추진되었다. 이제 자살대책을 위한 학술연구는 사회설계과학의 전형으로 자리 잡아야만 한다. 실제 오하라(大原, 1995)는 자살방지를 위한 지식 통합으로서의 '자살학' 활동의 목표점을 '자살의 원인을 구명하고 그 예방책을 생각하는 연구 분야이다'라고 단적으로 서술하였다. 그러나 현 단계에서도 자살학에 도움이 되는 전제 지식이나 필요한 연구 분야를 망라한다는 것은 곤란할 것이다.

한편 학술에는 필요한 가치, 즉 목표를 선택한다면 그것이 추진력이 되어 목표 달성에 필요한 지식과 행동을 통합하여 성장하는 분야가 존재한다. 예를 들면, '품질관리학'은 고객이 요구하는 제품·서비스를 제공한다고 하는 가치의 실현, 내지는 현장에서 품질관리학이 활용되기 전부터 존재하고 있던 '관리활동'이나 '개선활동'에 이바지할 것을 목적으로 생겨났다. 그리고 필요한 지식을 기존 학술분야에 통합하면서 발전함과 동시에 독자의 지식을 형성하면서 발전해왔다.

'생명'을 지킨다는 구심점이 존재하는 한, 자살대책에 도움이 될 수 있는 필요한 지식은 순차적으로 자살학 속으로 흡수·통합된다. 자살피해의 영향을 받을 가능성이 있는 모든 대상과 그 요인, 있어야만 하는 그 대응을 설계하는 실학(實學)으로서의 자살학 형성과 그

것을 바탕으로 하는 정책대응, 그리고 자살예방 현장에서의 대응의 필요성을 사회구성원 모두가 동의하고, 어떤 형태로든 협력하려고 생각하는 것이다. 이 구심점이 유지된다면, 개인 내지 사회행동에 도움이 되는 적절한 지식은 현장과 자살학 간의 정보순환 속에서 자율적으로 창조된다.

그러나 자살학에 도움이 되는 지식의 통합에는 초기단계에서 고려해야만 할 부분도 있다. 즉, 사회인식학(사회현상이나 프로세스를 모델화하여 이해하는 학술체계)과 의료 · 법학 등의 사회설계학(사회에 필요한 조직이나 프로세스를 디자인하고 사회에 시행하는 학술체계), 매니지먼트 과학(사회에서 필요로 하는 가치가 무엇인지를 제시하는 학술체계)의 세 분야의 의도적인 융합과 가치선택, 모델화, 사회시행 등의 순환적 역할분담은 사회를 적절히 설계, 개선하는 과학으로서 개시시점부터 최소한 요구된다.

【2】 마땅히 있어야 하는 사람과 사회의 관계성으로서의 실학적 활동이란

자살대책뿐만 아니라 문제를 발견하고 그것을 해결하는 합리적 활동이야말로 실학적 활동이라고 불러야 한다. 이것은 기존의 학술적인 활동이라기보다는 과학적 관리 활동이라고 부르는 것이 어울린다.

과학적 관리 활동에 필요한 사이클은 2가지가 있다(ISO, IEC, 2013). 먼저 현장에서의 일상관리(Daily Management)활동에서 이용되는 PDCA(Plan(계획)-Do(실행)-Check(검증 · 평가)-Act(개선)) 사이클이다. 또 하나는 일상관리의 검증단계에서 발견된 문제에 대해, 발동되는 개선의 사이클이다. 일본에서는 이 개선의 사이클을 1960년대부터 '문제해결형 QC스토리'라고 불러 왔고, 서양의 품질관리활동(Six-Sigma활동)은 1990년대부터 이것을 DMAIC(Define(정의)-Measure(측정)-Analyze(분석)-Improve(개선)-Control(관리))이라고 불러 왔다. PDCA 사이클과의 접속성을 생각하여 1990년대 후반부터 캐나다를 시작으로 해서 영연방의 초 · 중등교육에 정착시킨 과학적 방법론 교육인 PPDAC(Problem(문제 발견)-Plan(조사 계획)-Data(데이터 수집)- Analysis(분석)-Conclusion(결론) 사이클(Wild, C.J .and Pfannkuch, M., 1999)을 개선의 사이클로 활용하고 있다.

일상 관리에서 가장 주의를 요하는 것은 Do단계에서 정해진 실행계획에 따라 착실히 행동을 한 후, Check단계에서 실제의 모습과 당연한 모습과의 차이를 자각하는 것이다. 이것이 쉬워트(Shewhart, 1960)의 프로세스 관리 개념으로서, 무엇에 대해, 누구에게, 언제, 어디서, 어떻게 그 차이가 생겼는지를 인식하는 것이다. 자살의 특성은 지역마다 차이가 있고, 세대마다 차이가 있다고 한다면, 그것은 문제가 될 가능성이 있는 것이다. 이렇게 실태와 당연한 모습과의 매우 큰 차이를 문제로서 결정하고 그 해결에 전력을 다하는 것이 관리에서의 계속적인 개선 원칙이다.

이렇게 하면서 개선의 사이클이 발동된다. 개선의 사이클이란 그 문제를 어떻게 해결할 것인가, 또는 문제가 발생한 현장에서 어떠한 질적 연구 등을 통하여 문제 발생의 메커니즘을 모델화하고, 그 원인에 대해 조치함으로써 적절한 해결을 유도하는 것이다. 이 해결에 기초하는 것으로는 일상관리 사이클의 실행이나 표준화가 적절하다.

2013년 국제적으로 관리 시스템 규격(ISO규격)의 구조를 통일화하려는 움직임으로서 HLS(High Level Structure)가 합의되어, 품질관리 규격 ISO9000시리즈 등의 개정작업이 진행되고 있다. HLS의 특징은 2가지가 있다. 하나는 PDCA 사이클에 기초한 활동 프로세스를 설계・배치하는 것, 또 한 가지는 조직이 그 활동과 관련된 위험을 특정하고 그것에 기초하여 개선을 실시하는 것이다. 후자는 위험 기반 관리(risk base management)라고도 불린다. ISO 관리 시스템도 PDCA를 바탕으로 한다는 의미에서는 지금까지의 일상관리 활동이나 개선활동과 본질적인 차이는 없다.

다만 두드러진 특징으로서, 관리활동을 특정 개인의 능력에 의존하는 속인(屬人)적 활동이 아니라, 조직이 정의한 설명가능・감사가능의 프로세스를 바탕으로 행하는 것이다. 이미 ISO 관리 시스템의 구조 속에서도 교통안전 관리 시스템, 노동안전위생 관리 시스템 등 생명을 지키기 위한 관리 규격이 구축되어 있다. 자살대책에 대해서도 이런 종류의 사회 전체 관리활동이 가장 먼저 시도되어야만 한다.

그렇다면 통상적인 과학적 관리활동에 비해 자살대책이 어려운 점은 자살에 이르는 과정이 지금까지의 개별영역의 지식으로 기술하기에는 너무나 다양하다는 것이다. 또 이 다양한 자살 현상에 매일같이 대처하고 있는 현장, 또는 자살이라는 현상에 가장 충격을 받은 유족의 처지에서 보면 친족의 죽음과 그것에 이르는 과정은 각각 완전한 독자성을 가진 유일한 기억으로서 인식되고 있다. 그것을 과학적 관리 대상으로 하여 중요한 부분을 사상(捨象)하는 행위에는 심리적인 저항이 있다고 짐작된다.

'이렇게 행동할 수 있다면 또는 사회가 이러한 배려를 해줄 수 있었다면, 어떤 자살은 일어나지 않을 수도 있지 않았을까?'라는 심증에 관한 정보는 개개의 현장에서 많이 축적되어 있고, 그것을 필요한 윤리적 배려를 전제로 하고 사회전체가 사용할 수 있는 범용적인 지식으로 하여 실학적 활동을 사회적 합의를 통해 성립시킬 필요가 있다.

여기에서 학술적 관점으로 돌아와서, 사회설계과학으로서의 자살학에 기초하는 개선 사이클, 특히 필요한 정보 분석활동을 구체적으로 말하고 싶다. 그 기본은 피어슨(Pearson)의 『과학의 문법(The grammar of Science)』(Pearson, K., 1911)에 입각해서, 개개인의 프로세스에 생겨난 주요한 현상과 그 순서관계를 정성껏 추적하고, 그 유사성에 따라 자살 프로세스를 분류하고, 적절하게 분류된 자살 프로세스마다 그 프로세스의 지배적인 원인을 제거 내지는 경감하는데 도움을 주는 사회적 프로그램을 발견하는 것이라고 생각한다.

필자는 이런 종류의 질적 연구(ethnography, 예를 들면 Flick, U., 2011)는 현장의 행동을 아는 것으로부터 피드백을 통해 진화하는 자살학의 미시적 연구양식으로서도 가장 중요하고, 적절하게 현장에 녹아들도록 할 필요가 있다고 생각한다. 특히 자살하고자 하는 사람과의 접점, 이른바 현장(필드)에 참여하여 현장과 관계를 맺으면서 자살과 관련된 프로세스 정보에 대해 전문가가 현장에 들어가서, 상황에 따라 현장과 상호작용을 가지면서, 세세한 부분까지 시간 계열적으로 기술하는 것이 자살의 프로세스 모델화에 있어서 본질적이다. 그런 가운데, 미시적인 사실의 경과를 적절히 분류하고 사실의 집합체 속에 유사성을 발견하여, 필요한 인문사회학적 가설과 종합된 유사 프로세스의 관계성을 고찰·제시하고, 필요한 대책을 고안하는 것이다. 질적 연구는 근대 정량실증과학에 상반된 접근인 것으로 오해하기 쉽지만, 원래 이것은 근대 통계과학을 만들어낸 과학의 문법에 대한 기술분석 절차 그 자체인 것이다.

물론 자살연구는 부감(俯瞰)적·거시적 접근에도 기여할 수 있다. 메이지(明治)시대를 대표하는 통계가인 구레 아야토시(呉, 1894; 呉, 1898)는 개별 자살 프로세스를 취한다면, "주로 무엇이 사람을 자살하도록 만들고, 범죄에 빠지도록 하는지 알기 어렵다"고 하였다. 개별 현상의 원인은 일반적으로 다양하고 그것을 하나의 뜻으로 결정한다는 것은 곤란한 경우가 많다. 또 구레(呉)는 사회전반에 대한 자살대책을 이끌기 위해, 자살현상 전체에 비교적 균일하게 영향을 주는 '항동원인(恒同原因)'과 개별 자살프로세스에 선택적으로 생기는 '변동원인(變動原因)'을 분류하였다. 그는 자살의 항동원인으로서 계절성을 예시로 드는 것과 동시에 변동원인으로서 흉작으로 인한 빈곤 등을 지적하였다. 게다가 개별현상으로는 평가하기 어려운 변동원인 등의 기여를 사회 전체에서 평가하는 통계적 접근도 유용하다고 하였다. 이것은 일종의 부감적·거시적 접근의 유용성을 나타낸 것이다. 국가나 지자체의 정책결정·평가에 있어서는 이러한 정량적 평가활동도 중요하다. 다만, 자살대책의 현장에 도움이 되는 정량적 연구가 있다고 한다면, 그것은 충분한 질적 연구의 뒷받침에 기초한 데이터 설계가 이뤄질 필요가 있다.

【3】 필요한 학문 간 융합을 어떻게 과제해결로 이어갈까

질적 분석을 작업가설과 연결시키기 위해서는 자살 프로세스의 다양성을 감안할 때, 심리학, 교육학, 사회학, 경제학, 윤리학, 종교학, 지역연구 등 많은 인문사회학의 지식이나 정신의학 등의 지식이 필요하다.

또 합리적인 대책을 이끌어 내는 데도, 의학, 법학, 정치학, 경제학을 시작으로 하는 많은 분야의 지식이 필요하다. 이런 종류의 학술의 다양한 지식과 질적 연구가 이뤄지는 현장의 다양성이 항상 네트워크를 통해 연결 가능한 분야를 아우르는 사회설계과학 연구팀이 상시로 움직이지 않으면 안 된다.

이러한 것을 말로 꺼내기는 쉽지만, 실제로 그러한 프로젝트 연구를 장기적으로 유지한다는 것은 큰 부담이지 아닐까 하는 위구심이 든다.

이 절차를 효과적이고 효율적으로 하기 위해서는, 자살이라는 사상(事象)에 이르기까지 그 경과에서 중요한 경과점의 가설과 그 경과점을 통과해버리는 또는 원래로 돌아가는 경우의 가족 · 사회 · 경제 환경적 요인을 망라하는 것이 중요하다고 생각한다. 예를 들면, 중요한 경과점이란 사람이 지금까지의 일상적인 의식 · 감정을 변용시키는 시점, 일상행위를 변용시키는 시점, 변용된 의식・감정・행동 가운데 자해・자살로 경로가 이뤄졌던 시점, 그 감정・행동이 자신의 힘으로는 이미 원래의 감정・행동으로 되돌아갈 수 없는 상태가 되는 시점, 실제로 자해행위를 행한 시점 등을 들 수 있다. 이것들을 통과시켜버리는 요인, 더 나아가 통과를 억지하는 요인・대책을 여러 학술과의 관련성을 평가하면서 망라하려는 노력을 행하는 것이다.

이런 경우, 타 학술영역의 지식을 해석하고 이전시키기 위한 공학적 방법이나 구조의 활용도 중요하다. 스즈키 가즈유키(鈴木 和幸) 일본신뢰성학회장(전기통신대학 교수)에 따르면, 실제로 중대사고가 일어나기 바로 전의 원인 사상(事象)을 추상화하고, 망라하여 분류하고, 그 사상에 주로 영향을 미치는 요인을 추상적으로 특정하는 신뢰성 공학의 FMEA(Failure Mode Effects Analysis, 고장형태 영향분석)(日本信頼性学会, 2014) 등의 방법론은 자살대책 등의 정신건강위험 분야에서도 유효하다. 사실 고장형태(Failure Mode)에서 '막힌다'라는 개념이 있지만, "파이프가 막힌다", "혈관이 막힌다", "사람과의 교류가 막힌다" 등은 어떤 의미에서 볼 때, 여러 분야를 아우르는 공통된 위험 개념인 것으로 파악될 수 있는 것이다. 그 대책에 대해서도 다른 분야의 지식을 도입할 수 있는 가능성은 부인할 수 없다.

이처럼 자살 프로세스 분야 등의 초기 가설이 설정되면, 여러 가지 불완전성이 있더라도 자살 프로세스에 관한 초기 모델을 구축할 수 있다면, 질적 연구로 얻을 수 있었던 관찰과 관련된 학술분야의 지식을 비교적 용이하게 통합하는 것이 가능하게 되는 것과 동시에, 현장과의 효과적인 교류도 형성할 수 있는 것은 아닐까 생각된다.

그리고 말할 필요도 없겠지만, 이들 활동이 과제해결로 착실하게 이어지기 위해서는 적절한 관리의 사이클이 순환한다는 것이다.

마지막으로 조금 다른 관점에서, 고전적 인문사회학의 학제연구 필요성에 대해서도 언급하고 싶다. 인간이 개인으로서 정신적·육체적인 활동을 하는 것, 공동체(Gemeinschaft) 속에서 인간적 가치를 목표로 하여 사회적인 행동을 하는 것, 기업(Gesellschaft) 등에서 경제적인 가치창출을 목표로 하여 사회적 행동을 하는 것, 이들의 행동과 사회 간에는 큰 상호작용이 있다. 자살이라는 현상이 그 상호작용으로부터 큰 영향을 받고 있다고 한다면, 지금까지 인문사회과학이 대상으로 하고 있는 장(場)의 상호작용에 대한 인식과학적 연구가 자살학에 있어서는 중요하다고 하는 가설이 형성될 수 있다. 특히, 사회학(종교학, 철학을 포함), 경제학(관리 과학을 포함), 심리학(정신의학을 포함)이 대상으로 하는 행동에, 어떻게 영향을 줄까 하는 기초적인 학제연구가 고전적 인식과학의 구조 안에서도 시도되어야만 한다고 생각한다.

【결론】

경찰백서에 따르면, 2012년 자살자 수는 1998년 이래 처음으로 3만 명을 밑돌았다. 이것은 일본 자살대책이 보건과 보건 이외의 쌍방에 걸쳐 포괄적으로 분야를 아우르는 접근법을 포함하여 독창적인 측면을 갖고 있다는 것이 그 요인이라고 생각된다.

필자는 이와 같은 융합적 접근을 더욱 추진해야 한다고 생각한다. 또 한 사람의 통계가로서 일본정부 및 지방 자치 단체가 실시하는 자살대책의 유효성에 대한 평가와 모니터링의 구조도 강화해주기를 바란다. 필자는 위험 해석으로 불리는 분야에서 사실과 그 분석을 바탕으로 여러 과학 분야나 현장의 전문가들을 지원해왔다. 2013년도에 후생노동과학연구비 지원을 받아 자살에 관한 교육학, 공중위생학, 종교학, 심리학, 경제학, 법학분야의 전문가, 그리고 자살대책 현장에서 날마다 모든 노력을 다하고 있는 NPO법인 전문가와 집중적으로 논의할 수 있었다. 오히려 그 가운데 필자가 자살대책에 필요하다고 생각하는 위험 대응기법에 대해서, 사회시스템공학 전문가와 서로 논의하기도 하였다. 이 논의에 참가했던 대부분의 연구자는 처음 대면하는 사람들이었다. 그러나 서로의 학술적 원리가 다르다는 것을 이해할 수 있었고, 현장과 학술의 차이를 이해할 수도 있었다. 그리고 기존의 학술적인 틀에서 벗어나 지식과 행동을 통합한 자살대책에 도움이 되는 사회활동을 진행할 필요성을 많은 연구자가 실감한 것은 확실하다. 이러한 논의를 참고로, 주로 학계의 당연하다고 하는 관점에서 시행적으로 정리해 본 것이 본 항이다. 후생노동과학연구비의 분담자・협력자 분들에게 깊은 사의를 표한다.

[참고문헌·자료]

自殺予防総合対策センター, 「自殺対策のための自殺死亡の地域統計1983-2012(自殺死亡の年次推移,年齢階級別の自殺死亡率の年次推移)」, 2013.
参考 URL: http://ikiru.ncnp.go.jp/ikiru-hp/genjo/toukei/

日本学術会議, 「日本学術会議運営審議会附置新しい学術体系委員会,新しい学術の体系—社会のための学術と文理融合」, 2004.
参考 URL : http://www.scj.go.jp/ja/info/kohyo/18pdf/1829.pdf

大原健士郎, 『挫折の心理学, PHP文庫, 1995.

ISO, IEC, Annex SL, *ISO/IEC Directives*, Part 1, ISO/IEC, 2013.

Wild, C.J. and Pfannkuch, M., Statistical Thinking in Empirical Enquiry, *International Statistical Review* 67(3), 1999, 223-248.

Shewhart, W.A., 坂本平八訳, 『品質管理の基礎概念—品質管理の観点からみた総計的方法』, 岩波書店, 1960.

Pearson, K., *The Grammar of Science*, 3rd ed., Adam and Charles Black, 1911.

Flick, U., 小田博史, 山本則子, 春日常, 宮路尚子訳, 『質的研究入門—"人間の科学"のための方法論, 春秋房, 2011.

呉文聡, 『理論統計学：訂正』, 富山房, 1894.

呉文聡, 「自殺統計」, 『統計実話』, 丸善, 1898, 25-36.

日本信頼性学会編, 『信版信頼性ハンドブック』, 日科技連出版, 2014.

2. 우리나라의 자살대책 추진

오카 도모후미*

【1】 자살을 둘러싼 상황

우리나라의 자살자 수(警察庁 自殺統計)를 보면, 1991년에는 2만 1,084명까지 감소하고 그 후 2만 명대 전반의 경향을 보이고 있었다. 그러나 1997년 2만 4,391명에서 1998년에는 8,472명이 증가하여 3만 2,863명이 되었고, 그 후 2003년에는 3만 4,427명이 되었다. 1998년 이후도 14년 연속으로 3만 명을 넘는 상황이 이어지고 있었다. 그러나 2012년에는 15년 만에 3만 명을 밑돌았고, 2014년에는 2만 5,374명으로 크게 감소하였다(<도표-1>).

원인 · 동기별로 자살 상황(警察庁 自殺統計)<도표-2>을 보면, 1998년에 자살자가 급증했을 때에는 '가정문제'나 '근무문제가 약간 증가하고 있었지만, 주로 '건강문제'나 '경제 · 생활문제'가 크게 증가하고 있었다. 2007년 이후,[1] 특히 최근의 자살자 수 감소 요인을 보면, 연령별로는 50대를 중심으로 하는 중장년층의 자살자가 감소하고 있다. 또 원인 · 동기별로는 건강문제나 경제 · 생활문제로 인한

* 내각부 자살대책추진실 참사관

1 원인 · 동기별 자살상황에 대해서는 2007년 자살통계에서 원인 · 동기를 최대 3개까지 계상(計上)하여, 보다 상세하게 원인 · 동기를 공표하고 있다.

자살자 감소가 크다(<도표-3>, <도표-4>). 이처럼 자살자의 원인・동기를 보면 사회생활이나 경제생활에 있어서 다양한 요인으로부터 영향을 받고 있다. 이러한 의미에서 자살대책은 정신보건적 관점뿐만 아니라 많은 분야에 걸친 종합적인 대책이 불가결하다고 볼 수 있다.

또, 최근의 자살자 수의 급격한 감소는 뒤에도 서술하겠지만, 자살대책기본법 성립이나 자살종합대책대강 책정과 실시, 지역자살대책 긴급강화사업 실시 등을 통하여 국가나 지방 전체의 종합적인 활동의 진전과 그 성과를 파악할 수 있을 것이다. 이하에서 우리나라의 자살대책에 대해 살펴보자(内閣府, 2014a; 内閣府, 2014b; 本橋, 2012).

〈도표-1〉 자살자의 연차 추이

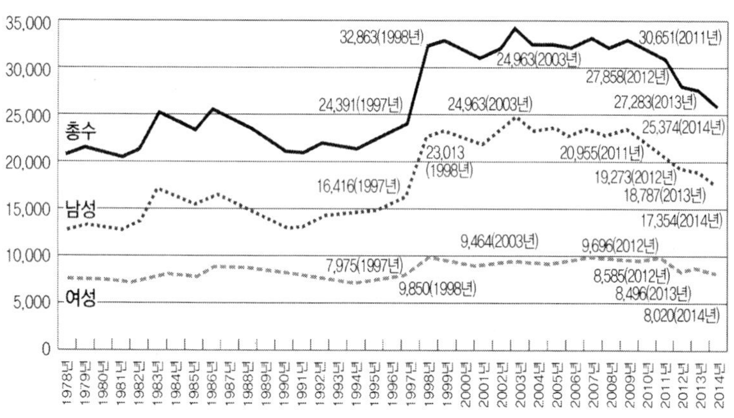

* 출처: 警察庁「自殺の概要資料」, 内閣府警察庁「平成25年中における自殺の状況」, 警察庁「平成26年の月別の自殺者数について」(平成26年は速報値)

〈도표-2〉 원인 · 동기별 자살사망자율 추이

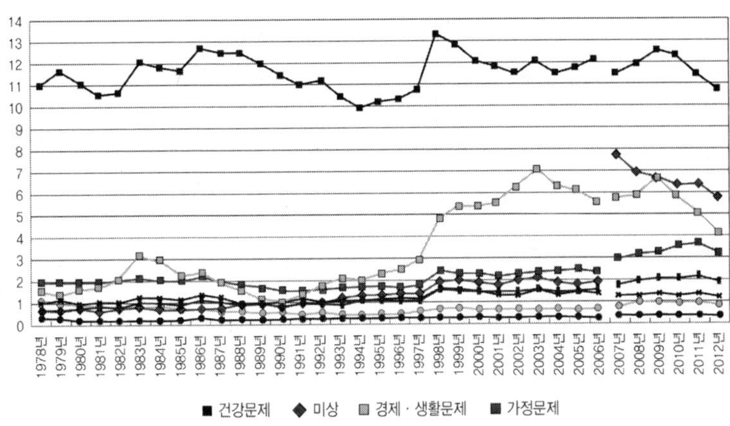

* 출처: 警察庁自殺統計原票データ, 総務省「国勢調査」及び総務省「人口推計」より内閣府作成
* 주의: 자살사망률: 인구 10만 명당 자살자 수

〈도표-3〉 연령대별 2007년과 자살자 수 차이에 대한 추이

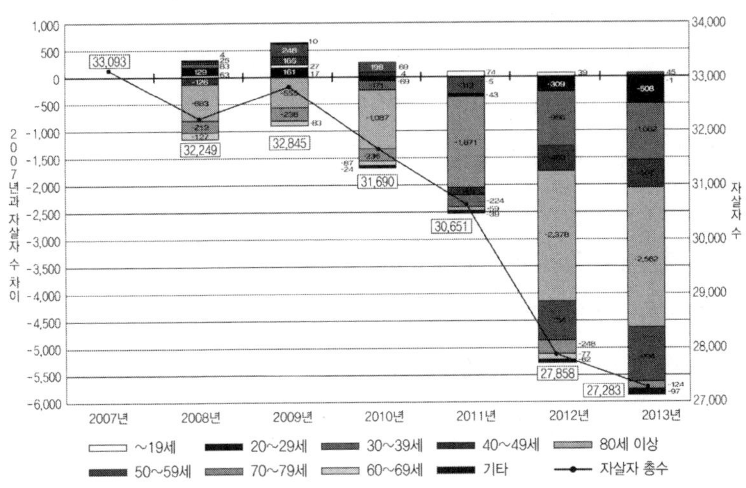

〈도표-4〉 연령대별, 원인 · 동기별 자살자의 추이

연령대	가정문제			건강문제			경제·생활문제			근무문제			남녀문제			학교문제			기타			미상		
	2007년	2013년	2007과의 차이	2007년	2013년	2007과의 차이	2007년	2013년	2007과의 차이	2007년	2013년	2007과의 차이	2007년	2013년	2007과의 차이	2007년	2013년	2007과의 차이	2007년	2013년	2007과의 차이	2007년	2013년	2007과의 차이
30~39세	605	585	-20	1,850	1,660	-190	1,009	652	-357	546	538	-8	299	280	-09	10	10	0	199	179	-20	1,401	899	-502
50~59세	765	667	-98	2,836	2,090	-746	2,606	1,257	-1,349	538	493	-45	70	71	1	1	0	-1	280	192	-87	1,911	1,116	-795
60~69세	594	573	-21	2,795	2,699	-96	1,375	926	-449	164	141	-23	31	21	-10	1	0	-1	215	239	24	1,736	1,208	-528
기타	1,787	2,105	318	7,203	7,231	28	2,328	1,801	-527	959	1,151	192	549	540	-9	326	365	39	806	851	45	4,836	3,804	-1,032

【2】 우리나라 자살대책의 현재

1998년에 연간 자살자 수가 3만 명을 넘었다는 것을 확인한 정부는 '건강 일본21'을 책정하고, 건강대책의 일환으로 우울증 대책을 비롯한 자살대책에 맞서게 되었다. 그러나 그 후로도 연간 자살자는 계속해서 3만 명을 넘었고 지역 현장이나 민간에서 자살대책을 위해 노력하는 관계자들 사이에 자살대책에 대해 거국적인 활동이 필요하다고 하는 목소리가 높아져왔다.

(1) 자살대책기본법제도의 책정

이러한 목소리를 수용하여, 초당파(超黨派) 의원연맹이 중심이 되어, 2006년 6월 자살대책기본법(이하 '기본법'이라 함)이 성립되었다. 이 법은 자살대책의 기본이념을 정하고 국가, 지방 자치 단체, 사업주, 국민의 책임을 명확히 하는 것과 동시에 자살대책의 기본이

되는 사항을 정하고 있다.

기본법에서는 자살대책의 기본이념으로, "자살은 개인적인 문제로만 인식되어야 하는 것이 아니라 그 배경에 여러 가지 사회적인 요인이 있다는 것을 고려하여, 사회적인 대처로 이뤄지지 않으면 안 된다."라고 정하고 있다. "자살 문제란 단순히 개인 문제가 아니라 사회 전체의 문제로 인식되어야만 한다."라고 하고 있다는 점에서 획기적인 것이다. 더욱이 기본 이념에서 "자살이 다양하고 복합적인 원인이나 배경을 갖고 있다는 것에 입각하여, 단순히 정신보건적 관점에서만이 아니라 자살의 실태에 입각하여 실시한다."라고 하고 있고, 이것을 받아들여 국가 책임으로서 "자살대책을 종합적으로 책정하고, 실시하는 책무를 진다."라고 정하고 있다.

기본법에서는 정부가 진행해야 하는 자살대책의 지침으로서, 기본적이고 종합적인 자살대책의 대강을 정하는 것으로 하고 있다. 또한 내각관방장관을 수장으로 하고, 관계 각료들을 구성원으로 하는 자살종합대책회의가 내각부에 특별기관으로서 설치되어 있다. 자살종합대책회의란 정부가 추진해야 하는 자살대책의 지침인 기본적이고 종합적인 자살대책의 대강 작성, 관계 행정기관 상호 조정이나 자살대책에 관한 중요 사항에 대해 심의하는 기관이다.

(2) 자살종합대책대강(이하 '대강'이라고 함) 책정

자살대책기본법의 규정에 근거하여, 2007년 6월 자살종합대책회의에서 대강이 결의되었다.[2] 대강에서는 3가지의 기본인식을 바탕으로 6개의 기본적인 사고방식, 당면한 중점시책에 대해 9개 항목에서 48개의 시책을 설정하고 있다. 또 수치목표로서 2016년까지 2005년의 자살사망률을 기준으로 20%이상 감소시킨다는 것을 들었다. 그리고 국가나 지역의 자살대책 추진체제, 자살종합대책대강에 기초한 시책의 평가나 관리를 정하는 것과 동시에 대략 5년을 목표로 재검토하는 것으로 하고 있다.

대강에서는 "① 자살은 내몰림 끝의 죽음이다, ② 자살은 막을 수 있다, ③ 자살을 생각하고 있는 사람은 고민을 안고 있으면서도 신호를 보내고 있다."라고 하는 자살에 대한 3가지 기본적인 인식을 보여주고 있다. 그런데 이것은 자살대책을 추진하는 데 있어서 기본적인 사고방식이 되기 때문에 이에 대한 설명을 조금 하겠다. ①에 관해서는, '자살은 자신이 선택한 죽음'과 같이 자유의사나 선택의 결과가 아니라 실제로는 사회적 요인을 포함한 여러 가지 요인이 복잡하게 관계된, 심리적으로 내몰린 끝의 죽음이라고 하는 인식을 보여준다. ②에 관해서는, ①과 관련하여 자살이란 자유로운 의사나 선택의 결과라기보다는 심리적으로 내몰린 것이기 때문에, 다수의 자살은 상담이나 지원체제, 정신질환에 대한 적절한 치료 등을 하는 것으로도 방지할 수 있는 것이라고 하는 인식을 보여준다. ③에 관에서는, 많은 경우 심리적으로 내몰린 가운데 도움을 구하고 있고 그 말과 행동 등을 통해 신호로 나타나기 때문에, 가족이나 동료 등 주위 사람들은 상담, 지원과 연결하여 가는 것이 중요하다고 하는 인식을 보여준다.

2 대강안은 자살종합대책대강으로서 각의에서 결정되었다.

(3) 최초의 자살종합대책대강 책정 이후의 동향

자살종합대책대강을 책정한 이후에, 2008년 10월 자살종합대책회의에서 자살종합대책대강의 책정이 이뤄진 뒤 1년간의 팔로우업(follow-up) 결과 등도 고려하여 자살대책을 더욱 추진하기 위하여 우선 강화하고 가속화해야 할 시책을 '자살대책가속화 플랜'(2008년 10월 31일 자살종합대책회의 결정)으로 결정하였다.

또 2009년 11월, 연간 자살자 수가 12년 연속으로 3만 명을 넘었다는 사실이 밝혀지면서, 내각부 내에 설치된 '자살대책 긴급전략팀'은 '자살대책 100일 플랜'을 정리하고, 그 가운데 정부로서 대처해야 하는 '중기적인 관점의 시책'에 관한 제언을 하였다. 이 제언을 받아서 2010년 2월, 자살종합대책회의에서 '생명을 지키는 자살대책 긴급플랜'을 결정하였다.

(4) 자살종합대책대강의 재검토

2007년 6월, 각의에서 결정된 자살종합대책대강은 대략 5년을 목표로 재검토하기로 되어 있다. 이 때문에, 내각부에서 새로운 자살종합대책대강의 초안을 작성하였고, 2012년 8월 9일에 자살종합대책회의(회람을 통해 이뤄짐)가 결정되고 같은 달 28일에 새로운 자살종합대책대강이 각의에서 결정되었다.

새로운 자살종합대책대강에서는 부제와 서두에서 '그 누구도 자살로 내몰리지 않는 사회'를 지향해야 하는 것으로 제시되었고, 지금까지의 자살종합대책대강 하에서의 대처 활동을 종합한 뒤에 향후 과제로서 지역 차원의 실천적인 활동을 중심으로 하는 자살대책으로의 전환이 기술되어 있다. 시책의 추진에 맞춰서 자살대책과 관련된 다양한 주체들과의 연대 · 협동을 더욱 추진하고, 대강을 바탕으로 하는 시책의 효과 등에 대한 검증평가의 중요성을 지적하고 있다.

(5) 지방공공단체 등에 대한 지원

2009년부터 지역자살대책 긴급강화사업을 시작하였다. 자살대책기본법에는 지방공공단체에 대해 "자살대책에 대해 국가와 협력하면서 지역 상황에 맞는 시책을 책정하여 실시할 책임을 갖는다."라고 되어 있다. 그런데 당시 지자체의 상황을 보면, 본격적인 자살대책이 진전되고 있었다고 말하기는 어려운 상황이었기 때문에,[3] 지역에서의 '자살대응력' 강화가 요구되고 있었다. 이 때문에 내각부에서는 2009년도 추경예산으로 100억 엔의 예산을 계상하고 도도부현에 우선 3년간의 대책과 관련된 '지역자살대책 긴급강화기금(이하 '기금'이라고 함)'을 조성하였다.[4]

기금사업은 각 자치단체의 창의적 고안에 따라 지역 실정에 맞춰 사업실시가 가능하도록 되어 있다. 예를 들면, 민간단체의 효과적인 활동에 대한 제안을 지자체가 만든 사업계획에 함께 포함시키거나 효과적인 활동을 하고 있는 민간단체에 대해 재정적인 지원을 하는 것이 가능하다.

2013년도에는 전국의 도도부현과 1,407개의 시정촌(전 시정촌의

3 예를 들면, 국가가 각 도도부현에 대해 관내 시정촌에 자살대책을 전적으로 관리할 담당 부 · 국 등이 설치될 수 있도록 적극적인 조치를 요청하고 있었다.

4 여전히 기금은 여러 차례 확충되고 실시기한도 연장되고 있다.

약 80%)에서 기금을 활용한 사업이 실시되었다. 이처럼 많은 지자체가 기금을 활용해 자살대책을 진행하고 있고 자살대책의 설립을 지원한다는 측면에서 일정한 성과를 올리고 있다고 말할 수 있다.[5] 향후에는 각 지자체의 활동수준 향상, 즉 질적으로 충실하게 이뤄질 수 있도록 도와주는 것이 중요하다. 이를 위해서는 시책 대상을 좁히거나 대상에 대한 접근 방법 등 실천적인 활동을 하는 것이 필요하게 된다.

그리고 이와 같은 좋은 사례는 다른 지자체와도 정보를 공유함으로써 많은 지자체의 시책으로 연결되어 가는 것이 중요하다. 내각부에서도 이러한 우수 사례를 『지역의 자살대책 활동 사례집』으로 정리하고, 지자체에서 이를 잘 활용해주기를 바라고 있다. 자살대책 관민 연대・협동 블록회의나 자살대책 코디네이트 연수를 진행하고 이러한 지식을 공유하는 등의 활동을 지원하고 있다. 또한 다음 절에서는 지역의 활동 사례를 간단하게 소개하고자 한다.

2014년도 추경예산안에서 청년층 대상의 자살대책이나 경제정세 변화에 따른 자살대책을 비롯하여, 지역실정에 맞춰 강화해야 할 자살대책을 지역에서 실시하기 위하여, 재정적 지원(지역 자살대책 강화교부금)을 계상하였다.

5 기금에 의한 사업효과에 대해서는 제1장에서 별도로 분석이 이뤄지고 있기 때문에 여기에서는 생략한다.

【3】 지역의 활동 추진–사례 소개

현행 대강에서 지역차원의 실천적인 활동을 중심으로 하는 자살대책의 중요성이 강조되고 있다. 이 때문에 지역 실정에 맞는 활동을 진행하는 가운데 필요한 선진적인 활동에 관한 정보의 제공이나 활용의 지원은 불가결하다.

본 절에서는 지역의 활동 가운데 선진적이라고 생각될 수 있는 사례를 몇 가지 소개함으로써 향후 지역차원의 실천적인 자살대책을 생각하는 가운데 실마리를 찾아가고자 한다.

(1) 고치(高知)현 – 청년층의 참여를 통한 자살대책

우리나라는 선진국 중에서도 젊은 세대의 자살사망률이 높은 심각한 상태에 있어서, 청년층의 자살대책이 중요한 과제로 되어 있다. 고치현에서 현내의 청년들에게 자살예방대책에 대해 생각해보도록 하기 위해, 청년(현내 3개 대학의 학생)들을 멤버로 하는 검토회를 개최하고, 보급・계발사업 기획(텔레비전 광고, 전단지・포스터 등을 활용한 길거리 캠페인)을 진행하였다. 그리고 대학생을 대상으로 하는 생명지킴이 연수를 실시하였다. 대학생을 대상으로 한 것은 고민을 털어놓는 상대는 대부분의 경우 같은 세대의 친구들이기 때문이다.

고치현의 활동은 대상인 청년들 자신이 자살대책에 참여함으로써 젊은이들의 요구나 관심에 맞출 수 있었다. 게다가 참여한 학생이나 친구, 가족 등 주위사람들을 중심으로 보다 피부에 와 닿는 문제로서 자살대책에 대해 알고, 생각해 보는 기회를 만들 수 있는 체제로 되었다.

(2) 사카이(堺市)시 · 오사카(大阪)부 – 경찰 · 구급대 · 응급지정병원과 연대한 자살 미수자 지원

자살 미수자가 자살을 다시 시도할 가능성은 자살 미수자가 아닌 사람과 비교해서 훨씬 높다. 이 때문에 자살 미수자의 필요에 따라 정신과 의료케어나 생활 재건의 지원을 받을 수 있는 체제 정비, 자살 미수자 및 그 가족 등 주변 사람에 대한 상담・지원 체제를 충실하게 하는 것이 중요하다.

사카이시에서는 2009년 4월에 전담 부서인 '생명응원 담당부'를 설치하고 경찰서와 연대하여 자살 미수자 상담 지원사업(생명상담 지원사업)을 진행해왔다. 2011년도에는 소방국(구급대)과, 2013년도부터는 시내 응급지정병원 14곳과 연대 활동을 시작하였다.

구체적으로는 자살미수가 발생한 경우, 통보를 받은 경찰이나 구급대, 자살 미수자 치료를 담당하는 응급지정병원이 자살 미수자 및 그 가족에게 사카이시 생명 응원담당부서 상담청구 안내책자를 주면서 상담을 권한다. 그리고 정보제공에 동의한 자살 미수자에 대해 사카이시에 정보를 제공하였는데, 5년간 200건 이상의 상담자 소개가 이뤄졌다.

또 오사카부에서도 2013년 1월부터 사카이시 및 오사카시[6]의 활

6 오사카시에서도 오사카부 경찰청 협력 하에 2009년 11월부터 자살 미수자 상담지원

동을 확대하는 형태로 오사카부에 속한 모든 경찰서와 연대하여 자살 미수자 지원사업을 시작하였으며, 3차 응급구명센터와 연대를 목적으로 하는 네트워크구축사업 등을 실시하고 있다.

이 사례에서 주목해야 하는 점은 관계기관 모두가 자살 미수자 및 그 가족에게까지도 지원하고 있다는 점이며,[7] 또한 연대 범위가 지속적인 활동을 통하여 확대해 왔다는 점이다. 또 연대의 전단계로서 의사, 간호사, 구급대, 정신보건 복지사, 임상심리사, 의료담당직원 등 타직종의 관계자들이 한 자리에 모여 연수를 하는 등 각 주체들이 '얼굴을 볼 수 있는 관계'로 만드는 데 주력하고 있는 점도 중요하다고 생각된다.

(3) 아오모리(青森)현 노헤지(野辺地)정 – 경청활동을 통한 마을 만들기

(1), (2)는 도도부현 내지 정령 지정도시 차원의 규모가 큰 지자체의 활동이지만, 이제부터는 비교적 작은 규모의 지자체의 활동을 소개한다.

아오모리현 노헤지정은 시모키타(下北)반도에 붙은 무쓰(陸奥)만을 따라 만입(灣入) 지역에 위치한 인구 약 1만 4,000명의 지자체이다. 이 마을에서는 '자살대책은 마을 만들기 대책', 즉 자살대책을 통하여 자신과 상대의 모습에 관심을 갖고, 함께 건강하게 자신답게

사업을 실시하고 있다.

7 응급의료기관과 정신의료기관 간의 연대나 지자체와 응급의료기관과의 연대에 대해서는 다른 지자체(사이타마현 사이타마(埼玉県埼玉)시, 이와테(岩手県)현, 시가현 오쓰(滋賀県大津)시, 카나가와현 요코스카(神奈川県 横須賀)시) 등에서도 이뤄지고 있다.

안심하며 살 수 있는 '소통이 이뤄지는 마을을 지향한다.'는 생각으로 '경청의 이념[8]이 스며들도록' 중점적으로 사업을 전개하고 있다.

구체적으로는 2010년도와 2011년도에 경청활동을 위한 자원봉사자를 양성하고, 2012년도부터 이들 자원봉사자를 활용한 경청살롱 및 찾아가는 경청살롱 사업을 실시하면서 경청봉사 능력향상 연수(강의・연습 이외에 일부는 재난피해지 체험과 교류 등도 실시)를 실시하고 지속적・단계적인 사업을 전개하고 있다.

이 사례에서 주목해야 할 것은 자살대책을 '마을 발전'의 일환으로 자리매김할 수 있도록 하고, 주민과 협동하여 활동에 활력을 불어넣고 있다는 점이다. 또 사업을 통하여 양성된 인재를 상담사업에 활용하고, 그 경험을 토대로 인재의 능력향상으로 이어질 수 있도록 함으로써 상담사업의 질을 향상시킨다고 하는 선순환을 만들어내고 있다는 점도 사업의 전개란 점에서 매우 효과적이다.

(4) 구마모토(熊本)현 아사기리(あさぎり)정 – 건강한 마음 만들기를 통한 지역 연대체제 구축

구마모토현 아사기리정은 구마모토현 남부와 미야자키(宮崎)현, 현 경계의 산간지 지역에 위치한 인구 약 1만 7,000명인 마을이다. 이 마을은 현내에서도 자살사망률이 높은 지역이었기 때문에, 모든 정(町) 차원에서의 대책이 필요하다는 인식 하에 건강한 마음 만들

8 있는 그대로 상대의 기분상태를 듣고 마음으로 다가섬으로써 상대가 답을 찾을 수 있도록 도움을 준다.

기 활동이 이뤄지고 있다.

구체적인 사업으로서는 ① 현내(県内) 대학과 연계하여 통계분석 및 정민(町民) 의식 · 실태 조사, ② 건강한 마음 교실 등 지역에 대한 보급 · 계발 활동, ③ 정내(町内)의 개호예방 서포터 및 미용업자들을 대상으로 생명지킴이 강좌 개최, ④ 정신과 의사 · 심리사의 상담사업 실시(히토요시(人吉) · 구마(球磨) 지역의 광역연대를 통한 상담사업[9]도 활용), ⑤ 현내 대학을 주체로 하는 고령자의 우울증 스크리닝 조사 실시 및 조사 결과를 토대로 팔로우업이 필요한 사람을 대상으로 지역의 의료기관이나 지역포괄지원센터 등과 연대한 지원이라고 하는 5가지로부터 이뤄지고 있다. 그런데 이것들은 각각 실태파악(①), 1차 예방=마음의 건강증진과 우울증 예방(②,③), 2차 예방=조기발견과 상담체제 충실(④,⑤)에 대응하는 내용으로 되어 있다.

이와 같이 자살대책에서 각각의 단계에 대응하는 활동이 종합적이고 효과적으로 실시되고 있지만, 이것을 가능하게 하는 요인이 대학, 의료기관, 행정기관의 광역연계와 정내(町内) 기관 이외에도 여러 주체의 힘을 빌려서 잘 연대하고 있는 점에 있다는 점은 매우 시사적이라고 생각한다.

9 아사기리정이 포함된 히토요시 · 구마지역에서는 같은 지역의 사회복지협의회 담당자와 자치단체 직원으로 구성된 '히토요시 · 구마생활지원 네트워크'가 조직되어 있고 무료 상담회 등의 사업을 실시하고 있으며, 이외에도 2014년 4월 지역 내 10개의 시정촌 간에 협정이 맺어져, 아사기리정을 포함한 권역 내 정촌 주민들의 상담을 히토요시시 소비생활센터에서 접수하는 등 상담업무에서 광역연대가 진행되고 있다.

(5) 정리

여기에서 소개한 각 사례의 공통점은 자치단체 이외의 주체들과 연대·협동이 효과적으로 이뤄지고 있다는 점이다. 학생이나 자원봉사자 등 관계자가 적극적으로 시책에 참여할 동기를 이끌어내는 기획((1), (3))이나 연수의 구체적인 사례를 통한 의견교환 모임 등을 통해 '얼굴을 볼 수 있는 관계'를 구축하기 쉬운 장소를 설정((2), (4))하는 등 다양한 관계자가 주체적으로 관여할 수 있는 '장치'가 재대로 작동되고 있다고 말할 수 있다.

어떻게 효과적인 '장치'를 만들 것인가에 대해서는 다른 자치단체의 우수사례를 연구하고 참고로 하는 방법이 효과적일 것이다.

【결론】

2015년의 자살자 수는 2만 5,374명으로 꾸준히 감소하고 있다. 그러나 여전히 많은 사람이 자살로 내몰리고 있다는 것에는 변함이 없다. 단 한 명이라도 자살을 생각하고 있는 사람을 구하고, '그 누구도 자살로 내몰리지 않는 사회의 실현'을 위해 자살대책을 진행해 나아가는 것은 지금도 매우 중요한 과제라고 생각한다.

[참고문헌·자료]

内閣府, 「平成25年度我が国における自殺の概要及び自殺対策の実施状況」, 2014a.6.
内閣府, 「地域における自殺対策取組事例」, 2014b.6.
本橋豊, 『総合自殺予防学インテンシブコース』, 秋田魁新報社, 2012.

3. 향후 자살대책의 올바른 모습

히구치 데루히코*

【서론】

자살의 원인은 다양하고 매우 복잡한 요인, 배경을 가지고 있기 때문에 그 대책을 세우는 방법 또한 쉽지 않다. 우리나라에서 자살이 사회문제화한 것은 1998년 자살자의 급증이 계기가 되었지만, 그 이전에도 우리나라의 자살자 수는 선진국 중에서도 높은 상황이었다.

그러나 자살방지 대처활동은 '생명의 전화'를 비롯해서 민간의 착실한 활동에 의존해왔다. 1998년 이후 자살자의 급증은 불행한 일이지만, 국책으로서의 자살방지 시책이 본격화된 것은 불행 중 다행이라고 할 수 있다. 여기에서는 지금까지 이뤄졌던 국가차원의 자살대책 시책을 뒤돌아보고 그 성과와 과제를 정리함으로써 향후 자살대책의 방향을 생각하기 위한 재료를 제공하고자 한다(참고문헌 · 자료).

【1】 우리나라 자살대책의 경위

이 주제는 이 책의 곳곳에서 거론된다고 생각하기 때문에, 여기에

* (독립행정법인) 국립정신 · 신경의료연구센터 총장

서는 향후 논술과 관련된 부분에 한에서만 간결하게 정리하는 것으로 한다. <도표-1>에는 2000년 이후 정부의 주요 활동을 제시하였다. 1998년에는 전년보다 8,000명 더 많은 연간 3만 명을 넘는 자살자가 보고되어 자살 문제가 커다란 사회적 문제가 되었다. 정부는 자살자가 급증하게 되면서 자살대책의 대처활동을 시작했지만 초기 몇 년 동안은 주로 후생노동성 중심의 활동이었다.

이것이 정부차원의 전체적인 대처활동으로 된 것은 2005년 7월에 참의원 후생노동 위원회에서 '자살에 관한 종합대책의 긴급하고 효과적인 추진을 요구하는 결의'가 이뤄지고 이것을 계기로 정부에 '자살대책관계성청(省庁) 연락회의'가 설치된 다음부터이다. 2006년 전 각료로 구성된 '자살종합대책회의'가 설립되고, 같은 해 6월에 자살대책기본법이 공표되었으며, 국가의 자살대책이 본격화되기에 이르렀다. 2007년 자살종합대책대강이 각의 결정되고 이 대강을 바탕으로 한 시책의 실시상황 평가, 재검토 및 개선 등을 검토하는 것을 목적으로 관련 지식인으로 구성된 '자살대책추진위원회'가 2008년에 설치되었다. 2009년에는 지역의 자살대책 강화를 목적으로 '지역자살대책 긴급강화기금'이 창설되었다.

그리고 대강에 대한 재검토를 5년 후에 하는 것이 결정되어 있었기 때문에, 2011년 자살종합대책회의에서 재검토에 착수하는 것을 결정하였다. 2012년에 재검토된 대강(신대강)이 각의 결정되어 현재에 이르고 있다. 이 재검토를 단락 짓는 것으로 '자살대책추진회의'가 2012년에 종료되고, 2013년에 새롭게 '자살대책 민관연계협동회의'가 설치되어 현재에 이르고 있다.

【2】 대강 재검토 논의와 신대강의 이념

자살대책기본법이 제정되고 대강이 작성될 당시의 우리나라 자살대책은 시작된 지 얼마 되지 않았기 때문에, 무엇이 자살대책의 요점이고 어디에 중점을 둬야 하는지에 관해서는 어떤 의미에서는 시행착오를 하는 상황이기도 하였다. 따라서 당시 관련 지식인으로 구성된 검토회에서 이뤄진 합의는 "지금 생각할 수 있는 방책은 중요도에 따른 가중치를 부여하지 않고 모든 것을 목록화하여 가능한 한 실행한다."라고 하는 것이었다.

대강이 결정되고 기금이 창설됨으로써 국가, 지방 자치 단체, 관계 단체 등에 의한 구체적인 활동이 진행되었고, 5년 후의 재검토에서 이와 관련된 경험이나 증거를 토대로 신(新)대강이 개정되기에 이르렀다. 개정 시에는 의견 청취가 널리 이뤄졌고, 청취된 의견이 신대강에 반영되었다는 것도 최초의 대강과는 다른 점이다. 주요 내용을 보자면 다음과 같다. 자살대책추진회의에서 청취된 것으로는 자살대책 현장에서의 보고, 민간단체나 자살유족단체의 설명, 민관협동으로 자살대책을 추진하는 것을 목적으로 하는 특명팀의 검토, 국립정신 · 신경의료연구센터와 자살대책 관련학회의 '대강 재검토에 관한 제언' 등 수많은 제언과 견해를 바탕으로 신대강이 각의 결정되었다.

신대강에서는 구(舊)대강의 ① 전국적으로 획일적인 대책이 시행되고 있다는 것, ② 대책의 유효성과 효율성이 어느 정도였는가에 대한 검증이 불충분했다는 것, ③ 전체적으로 예방개입, 선택적 예방개입, 개별적 예방개입의 균형이 고려되지 않았다는 것 등이 지적되었고, 지역 실정에 맞춘 지역차원의 실천적인 대처활동을 중시해야 한다는 것이 강조되어 있다.

또 자살자의 연령분포가 해마다 변하고, 1998년 자살자 수가 급증하던 당초에는 중장년 남성의 자살사망률 증가가 특징적이었지만 해가 지날수록 청년층의 자살률이 높아지고 있다. 그래서 신대강에서는 청년층을 대상으로 하는 대책이나 자살 미수자 대상의 대책에 충실해야 한다는 것이 표현되어있다.

〈도표-1〉 2000년 이후 국가의 주요 자살대책 활동

2000년	'건강일본21'에 자살자 감소수치 목표
2001년	자살자대책사업의 예산화
2002년	자살대책 관련 지식인 간담회 보고서 '자살예방을 향한 제언'
2004년	우울증대책 대처활동 개시
2005년	참의원후생노동위원회 '자살에 관한 종합대책의 긴급하고 효과적인 추진을 요구하는 결의' 자살대책관계성청연락회의 지부 내에 설치, '자살예방을 향한 정부의 종합적인 대책에 대하여' 보고서
2006년	자살대책기본법
2007년	자살종합대책대강
2009년	지역자살대책 긴급강화기금
2012년	대강 재검토 (신대강)

【3】 원인분석의 중요성과 이에 의거한 대책 입안

자살방지대책은 무엇을 근거로 검토해야 할까? 이 점은 굉장히 중요하다.

많은 에너지와 국비를 투입한 자살방지대책의 경우, 비용대비 효과라는 경제원칙뿐만 아니라 대책을 실시하는 사람들의 동기나 자신감과도 관계가 있기 때문이다. 자살의 원인은 다양하고 그 분석이 쉽지 않다는 것은 말할 필요도 없지만, 항상 거듭하여 그 노력을 하는 것이 필요하다. 신대강에서도 이를 다음과 같이 지적하고 있다. 즉, "시책의 실시상황을 검증 · 평가하고 시책이 효과적, 효율적으로 실시되고 있는지를 확인하는 것이 불가결"하다는 것이다.

(1) 심리학적 부검의 중요성과 곤란함

원인분석으로서 가장 유용하고 신뢰성이 높은 방법이 심리학적 부검이지만, 다른 방법과는 비교할 수 없을 정도로 매우 곤란하다. 북유럽국가에서의 연구보고서를 보면 달성도가 높다는 것에 놀라는 동시에 국민 의식과 스티그마(stigma)의 차이를 느끼지 않을 수 없다.

이렇듯 어려운 환경 속에서도 지금까지 국립정신 · 신경의료연구센터 다케시마(竹島) 등은 후생과학연구비를 지원받아 심리학적 부검 연구를 진행하고 귀중한 결과를 얻고 있다.

(2) 효과적, 효율적인 대책과 평가로 이어지는 '지표개발'

자살방지대책에서 중요한 것은 진행했던 대책의 효과 · 효율을 어떻게 평가하는가에 있다. 이를 위한 지표개발도 중요하다고 할 수 있다.

(3) 위험 요인의 동일성과 자살예방의 관점

자살예방종합대책센터에서는 심리학적 부검연구를 계속하고 있지만, 사례 분석결과를 토대로 위험 요인을 정하는 시도와 개입의 포인트에 대해서 정리하고 있다. 심리학적인 부검연구 자체가 상당히 곤란한 상황이기 때문에, 사례의 집적이 용이하지는 않다. 따라서 이 분석결과도 개입의 포인트도 자살예방의 전체상을 보여준 것이라고는 할 수 없다. 그러나 매우 귀중하고 신뢰성을 지닌 데이터라는 것도 틀림은 없다.

향후 심리학적 부검 또는 미수자의 협력을 얻어 요인 분석과 개입 포인트를 업그레이드하는 것이 중요하다.

【4】 유효한 자살방지대책을 입안하기 위해서는 무엇이 필요한가

하나는 지금까지 실시된 자살방지대책사업의 효과를 회고적으로 검증하는 것이고, 또 다른 것은 RCT(Randomized-Controlled Trial, 무작위화 비교시험)를 계획하여 검증하는 것이다. 증거 차원으로서는 말할 필요도 없이 후자 쪽이 높지만, 이것을 실시하기 위해서는 막대한 예산이 필요하다.

(1) 지역 자살대책 긴급강화사업의 검증

2009년도에 지역 자살대책 긴급강화기금(기금)이 창설되었고, 자살대책을 위해 각 자치단체는 여러 강화사업을 진행해왔다. 이들의 다양한 대처활동 가운데 무엇이 효과가 높은지, 비용 대비 효과가 우수한 것은 무엇인지, 효과를 보이지 않는 것은 무엇인지를 검증하는 것은 향후의 대책을 생각하는 데 중요하다. 2013년 7월 자살종합대책회의에서 '자살대책검증평가회의'의 설치가 결정되었다. 그 목적은 중립·공정한 입장에서 대강을 바탕으로 하는 시책의 실시상황, 목표의 달성상황 등을 검증하고, 시책 효과 등을 평가하는 것에 있다. 이 회의는 기금에 근거한 사업의 검증을 위해 지방 공공단체에 대한 청취조사를 실시하고, 그 결과를 2014년 7월에 중간 점검의 형태로 공개하였다. 그 검증결과의 상세내역은 중간점검 자료를 참조하는 것으로 하고, 여기에서는 다음과 같은 검증결과의 일부(대면형 상담지원 사업 및 보급계발 사업)을 인용하여 소개하겠다.

'대면형 상담지원사업'은 자살사망률이 크게 감소하고 있는 도도부현 가운데 '시정촌 차원'에서는 효과가 좋은 한편, '도도부현 차원'에서는 그다지 중요시되지 않았다. 이것은 대면에 의한 상담이 주민의 상황을 보다 쉽게 파악하는 시정촌의 기초 자치단체 차원에서 실시되고, 상담 후 팔로우 체제도 포함되어 있기 때문에 효과가 발휘되기 쉬운 반면, 광역 자치 단체 차원에서는 시정촌에서 대응하기 어려운 전문가에 의한 상담 등을 제외하고는 효과가 한정적이었다는 것이 그 배경이라고 생각된다. '보급계발 사업'은 자살사망률이 큰 폭으로 감소 등이 이뤄지는 모든 도도부현 및 그 관내 약 4분의 3 정도의 시정촌에서 효과가 높았다고는 생각할 수 없었다. 작년도 보고서에도 게재되어 있듯이, '보급계발사업'은 자살대책에 대한 이해를 촉진하는 면에서 매우 중요하였다. 그러나 사업초기 효과가 발휘된 후에는 자살대책도 단순한 보급계발에서 상담 등의 직접적인 사업으로 변화 등이 요구되어 왔고, 이에 따라 보급계발의 목적도 당초의 자살대책에 대한 이해가 이뤄지는 것에서 구체적인 사업이나 다른 사업을 활용한 보급계발의 실시 등으로 변해오고 있다는 것을 엿볼 수 있다. 그 사례로는 "시정촌에 대해 단순한 자살대책의 이해를 촉구하는 보급계발사업은 인정하지 않고, 상담이나 인재양성 등의 직접적인 사업에 관해 주지시키는 것을 포함한 보급계발만을 인정한다"고 하는 도도부현이 있었다. 한편 자살사망률 감소폭이 작은 도도부현의 시정촌에서는 '보급계발사업'의 효과가 높다고여겨지기 때문에, 말할 필요도 없이 이해를 촉진하는 면에서 보급계발의 필요성을 모두 부정하는 것은 아니고 최소한의 지속적인 실시는 필요하다는 것이다.

이상과 같이 효과가 기대되는 사업이라도 지역, 대상, 시기에 따라 실제 효과를 얻을 수 없는 경우도 있다는 것을 검증을 통해서 알 수 있었다. 이 결과는 다음의 시책을 고려할 때 매우 유용하다.

(2) 대규모 개입연구와 그 성과를 어떻게 시책에 반영시킬 것인가

후생노동과학연구비보조금에 의한 연구 프로젝트 '자살대책을 위한 전략연구'가 2006년에 시작되었다. 이 연구는 지금까지 우리나라에서는 물론 전 세계 어디에서도 실시되지 않았던 규모와 질을 갖춘 연구이다. 이 연구의 특징은 자살대책 효과에 대해 실증적으로 검증하고, 그 대책이 실제로 유효한지 또는 전국에 보급시킬 만한 의미가 있는 것인지를 확인하는 것에 있다.

이 전략연구는 두 개의 연구과제로 구성되어 있다. 하나는 '복합적 자살대책 프로그램의 자살시도예방 효과에 관한 지역개입 연구(NOCOMIT-J)'이며, 그 목적은 새롭고 복합적인 자살예방대책 프로그램을 개입지구에서 실시하여 통상적인 자살예방대책을 행하는 대조지구와 비교하여 자살시도 발생에 효과가 있는지를 검증하는 것이었다.

또 다른 하나는 '자살시도 재발방지에 대한 복합적 사례 관리의 효과: 여러 시설에 의한 공동 무작위화 비교연구'(ACTION-J)이고 그 목적은 구급시설에 반송된 자살 미수자에 대한 케이스 매니지먼트의 자살기도재발방지의 효과를 검증하는 것이었다.

이들 두 가지 연구에 대한 상세한 내용은 이 책의 제1부에 기술되어 있기 때문에('자살대책의 효과와 그 평가'(3)과 (4) 참조), 여기에서는 반복해서 언급하지 않겠지만, 그 성과는 전문적 · 학술적인 관점에서도, 행정적 관점에서도 높은 평가를 얻었다. 지역보건사업의 효과를 과학적 수법으로 검증한 (NOCOMIT-J)는 그 의의가 굉장히 큰 것이다.

또한 사례관리 개입으로 자살 미수자의 재시도에 대한 예방효과가 확인된 (ACTION-J)에서 구급의료시설을 기점으로 하는 자살 미수자 지원이란 본연의 자세를 구체적으로 검토할 수 있게 된 것 등은 높게 평가받는 일부이다.

【5】 WHO에 대한 공헌

WHO 세계자살보고서에 대해서는 제1부에서 다케시마 다다시 등이 상세하게 보고하고 있기 때문에 여기에서는 중복을 피하고, 우리나라 자살방지대책이 WHO의 대처활동에 어떻게 공헌할 수 있는지에 대해서만 고찰한다.

2013년 12월에 일본(도쿄 아키하바라)에서 'WHO 세계자살보고서회의 및 관련행사'가 개최되었고 관련행사로는 심포지엄이 열렸다(필자는 심포지엄의 의장을 맡았다).

이 가운데 WHO정신보건・약물의존 부부장 셰카 삭세나(Shekhar Saxena)는 'WHO정신보건 행동계획'에서 2020년까지 달성해야 할 목표 가운데 하나로 자살사망률 10%감소가 포함된 것을 소개하며 목표달성을 위한 행동을 제안하였다. 그리고 덧붙여서, 일본은 자살예방을 중요시하고 효과적인 대책을 실시하고 있으며, 이 성과를 세계 여러 나라에 전파하는 것은 WHO가맹국에게 큰 힘이 될 것이라고 말하였다.

이것에 대해, 국립・신경의료연구센터 자살예방종합대책 센터장 다케시마 다다시는 1998년 자살사망자의 급증 이후에 일본의 자살대책 경위에 대해 언급하면서 자살대책기본법, 자살예방종합대책 대강을 소개함과 동시에 최근 자살사망의 감소가 자살의 배경에 있는 사회적 요인도 포함한 사회 전체의 대처활동에 힘입은 바가 컸다는 점을 지적하였다. 이것은 WHO가 내세운 자살예방 플랜, 즉 '보건의료와 그 외의 것을 포함하는 혁신적이고 포괄적인 협동을 통한 접근의 필요성'을 실현하는 것이라고 강조하였다.

현재 진행되고 있는 우리나라의 자살대책은 '의료 모델'과 '사회적 모델'이 자동차의 두 바퀴처럼 작동되고 있는데 이러한 점은 세계를 향해 널리 전해져야 한다.

【6】 미래를 향해 – '결론'을 대신해서

우리나라의 자살방지대책은 1998년의 자살자 수 급증을 계기로 본격적으로 시작되었지만, 이 역시 초기에는 모색하는 정도였다.

"어쨌든 생각해 낼 수 있는 방법은 가능한 한 모두 해보자."라는 자세였다고 말할 수 있다. 그러나 경험을 쌓아가면서 지혜와 과학적인 접근법의 성과가 축적되었다. 이것이 '신대강' 작성에 대폭적으로 반영되었다고 생각한다.

향후 '과학적 근거에 의거한 자살예방종합대책'과 민간에서 이뤄지고 있는 풀뿌리 활동의 두 가지가 정보를 공유하면서 효율적인 방법을 만들어 가는 것이 요구된다. 세계에서도 높은 가치가 있는 자살대책기본법을 가진 우리나라에서 자살대책은 사회적 대처활동이며, 의료 모델, 사회적 모델을 종합한 것으로서 더욱 발전시켜 나가는 것이 가장 중요하다고 할 수 있을 것이다.

[참고문헌·자료]

自殺対策基本法, 2006年法律第85号.
参考 URL: http://www8.cao.go.jp/jisatsutaisaku/19html/basic.html

「自殺総合対策大綱-誰も自殺に追い込まれることのない社会の実現を目指して」, 2012年8月28日閣議決定.
参考 URL: http://www8.cao.go.jp/jisatsutaisaku/taikou/index_20120825.html

「自殺総合対策大綱の見直し」
参考 URL: http://www8.cao.go.jp/jisatsutaisaku/whitepaper/w-2013/html/gaiyou/chapter2-02.html

内閣府,「2014年版自殺対策白書」, 2014.
参考 URL: http://www8.cao.go.jp/jisatsutaisaku/whitepaper/w-2014/pdf/gaiyou/

加我牧子(研究代表者),「(平成21年度厚生労働科学研究費補助金: こころの健康科学研究事業)心理学的剖検データベースを活用した自殺の原因分析に関する研究-総合研究報告書」, 2010.
参考 URL: http://ikiru.ncnp/go.jp/ikiru-hp/kisochousa/pdf/1003193.pdf

竹島正, 山内貴史, 松本俊彦,「わが国における自殺の原因分析と自殺対策の展望公衆衛生」,『公衆衛生』78(4), 2014.

「2014年度自殺対策検証評価会議中間取りまとめ」, 2014年7月.
参考 URL: http://www8.cao.go.jp/jisatsutaisaku/kensyouhyouka/pdf/chukan.pdf

「複合的自殺対策プログラムの自殺企図予防効果に関する地域介入研究」
参考 URL: http://www.jfnm.or.jp/J-MISP/nocomit-j.html

「自殺企図の再発防止に対する複合的ケースマネジメントの効果：多施設共同による無作為化比較研究(ACTION-J)」
参考 URL : http://www.mhlw.go.jp/shingi/2008/05/dl/s0527-3f_0005.pdf

4. 앞으로의 자살대책 – 후생노동성의 입장에서

이토 지에코*

【1】 세계적인 동향

WHO(세계보건기관)에 따르면, 세계적으로 저소득, 중소득 국가를 중심으로 매년 약 100만 명(WHO Suicide Prevention, 2015)이 자살로 사망하고 있다. 자살은 15~34세의 사망 상위 3요인 중 하나(WHO Suicide Prevention, 2015)일 뿐만 아니라, 질병부담에 있어서도 5위로 사회에 미치는 영향이 크다(Whiteford, H.A., Degenhardt, L., Rehm, J., et al., 2013).

WHO는 자살예방에 과학적 근거를 토대로 한 혁신적이고 포괄적인 협동 접근방법의 필요성을 지적하고 있다. 2013년 5월 제66회 WHO총회에서는 '정신보건 행동계획(Mental health action plan) 2013-2020'이 승인되었는데, 그 목표로 2020년까지 세계의 자살사망률을 10% 감소시킬 것을 내세우고 효과적인 활동이 필요하다고 기술하고 있다. 또 같은 해 12월 16일, 17일에 일본에서 세계 각국이 참가하는 세계자살보고서 회의를 개최하였고, 2014년 9월에는 일본 자살대책에 대한 분석도 포함하고 있는 세계자살보고서(World

* 후생노동성 사회·원호국 장애보건복지부, 정신·장애보건과 마음건강지원실 PTSD 전문관

Suicide Report)를 처음 간행하였다(Preventing suicide: A global imperative).

【2】 일본의 자살 현황 · 경위

일본에서는 1998년에 자살자가 급증하여 이후 15년간 3만 명을 넘는 높은 수준이 유지(内閣府, 2014)되고 있다. 2006년에 시행된 자살대책기본법에 따라 2007년에 자살종합대책대강을 책정하고 '자살의 배경에는 여러 가지 사회적 요인이 있기 때문에, 사회적인 활동으로서 실시되지 않으면 안 된다.'라고 하는 생각을 충분히 반영하여, 정부 전체적으로 종합적인 자살대책 활동을 실시하는 것으로 하였다. 또 2009년에는 지역 실정을 고려하여 대책을 강구하기 쉬운 '자살대책 긴급강화기금'을 조성하는 등 여러 가지 활동을 진행하였다. 근래에는 자살자 수가 5년 연속 감소하여 2012년 자살자 수가 3만 명을 밑돌았다. 또 경찰청 발표(속보)에 따르면, 2014년 자살자 수는 2만 5,374명(警察庁統計, 2015)으로 원인 · 동기별(警察庁統計, 2013년)로 나눠 볼 때, '건강문제'가 가장 많고, 다음에 '경제 · 생활 문제'가 뒤를 잇고 있다. 또 '건강문제'에서는 '우울증'이 가장 많았고, 다음으로 '신체 질병'이 많다. 자살은 국내의 사인별 순위에서 7위이며 특히 15세부터 39세 사이에는 사인별 순위 1위(厚生労働省, 2013)이다. 자살은 주요 사인 중 하나이며 사회에 큰 손실을 주고 있다는 것을 알 수 있다. 일본의 자살 현상은 국제적으로도 주요국(G8) 가운데 러시아 다음으로 높은 자살사망률(内閣府, 2014)을 보여주고 있다.

〈도표-1〉 자살자 수의 연차 추이

- 자살자 수는 2년 연속으로 3만 명을 밑돌고 있지만 여전히 심각한 상황에 있다.
- 자살은 여러 가지 요인이 겹쳐서 발생하는데, 정신 질환 그 중에서도 우울증, 조현병, 의존증은 특히 자살의 주된 요인으로 여겨지고 있다.

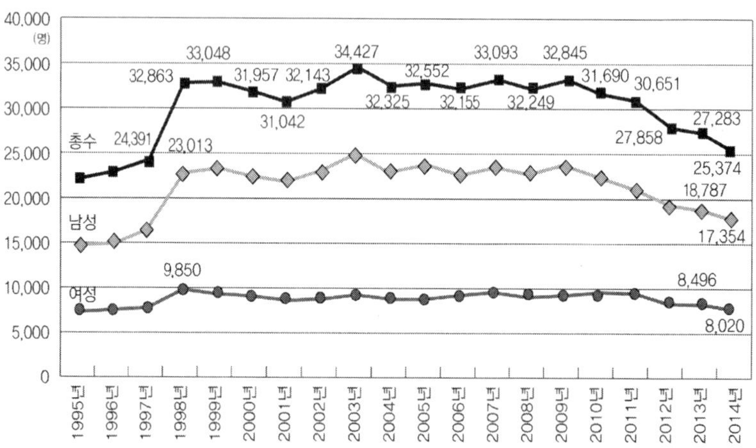

경찰청 통계에 따른 자살 원인 · 동기 (원인 · 동기는 3가지까지 계상)

	자살자	원인·동기 특정자	건강문제	우울증	조현병	알코올 의존증	기타 정신질환의 고민	경제·생활 문제	가정문제	근무문제	남녀문제	학교문제	기타
2013년	27,283	20,256	13,680	5,832	1,265	210	1,321	4,636	3,930	2,323	912	375	1,462

* 출처: 内閣府 · 警察庁統計

【3】 일본에서의 활동

2012년 지역차원의 실천적인 활동이 한층 더 중요해진다는 관점에서 자살종합대책대강(内閣府, 2012)이 재검토되고 중점시책이 새롭게 설정되었다(<도표-2>). 이 가운데 후생노동성은 직장・지역의 건강한 마음 만들기, 실업자에 대한 상담 등에 대처활동을 하고 있었지만, 이번에는 필자가 속한 정신장애보건과에서 중심적으로 진행하고 있는 시책의 일부에 대하여 <도표-2>의 형식으로 다음과 같이 간단하게 소개하고자 한다.

〈도표-2〉 자살종합대책대강 '자살을 예방하기 위한 당면의 중점시책'

자살의 실태를 밝힌다	국민 한 사람 한 사람이 알아차리고 보살필 것을 촉구한다	조기대응의 중심적 역할을 하는 인재(생명지킴이)를 양성한다
● 실태해명을 위한 조사 실시 ● 정보제공 체제를 충실히 함 ● 자살 미수자, 유족의 실태해명 및 지원방책에 대한 조사 추진 ○ 아동학생 자살예방에 대한 조사 추진 ● 우울증 등 정신 질환 병태해명 및 진단・치유기술 개발 ● 기존자료의 이용과 활용 촉진	○ 자살예방주간과 자살대책 강화의 달 실시 ○ 아동학생 자살예방에 도움을 주는 교육실시 ● 우울증에 대한 보급계발 추진 ● **자살이나 자살관련 현상에 관한 올바른 지식 보급**	● 주치의 등 우울증 등의 정신 질환 진단・치유 기술의 향상 ○ 교직원에 대한 보급계발 등 실시 ● 지역보건 관계자나 산업보건 관계자의 자질 향상 ● 개호지원 전문원 등에 대한 연수 실시 ● 민생위원・아동위원 등에 대한 연수 실시 ● **연대조정을 담당할 인재 양성에 충실** ● 사회적 요인과 관련된 상담원 자질의 향상 ● 유족 등에 대응하는 공적기관 직원의 자질 향상

		● 연수자재의 개발 등 ● 자살대책 종사자의 마음케어 추진 ○ 여러 분야에서 생명지킴이 양성 촉진
건강한 마음 만들기를 추진한다	**적절한 정신과 의료서비스를 받을 수 있도록 한다**	**사회적인 대처로 자살을 방지한다**
● 직장에서 정신건강대책의 추진 ● 지역의 건강한 마음 만들기 추진체제 정비 ○ 학교의 건강한 마음 만들기 추진체제 정비 ● <u>대규모 재해 발생 시, 피해자의 마음케어, 생활재건 등 추진</u>	● 정신과치료를 전담할 인재양성 등 정신과치료 체제를 충실히 함 ● 우울증의 수진률 향상 ● 아이들 마음의 진료체제의 정비 추진 ● 우울증 스크리닝을 충실히 함 ● 만성질환환자에 대한 지원 ● 우울증 이외의 정신질환에 따른 고위험자 대책 추진	● 지역의 상담체제를 충실히 하고 지원책, 상담창구 정보 등을 알기 쉽게 전달함 ○ 다중책무의 상담창구 정비와 안전네트워크 융자를 충실히 함 ● 실업자 등에 대한 상담창구를 충실히 함 ○ 경영자에 대한 상담사업을 충실히 함 ○ 법적 문제해결을 위한 정보제공을 충실히 함 ● 위험한 장소, 약품 등 규제 ○ 인터넷상의 자살관련정보대책의 추진 ○ 인터넷상의 자살예고 사건에 대한 대응 ● 개호자에 대한 지원을 충실히 함 ○ 집단 따돌림을 당한 어린이의 자살 예방 ○ 보도기관에 대한 세계보건기관의 안내 내용 주지 ● <u>유아학대나 성범죄·성폭력 피해자에 대한 지원을 충실히 함</u> ● <u>생활곤궁자에 대한 지원 충실</u>

자살 미수자의 재시도를 방지한다	민간단체와 연대를 강화한다	남겨진 사람에 대한 충실한 지원을 한다
● 응급의료시설의 정신과 의사에 의한 진료체제를 충실히 함 ● 가족 등 가까운 사람의 돌봄에 대한 지원	● 민간단체의 인재육성에 대한 지원 ● 지역의 연대체제 확립 ● 민간단체의 전화상담사업에 대한 지원 ● 민간단체의 선구적·시행적 활동이나 자살다발지역의 활동에 대한 지원	● 유족을 위한 자조 그룹의 운영지원 ● 학교, 직장의 사후대응 촉진 ○ 유족을 위한 정보제공 촉진 ○ 유아에 대한 지원

* ●은 후생노동성 관계, 굵은 글씨의 밑줄 친 부분은 2012년 개정되어 신규 추가된 항목

(1) '자살의 실태를 밝히는' 활동

2007년도부터 후생노동성의 연구반이 유족 등에 대한 면접조사(厚生労働科学研究費補助金疾病・障害対策研究分野こころの健康科学研究, 2010)를 실시하였다. 그 결과로부터, 자살자의 특징으로서 청소년층에서는 등교거부, 집단 따돌림, 부모와의 이별 등 학교・가정에서 여러 가지 문제를 경험하고 있거나, 정실질환을 앓고 있는 자, 치료약으로 처방받은 향정신성 약품을 과도하게 복용한 자가 많다는 점, 중장년층에서는 빚 등의 사회적 문제를 안고 있는 사람의 배경에 알코올 문제가 많다는 점, 고령자들은 우울증 등이 있어도 정신과 치료를 받고 있지 않는 사람이 많다는 것이 판명되었다.

또 정보제공 체제에 관한 활동의 하나로, 자살예방을 목적으로 하는 정부의 종합적인 대책을 지원하기 위해 2006년 10월부터 자살예방종합센터를 설치하고, ① 자살예방에 관한 정보 수집 및 발신, ② 자살예방대책지원 네트워크 구축, ③ 자살예방대책 등에 대한 연

수, ④ 관계기관·단체, 민간단체의 지원, ⑤ 자살예방대책에 관한 시책 제안, ⑥ 자살의 실태분석, 자살의 배경이 되는 정신질환, 자살미수자·자살 유가족 등의 케어, 자살대책 활동 상황에 대한 조사·연구를 하고 있다.

(2) '국민 한 사람 한 사람이 알아차리고 보살필 것을 촉구'하는 활동

자살 요인 중 하나인 우울증에 대한 보급계발을 추진하고 있다. 2006년도에 실시한 '건강한 마음에 대한 역학조사에 관한 연구'에 따르면, 지역주민의 경우 조사시점까지의 생애 기간에 약 6%가 우울증으로 진단되는 상태를 경험하였는데, 그중 의료기관에서 치료를 받고 있던 비율은 약 30%로 낮은 상태였다(厚生労働科学研究費補助金疾病·障害対策研究分野こころの健康科学研究, 2007). 우울증에 대한 올바른 이해를 위해 보급계발을 함으로써 본인이나 주위사람들에게 우울증에 대한 이해를 높이는 것이 중요하다. 그 후에 우울증의 유병률 및 수진 활동 변화에 대해서는 2013년부터 '정신질환의 유병률에 관한 대규모 역학조사 연구: 세계정신보건 일본조사 Second'에서 조사하고 있다(「精神疾患の有病率等に関する大規模疫学調査研究：世界精神保健日本調査セカンド(代表者：川上憲人)」).

마음의 불안정함과 병에 대한 설명, 각종 지원 서비스의 소개 등 치료나 생활에 유익한 정보를 알기 쉽게 정리한 '모두를 위한 정신건강 종합 사이트(みんなのメンタルヘルス総合サイト)', 10대·20대와 그들과 관련된 사람들(가족·교육직)을 대상으로 한 웹사이트 '마음도 관리하자-청년을 지지하는 정신건강 사이트(こころもメン

テしよう-若者を支えるメンタルヘルスサイト)'를 설치하여 보급계발을 하고 있다.

(3) '조기대응의 중심적 역할을 하는 인재를 양성'하는 활동

우울증의 조기 대응으로는 내과의 등 주치의에게 진료를 받는 단계에서 환자를 발견하는 것이 효과가 있다고 생각되기 때문에, 2008년도부터 정신과 전문이 아닌 의사를 대상으로 우울증에 관한 지식이나 정신과 의사와 연대 방법 등에 관한 연수인 '주치의 등 마음 건강 대응력 향상 연수'를 실시하고 있다. 또 2011년도부터 의사 이외의 보건의료 관계자, 복지 관계자, 교육 관계자 등을 대상으로 하는 연수를 실시하여 우울증의 조기발견과 조기치료의 추진을 도모하고 있다.

(4) '건강한 마음 만들기를 추진'하는 활동

지역의 건강한 마음 만들기의 추진 체제를 정비하기 위하여 정신보건복지센터나 보건소의 건강 상담 기능을 향상시킴과 동시에 자살대책 연락협의회를 통하여, 정신보건복지센터 등의 지역보건 분야의 기관과 산업보건 분야 및 교육기관, 의료기관, 지자체, 민간단체가 연대하여 지역의 건강한 마음 만들기를 추진하는 것이 중요하다. 또 자살예방 종합대책센터에서 자치단체, 정신보건복지센터, 보건소, 민간단체 등을 대상으로 연수를 진행하는 등 지역민의 건강한 마음 만들기 추진을 지원하고 있다.

전국적으로 자살자 수는 감소 추세임에도 불구하고, 2013년 동일

본대지진 재해와 관련된 자살 상황의 경우, 총 자살자 수는 38명이고 전년과 비교해서 14명 증가하였다. 2011년에 일어난 동일본대지진에서는 가까운 친족의 상실, 생활기반의 파괴, 공포 경험 등이 복합적이고 광범위하게 발생하여 피해자 수가 역사상 그 예를 찾아보기 어려울 정도로 많아서 마음케어에 대한 대책이 중요하다. 2011년 12월~2012년 2월에 이와테(岩手), 미야기(宮城), 후쿠시마(福島)의 각 현에 '마음케어센터'를 개설하고, 마음케어를 담당하는 전문직의 인재들을 통해 전문적인 지원을 지금까지 지속적으로 진행하고 있다. 구체적으로는 간호사, 보건사 등 전문가들이 마음 불안을 호소하는 피해자를 방문지원하고, 주민의 건강을 지원하는 시정촌이나 보건사의 후방지원, 내방 상담 등에 따른 상담 대응 및 지원자에 대한 지원 등을 실시하고 있다. 근년에는 피난생활의 장기화와 생활에 대한 불안 등이 겹치기 때문에, 피해자의 상황은 복잡화 · 다양화되어 가는 경향이 있으며, 알코올 관련 문제 등 새로운 과제가 나오고 있다. 향후에도 피해자의 요구에 맞는 세심한 지원을 계속할 필요가 있다.

(5) '적절한 정신과 의료 서비스를 받을 수 있도록'하는 활동

우울증에 대한 유효성이 제시되어 있는 인지행동요법에 대해, 후생노동성 연구반의 '정신요법 실시 방법과 유효성에 관한 연구'(「精神療法の実施方法と有効性に関する研究(代表者：大野裕)」, 2010)에서 실시 매뉴얼을 작성하여, Web사이트에 공개하고 2011년도부터 의사 등 정신과 의료종사자를 대상으로 실시자 양성을 위한 연수를 실시하는 등 보급을 추진하고 있다.

한편 자살의 배경인 정신 질환으로는 우울증 이외에도 조현병, 알코올 의존증, 약물 의존증, 병적 도박 등을 열거할 수 있고 이들에 대한 조사연구나 지역의 지원체제를 충실히 하고 있다.

(6) '자살 미수자의 재시도를 방지'하는 활동

2013년 자살통계에 따르면, 20대부터 40대 여성의 자살자 중 40%이상이 자살미수 경력이 있으며(内閣府, 2014), 자살 미수자에 대한 대처는 자살 고위험자의 대책과 함께 근래에 증가하는 경향을 보이는 청년층의 자살대책에도 중요하다고 생각된다. 후생노동성에서는 정신과 구급정보센터나 윤번제 등에 따른 정신과구급의료시설을 정비하는 '정신과구급의료체제 정비사업'에서 자살 미수자 등의 정신·신체 합병증 환자에 대한 대응력 강화에 대해 체재정비를 도모하고 있다. 2008년도에는 '자살 미수자 케어 가이드라인'(日本臨床救急医学会 작성, 「自殺未遂者ケアガイドライン」) 및 '정신과구급의료 가이드라인(자살 미수자 대응)'(日本精神科救急学会 작성, 「精神科救急医療ガイドライン(自殺未遂者対応)」)을 작성함과 동시에 같은 해부터 가이드라인을 토대로 관련 학회와 공동으로 '자살 미수자 케어 연수'를 개최하고 있다. 이 연수는 학회의 지원 하에 지자체 및 의사회의 주최로 개최되어 지역으로 확산되고 있다. 또, 다음에 기술하는 전략연구인 '자살 시도의 재발 방지에 대한 복합적 사례 관리'(Kawanishi, C. et al., 2014)를 통하여 얻은 인재 및 성과를 2015년도 예산(신규)의 자살 미수자 재시도 방지와 관계된 사업 등에서 활용해나갈 예정이다.

(7) '민간단체와 연대를 강화'하는 활동

후생노동성에서는 2009년도부터 '자살방지대책사업'을 실시하여 선구적이고 시행적인 자살대책 활동을 하는 민간단체 활동에 재정적으로 보조하고 있다. 그리고 그해부터 각 지역의 의료, 학교, 경찰, 직장 등 관계기관과 연대 체제를 만드는 거점으로서, '지역자살예방정보센터' 사업을 각 도도부현 · 정령(政令)지정도시에서 실시하고 있다.

【4】 자살대책의 '전략연구'

대규모 공동연구로 증거를 구축하고 자살예방대책에 도움을 줄 목적으로, 2005년부터 전략연구가 진행되어 왔다. 그중에 '복합적 자살대책 프로그램의 자살시도 예방효과에 관한 지역개입연구(NO-COMIT-J)'에서는 자살사망률이 오랫동안 높았던 지역에서 1차부터 3차까지 자살예방대책을 복합적으로 조합한 프로그램을 개입지구에서 실시하고, 통상적인 대책을 실시한 대조지구와 비교하여 자살시도 발생에 효과가 있는지를 검토하였다. 그 결과 대조지구와 비교하여 자살시도 발생률이 남성 및 고령자층에서는 감소하였지만, 그 이외의 속성이나 도시부에서는 대조지역과 비교해도 효과가 분명하지 않았고, 성별 · 세대 · 지역 특성에 따라 효과가 다르다는 것을 알게 되었다(Ono, Y. et al., 2013). 향후 각각의 특성에 맞춰 보다 세밀한 자살대책에 대한 검토가 이뤄질 필요가 있을 것이다.

또한 '자살시도 재발 방지에 대한 복합적 사례 관리의 효과: 다시설 공동에 따른 무작위화 비교연구(ACTION-J)'에서 응급시설에 이송된 자살 미수자에 대해 심리교육이나 진료 지원, 배경에 있는 문제 해결을 위한 사회자원 이용지원 등에 따른 사례 관리를 실시하고, 자살시도 재발방지 효과를 검증하였더니, 구급병원 퇴원 후에 사례 관리를 받았던 자살 미수자는 대조군과 비교해서 자살시도 재발생률이 6개월 후에 50%감소하였다. 특히 40세 미만의 여성, 과거에 자살시도 경력이 있던 자살 미수자에게 보다 큰 예방효과가 인정되었다(Kawanishi, C. et al., 2014). 본 연구 성과를 토대로, 2015년도부터 신규로 '자살 미수자 재시도 방지 사업'을 시작하여, 연구 성과를 환원함과 동시에 연구에서는 대상에 포함되지 않았던 10대 자살 미수자에 대해서도 지식을 축적하여 한층 더 자살 미수자 대책에 반영될 수 있도록 해나갈 예정이다.

한편 새로운 후생노동과학연구비 보조금 사업에서는 2013년도부터 '자살종합대책대강에 관한 자살의 요인분석이나 지원방법 등에 관한 연구'(장애자대책종합연구사업), 2014년도부터 '학제적・국제적 접근법에 따른 자살종합대책의 새로운 정책전개에 관한 연구'(장애자대책종합연구사업)가 각각 3년 계획으로 시작되는데, 시책을 전개하는 데 기여할 수 있는 다각적인 자살대책에 관한 지식을 얻을 수 있을 것으로 기대된다(「自殺総合対策大綱に関する自殺の要因分析や支援方法等に関する研究(代表者：福田祐典)」; 「学際的・国際的アプローチによる自殺総合対策の新たな政策展開に関する研究(代表者：

本橋豊)」).

【결론】

일본에서 자살자 수의 감소 경향이 이어지는 등 좋은 조짐이 보이고는 있으나 여전히 국제적으로는 높은 수준이다. 후생노동성은 WHO 등의 국제적인 동향도 고려하면서 자살대책기본법이나 자살종합대책대강의 "자살의 배경에는 여러 가지 사회적 요인이 있기 때문에 분야를 아우르는 종합적인 대책을 추진할 필요가 있다."라는 이념 하에 현장 감각을 살리면서 지역차원의 실천적인 활동을 추진하기 위해 더 노력하면서 종합적으로 자살대책을 추진해 나아갈 예정이다.

[참고문헌·자료]

WHO Suicide Prevention(SUPER).
参考 URL: http://www.who.int/mental_health/prevention/suicide/suicideprevent/en/index/html [accessed on 2015/01/27]
Whiteford, H.A., Degenhardt, L., Rehm, J., et al., Global burden of disease attributable to mental and substance use disorders: findings from the Global Burden of Disease Study 2010, *Lancet* 382, 2013, 1575-86.
Mental health action plan 2013-2020: World Health Organization.
参考 URL: http://www.who.int/mental_health/publications/action_plan/en/index/html [accessed on 2015/01/27]
World Health Organization, *Preventing suicide*: A Global imperative.
参考 URL: http://www.who.int/mental_health/suicide-prevention/world_report_2014/en/ [accessed on 2015/27]
内閣府, 「平成26年版自殺対策白書」(2014年7月31日発行).
警察庁統計, 「平成26年の月別の自殺者数について(12月末の速報値)」(2015年1月7日集計).

警察庁統計｢平成25年中における自殺の状況｣(2013年3月13日).

厚生労働省, ｢平成24年人口動態統計(確定数)｣上巻5-17｢性・年齢別にみた死因順位｣(2013年9月5日).

内閣府, ｢自殺統合対策大綱-誰も自殺に追い込まれることのない社会の実現を目指して｣(2012年8月28日閣議決定).
参考 URL: http://www8.cao.go.jp/jisatsutaisaku/taikou/pdf/20120828/honbun.pdf

厚生労働科学研究費補助金疾病・障害対策研究分野こころの健康科学研究｢心理学的剖検データベースを活用した自殺の原因分析に関する研究(代表者：加我牧子)｣2009年度総括・分担研究報告書(2010年6月15日公開).

厚生労働科学研究費補助金疾病・障害対策研究分野こころの健康科学研究｢こころの健康についての疫学調査に関する研究(代表者：川上憲人)｣2006年度総括・分担研究報告書(2007年4月24日公開).

厚生労働科学研究費補助金疾病・障害対策研究分野こころの健康科学研究事業｢精神疾患の有病率等に関する大規模疫学調査研究：世界精神保健日本調査セカンド(代表者：川上憲人)｣.

厚生労働省：｢みんなのメンタルヘルス総合サイト｣.
参考URL: http://www.mhlw.go.jp/kokoro/ [accessed on 2015/0127]

厚生労働省：｢こころもメンテしよう-若者を支えるメンタルヘルスサイト｣
参考 URL: http://www.mhlw.go.jp/kokoro/youth/[accessed on 2015/01/27]

厚生労働科学研究費補助金疾病・障害対策研究分野こころの健康科学研究｢精神療法の実施方法と有効性に関する研究(代表者：大野裕)｣2009年度総括・分担研究報告書(2010年06月15日公開).

｢自殺未遂者ケアガイドライン｣(2009年3月日本臨床救急医学会作成(2008年度厚生労働科学研究費補助金こころの健康科学研究事業)
参考 URL: http://www.mhlw.go.jp/bunya/shougaihoken/jisatsu/dl/07.pdf [accessed on 2015/01/27]

｢精神科救急医療ガイドライン(自殺未遂者対応)｣(2009年12月日本精神科救急学会(2008年度厚生労働科学研究費補助金こころの健康科学研究事業).
参考URL: http://www.mhlw.go.jp/bunya/shougaihoken/jisatsu/dl/ll.pdf [accessed on 2015/01/27]

Kawanishi, C., Aruga. T., Ishizuka, N., et al., Assertive case management versus enhanced usual care for people with mental health problems who had attempted suicide and were admitted to hospital emergency departments in japan (ACTION-J): a multicentre, randomised controlled trial: *The Lancet Psychiatry* Volume 1, No.3, 2014, 193-201.
参考 URL: http://www.thelancet.com/pdfs/journals/lanpsy/PIIS2215=0366%2814%2970259-7.pdf [accessed on 2015/01/27]

Ono, Y., Sakai, A., Otsuka, K., etal.: Effectiveness of a multimodal community intervention program to prevent suicide and suicide attempts: a quasi-experimental study: *PLOS ONE* 8(10), 2013.

参考 URL: http://dx.plos.org/10.1371/journal.pone.0074902 [accessed on 2014/01/27]

厚生労働科学研究費補助金疾病・障害対策研究分野こころの健康科学研究事業「自殺総合対策大綱に関する自殺の要因分析や支援方法等に関する研究(代表者：福田祐典)」.

厚生労働科学研究費補助金疾病・障害対策研究分野こころの健康科学研究事業「学際的・国際的アプローチによる自殺総合対策の新たな政策展開に関する研究(代表者：本橋豊)」.

5. 다중채무 문제와 자살대책

지하라 마사미치*

【1】 빚 걱정과 자살

2014년 11월 7일판 마이니치신문에 '사회를 바꾼, 자살로 남겨진 아이'라는 특집기사가 게재되었다. '마음을 잇는 문집-국가의 대책을 촉구하다'라는 부제가 달려 있었다. 그리고 신문에서는 WHO가 '세계자살 리포트'를 처음으로 공표한 것과 일본의 자살대책을 세계 선진사례인 것으로 소개하고, 그 계기가 14년 전 자살로 부모를 잃은 아이들이 "마음속의 외침을 들어 달라."라고 호소했던 작은 문집에서 시작되었다고 발표하였다.

"여기에서 속마음을 밝힌, 자살로 남겨진 아이였던 한 사람은 '개인의 책임이라고 여겨졌던 자살이 사회적 문제라고 생각하게 되었다.'고 회고한다."라고 기사에서는 기술하고 있다(세계자살리포트는 WHO가 내걸고 있는 "2020년까지 각국의 자살률을 10% 감소시킨다."는 목표 달성을 위해 세계의 현상과 과제를 정리한 것이다). 그 마이니치신문에 소개된 내용은 중 1년생이었을 때, 빚 걱정으로 아버지가 자살하였던 나가노(長野)현에 거주하는 사람의 사례였다.

* 이자제한법 금리인하 실현 전국회의 대표 변호사

2006년 자살대책기본법의 제정으로 이어질 수 있었던 중요한 계기가 바로 빚에 대한 걱정으로 자살하였던 분들의 유가족 활동에서 시작되었다는 것은 상징적이다.

【2】 자살률에서 차지하는 다중채무자의 비율과 변천

지금까지 연간 약 3만 명에 이르는 자살자 중 경제고 · 생활고로 인한 자살자는 약 8,000명에 이른다. 이 숫자만으로도 교통사고 사망자 수를 넘어선다. 주의해야 할 것은 경제고 · 생활고 이외로 분류된 자살원인 중 병으로 인한 자살, 이혼 등과 같이 가정불화로 인한 자살의 배경에는 고금리의 빚으로 인한 고통이 존재하고 있으며, 자살원인 가운데 빚 문제가 감춰져 있다. 빚을 갚기 위해 건강을 해치면서까지 일해야 하고 빚으로 인한 가정불화나 가정 내 불화의 발생도 매우 많다.

2006년 법 개정 이전의 국민생활센터의 설문 결과에서도 빚의 영향으로 실제로 병, 가정 붕괴, 실업자가 된 사람이 상당한 비율을 차지한다는 것이 판명되었다. 그리고 많은 사람들이 한 번쯤은 자살을 생각해본 적이 있다는 것이 일본변호사연합회(日本弁護士連合会)의 설문조사를 통해 당시에도 밝혀졌다.

저희 사무소를 방문하였던 분 가운데, 60대쯤 되어 보였는데, 소비자 금융에 변제를 계속하며 토요일과 일요일에도 내내 쉬지 않고 일하면서, 결혼도 못한 채로 지낸 사람이 있다. 지금까지 퇴직금도 없는 직장에서 일하고 있는 그 의뢰자를 조사하였더니, 과지불금이 있어서 600만 엔 정도를 다시 돌려받을 수 있었다. 그는 스트레스로 인해 손발에 좁쌀과 같이 생긴 발진도 생겼는데, 빚 문제가 해결되니까 습진도 깨끗이 나았다고 하면서 한 숨을 돌렸다. 극심한 고통과 스트레스를 받으며 빚 변제를 위해 인생의 귀중한 시간을 소비하며 왔다는 것을 잘 알 수 있는 사례로서, 고금리는 한 사람의 인생을 수탈하는 것이라는 것을 잘 보여준다.

이러한 시기에, 최고재판소의 2006년 1월 13일과 19일 등의 판례에서, 기간한정의 이익상실 조항을 이유로 대부업법(貸金業法) 43조의 '간주 변제' 규정의 임의성이 부정되어, 43조의 적용이 사라지게 되었다. 또 2006년 대부업법이 개정되면서 다중채무자의 문제 해결에 많은 진전이 있었다. 그리고 이로 인해 실제로 자살자 수가 감소한 것으로 나타났다.

1998년부터 2011년까지는 자살자 수는 3만 명을 넘었지만(사업자 금융 대출 피해가 폭발적으로 늘어나고 있던 시기와 일치한다), 2012년에는 드디어 자살자 수가 3만 명을 밑돌아 2만 7,858명이 되었고 2013년에는 2만 7,283명이었다. 경제고 · 생활고 문제 때문에 자살한 사람은 2012년에 5,219명, 2013년에는 4,636명으로 지금까지와 비교해서 대폭 감소하고 있다. 2013년 사례를 연령별로 나눠보면, 경제 · 생활고 문제로 자살한 4,636명 중 29세까지가 412명인 것에 비해, 30~39세가 652명, 40~49세가 1,036명, 50~59세가 1,257명, 60~69세가 926명으로 한창 일할 나이의 사람들의 자살사례가 많은 점이 눈에 띈다.

【3】 다중채무로 생긴 빚 걱정의 진짜 원인은 '고금리'

지금까지 소비자 문제에서 빚으로 고통을 받고 있는 사람들을 보면, 원금이 고액이 아닌 경우 변제가 어려워질 줄을 모르는 경우가 많다. 그러나 실제로 변제를 하다보면, 변제는 이자밖에 되지 않고 원금은 줄지 않는다는 점에 놀라곤 한다. 가족의 병, 실업, 급여 인하, 관혼상제, 이사 등이 있어서 빨리 돈을 빌리지 않으면 이자조차 갚을 수 없는 상태로 되어버린다.

그리고 변제자금을 얻기 위해 다른 소비자 금융에서 대출하는 것을 반복함에 따라 다중채무자가 되는 것이 보통이었다. 이러한 일이 생기는 이유는 고금리이기 때문이다. 고금리가 변제를 압박하고 있는 것이다. 소위 사채업자로 대표되는 소비자 금융은 이자제한법으로 허용된 한도만큼 이자를 징수한다. 현재는 은행도 사채업자화되어 이자제한법 상한까지 금리를 청구하고 있다.

대부업법 개정의 완전 시행에 따른 대부업법 43조 '간주 변제'의 폐지가 이뤄지기 까지 규정을 최대한 악용하여 이자제한법을 뛰어넘는 불법적인 고금리를 계속 요구해왔다. 대부업법 43조 '간주 변제' 규정이란 일정 요건 하에 이자제한법 이상의 금리를 징수하는 변제행위를 유효로 '간주'하는 것이다. 본래는 이자제한법 이상의 계약을 해도 불법이며 무효이지만, 이 변제행위를 인정하는 것은 지극히 위헌의 소지가 강하였다. 이것을 인정하지 않는다는 최고재판소의 판결이 계속 이어지다가 드디어 2006년 개정을 통해 규정은 폐지되었고 2010년 완전히 시행하게 되었다. 이것은 다중채무자를 구제하는 데 실질적으로 큰 도움이 되었고 앞에 서술하였듯이 자살자의 감소에 큰 효과가 있었다고 볼 수 있다.

이자제한법 금리(10만 엔까지 20%, 10만 이상 100만 엔 미만이 18%, 100만 엔 이상이 15%) 자체가 너무 높기 때문에, 앞으로의 중요한 방향은 이자제한법 금리를 8%정도까지 인하시키는 것이다. 사실, 이자제한법의 금리에서 보이는 전혀 합리성이 없는 세 가지 구분도 필요 없다(에도시대에는 일원적으로 12%였다). 지연손해금도 이자와 동률로 되어야 한다. 통상적인 차입으로 갚는 금액이 고정되는 경우, 금리가 두 배이면 갚는 기간이 길어지기 때문에 지불할 금리 총액은 기간과 금리의 곱의 두 배를 뛰어넘는 금액이 된다는 것이 고금리의 무서운 점이다.

현행법상 이자보다 오히려 고금리의 지연손해금(규정 4조 내용)이 지불곤란에 빠진 사람을 압박하고 절망으로 내모는 요인이 되고 있다.

마지막으로, 이자제한법의 이율자체도 변하고 있다.

1877년 대정관(太政官) 포고 66호로서 냈던 이자제한법은 100엔 미만이 연 20%, 100엔 이상 1,000엔 미만이 연 15%, 1000엔 이상은 12%였지만, 그때 은행의 대출약정 평균금리는 약 10%이던 시기였다. 1919년 개정에서는 대출금리가 연 8%로 인하되었다는 이유로 100엔 미만이 15%, 100엔 이상 1,000엔 미만이 12%, 1000엔 이상이 10%로 개정되었다. 그리고 한국전쟁의 특수로 인한 경기 활성화와 인플레이션으로 인해 은행 대출약정 평균금리가 9%, 저축의 1년짜리 금리가 6%였던 1954년에 현행의 이자제한법 제한금리가 정해진 것이다. 이것에 비해 2001년 이후로 은행의 대출평균금리는 연 1%대가 계속 이어지고 있다.

따라서 당연히 이자제한법의 금리도 인하되어야 할 시기가 왔다. 1927년에 평균금리와 이자제한법 상한선과의 관계에서, 2014년 3월에는 은행의 대출평균금리(스톡베이스)가 1.224%인 것과 비례한다면, 10만 엔 미만은 두 배인 연 2.4%, 100만 엔 이상은 3분의 5인 연 2%이어야 한다.

이자제한법의 이자를 낮추는 것은 해당법이 강행법규인 만큼 큰 영향력을 가지고 있으며 자살대책으로서 매우 유효성 있는 하나의 대책이 되었다.

6. 연대보증 문제와 자살대책

지하라 요코*

【1】 보증인과 채무자의 고뇌와 자살

우리나라의 융자는 최근까지 개인 연대보증에 의존하고 있다. 그리고 제3자 개인연대보증인은 어느 날 갑자기 들이닥친 채무자의 채무불이행 때문에 모든 생활이 파괴되는 사태로 이어지는 경우가 많았다.

직장인의 경우 직장에서 압류당하고 퇴직금까지 빼앗기고 직장을 잃고, 자영업자는 거래처에 압류당해 거래를 지속할 수 없게 되어 붕괴된다. 거주지나 아이들의 교육자금, 노후의 저축을 모두 잃어버리는 일이 속출하는 등 보증으로 인한 자기파산의 사례도 많고, 절망한 보증인이 자살하는 경우도 있다. 이것보다 더 많다고 추측되는 경우가 돈을 빌린 경영자가 자신에게 생명보험을 들어 자살하더라도 생명보험금이 나올 수 있도록 연수를 고려하여 자살을 하고, 그 후 실무자가 유족으로부터 빚의 뒤처리를 의뢰받는 사례이다. 오랫동안 계속해서 이자를 지불하느라 피폐해진 채무자가 지불불능의 상태가 가까워졌다는 것을 알아차렸을 때 그 고뇌는 헤아리기 어

* 43조 대책회의 대표 변호사

렵다.

자기 파산을 하고 싶어도, 예를 들면 연금 생활을 하고 있는 처남의 집이 연대보증 때문에 압류되어 버리거나, 겨우 재취업한 전 종업원의 급여가 압류되어 그가 다시 길거리를 헤매는 상황을 예상하게 된다면, 도저히 자기 파산을 통해 본인의 인생만 다시 시작할 수는 없을 것이다. 이러한 상황에 빠진 사람 중에는 어떻게든 보증인에게 미치는 피해를 최소화하기 위해 아내를 통해서 처남을 보증인으로 한 것을 사과하고, "(가장 사랑하는 아내와) 더 오래 같이 살고 싶었어."라는 글을 남기고, 생명보험을 받을 수 있게 된 바로 그 날에 자살한 사례도 실제로 있었다. 경영자는 자기파산을 했지만, 그의 아내는 병까지 들어버린 보증인에게 미안하다는 말을 하며 절망에 빠져 자살한 사례도 있었다.

【2】 넓은 의미에서 착오와 의리로 인한 강제력

보증인이 된다는 것은 자신에게 위험이 미칠 가능성이 적다고 오해하는 경우나 만약 위험성을 알고 있는 경우라도 거절하면 인간관계가 무너지기 때문에 그렇게 하는 것은 곤란하다는 생각에 보증한다고 하는 식으로 정에 이끌려 보증하게 되는 경우, 그 어느 쪽일 것이다. 채무자가 융자를 신청하면 융자하는 곳은 그에게 "제3자 연대보증인을 세우면 대출해주겠다"고 말한다. 채무자는 보증인에게 절대 피해를 끼치지 않겠다고 하는 결심을 하며, "폐를 끼치지 않을 테니 보증인이 되어 달라."고 신신당부하고, 친구나 지인, 친족, 종업원, 거래처 등을 연대보증인으로 하게 된다.

보증인으로서는 "폐를 끼치지 않겠다"고 하는 채무자의 말을 믿고 보증하는 경우가 많다. 따라서 실제로 자신에게 일어날 때까지 그 위험성의 정도는 알지 못한다. 예전에 사업자 금융(日栄, 商工ファンド)은 일정 기간 고금리를 갚는 사람의 경우 반드시 도산한다는 사실을 알고 있었다. 따라서 채무자가 주관적인 노력을 하는 것과는 다르게 보증인이 실제로 지불하게 될 확률이 70~80%라는 것을 알면서도, 이런 사실을 숨기고 보증인을 확보하는 것이다. 보증인이 된다는 것의 위험성이 이 정도까지 높다는 것을 알고 있는 보증인은 없었다.

보증인이 갑자기 생활의 기반을 빼앗기는 것은 너무도 불합리한 것이다. "융자를 받은 것이 채무자의 사업 지속에 약이 될 것이라고 생각하였지만 실제로는 보증인과 함께 마시는 독약이었다"고 하는 말은 SFCG(Shoko Fund Company Group, 이전의 商工ファンド)에 대한 최고재판소의 구두변론 장면에서 언급된 말이다.

【3】 2005년 대부업 간담회와 참의원

3년마다 출자법에 의한 처벌금리규제 및 대부업법 규제에 대한 재검토 시기에 해당하는 2006년의 전년도에, 금융청이 주최한 대금업 간담회가 있었다. 그 자리에서 SFCG의 피해자 두 사람, 즉 고금리로 돈을 빌린 사람과 보증인이 참석하여 적은 시간이기는 하지만 각각 3분과 2분씩 보고를 한 적이 있었다. 그때 위원들은 생명과 생활 전체와 관련된 보증피해의 규모를 직접 들으면서 충격을 받았고 보증에 대한 규제가 필요하다는 의견을 표시하였는데 그에 대한 반대 의견은 없었다.

그러나 2006년 법 개정 중에는 실제로 이루어지지 않았고, 출자법을 20%까지 인하시키는 것을 핵심으로 하는 개정에 그쳤다. 다만, 참의원부대결의에서 "보증료 등의 대가를 얻는 것도 없는 보증인에 대해서는, 무상이고 위험만 부담한다고 하는 그 성격을 감안했을 때, 합리성이 결여된 것이라고 생각할 여지 또한 있다."고 하는 지적이 더해졌다.

【4】 금융청의 감독 지침

2011년 7월 14일에 드디어 은행 및 지역금융기관에 대해 '원칙적으로 제3자의 개인 연대보증을 세우지 않는 융자관행의 확립'에 관한 금융청 감독 지침이 시행되었다. 금융청은 은행이 제3자 개인보증인을 요구하지 않는지에 대한 감독을 하게 되었다. 예외로, 경영자 및 이에 준한다고 인정되는 사람, 준한다고 인정되는 사람 중에는 '스스로 연대보증을 신청한 사람'이 들어가 있다.

보증피해의 역사 위에서 이 감독지침이 겨우 만들어졌기 때문에, 이것을 실효성 있는 것으로 계속 만들어 나가는 것이 자살예방에서는 중요하다.

【5】 보증인 책임제한의 제도 창설의 필요성

이미 우리 사회는 연대보증이라는 것이 어떤 인명 피해를 일으키는지 경험했기 때문에, 앞으로는 개인연대보증으로 인한 손해를 최소화할 수 있는 법제도를 계속 확립시켜 나가는 것이 자살방지에 도움이 될 것이다.

경영자 보증에 대해서는 가이드라인에 따라 상당한 보호가 선행적으로 정해져 시행되었다. 한편 제3자 개인보증의 경우, 과거에 일단 보증계약을 체결한 보증인의 보호에 대해서는 '갈 길이 멀다'는 느낌이 든다. 보증인의 일상생활을 파탄시켜서는 안 된다는 것을 기초로 하는, 보증인의 책임제한 제도를 만드는 것과 동시에 보증인의 급료 압류, 자영업자의 거래처 압류, 주택 압류 등을 금지할 필요가 있다.

【6】 민법 개정 요강안의 문제성

더욱이 제3자 개인보증 금지의 예외를 널리 인정하는 결과가 될 '법 개정'은 자살방지의 입장에서 반드시 막지 않으면 안 된다. 여기에서 막대한 민법 개정 작업이 진행되어 올해 입법을 예정하고 있다는 위기적 상황에 대해 언급하지 않을 수 없다.

실무계로부터의 요청이나 소비자 등의 의견, 기본적으로 판례와도 관계가 없는 곳에서 즉, 입법이유가 없는 곳에서 학계의 소수 주장과 법무성 직원만이 중심이 되어, 채무불이행에 관한 과실주의로부터 무과실 책임계약주의로 민법 개정을 진행해버리고 있다. 이러한 가운데 한 번은 개인 제3자 보증원칙금지를 규정하려고 했지만, 문제는 민법개정요강안에는 사전에 공정증서에 따른 보증의사확인이 있으면 개인보증을 용인하고 있다는 것이다. 우리나라 공증인에게는 독일과 달리 교시의무가 없어서 설명의무 위반으로 인한 공증인 개인의 손해배상책임도 국가배상을 방패로 삼아 공증인에게는 인정되지 않는다. 공증인에게는 유력한 한 쪽이 준비한 대로 공정증서를 작성하려고 하는 동기 이외에 더 작용할 여지가 없는 구조인 것이다. 상대방의 피해를 예방하고 이루려던 결과로 되지 않을 지도 모르겠지만, 주의 깊게 설명을 다한다는 것은 도저히 기대할 수 없다. 공증인연합회에서 SFCG의 공정증서를 대량으로 만든 결과, 모르는 사이에 공정증서가 만들어진 보증인의 피해가 다수 있었지만 당시 어떤 반성도 없었다.

은행 등이 제3자 개인보증인을 요구한 결과, 보증인이 공정증서를 만든 경우에는 자유의사라고 인정되어 버리기 때문에 이것으로는 현재의 감독지침보다도 열악해져서, '은행이 보증인을 요구하지 않는 대응'에 대한 감독을 무력하게 만들 수 있다. 왜냐하면, 본래는 금융기관이 요구해서는 안 되는 제3자 개인보증인이 공정증서를 작성할 때, "자유의사가 증명되었기 때문에, 스스로 신고한 것으로 되어서 위반이 아니다."라는 주장이 예상되기 때문이다. 이 경우에는 사실 은행이 보증인을 세우지 않으면 융자를 하지 않겠다고 하는 대신에, "보증인의 공정증서를 만들어야 융자한다."라고 말할 것이다. 실질적으로 아무것도 달라진 것은 없는 것이다. 채무자는 다시 "피해를 주지 않을 테니 보증인이 되어 달라."고 부탁을 하고, 다시 끊기 어려운 상황이 보증인에게 생겨버린다. 아무것도 바뀌는 것이 없을 뿐만 아니라 이제까지 싸울 수 있었던 소송상의 쟁점을 없애버리고 보증을 부인하는 것도 곤란해진다. 게다가 공증인은 강제집행승인 문언을 첨부한 공정증서를 만드는 것이 금지되지 않기 때문에, 보증인의 입장은 한층 악화될 것이다. 착오와 정에 의한 강제적인 보증 피해가 재연되어 다발적으로 일어날 것이 우려된다. 현실에서 보증 피해가 발생하고 난 뒤에 조치를 취하는 것은 늦다.

우리는 은행의 사채업화를 막을 수 없었다. 앞으로 우려되는 것은 은행의 사업자 금융화이다. 공정증서 작성은 결코 보증인의 자유의사를 보증하는 것이 아니다. 오히려 은행의 (실질적인 감독지침위반인) 제3자 개인보증 요구에 응하여, 착오 또는 정에 얽매어 공정증서를 만드는 사례가 늘어날 것이 우려된다.

현재 TTP교섭이 진행되고 있는 상황 하에 있다는 것도 관계된다. 조약은 법률에 우선한다. 다국적 기업의 이익을 우리나라 국내법 위에 두고, 다국적 기업에 "이익에 손해를 본 것에 대한 손해배상을 국가에 요구할 수 있다."는 ISD조항이 들어갈 것이 확실하기 때문에, 외국의 다국적 금융업자가 우리나라 보증인의 인명과 재산을 공정증서를 써서 다 먹어버리는 사태가 눈앞에 닥칠 것이다. 나중에 안 뒤에 공정증서에 의한 예외는 역시 잘못되었다고 법 개정을 하려고 하면, 불이익 변경을 하였다고 하여 일본이라는 나라가 ISD조항에 따라 외국대금업자에게 배상을 지불하지 않으면 안 되는 사태까지 예상된다. 따라서 절대 공정증서에 의한 예외 규정을 인정하면 안 된다. 그뿐만 아니라 애초에 충분한 논의를, 영향을 받는 국민 각 계층이 생각할 여유도 없이 진행되어 온 민법개정 그 자체도 일단 중지하여 재검토할 필요가 있다.

보증으로 인한 자살을 방지하기 위해서는 그것을 위한 법제도의 완비가 중요하며 그와 동시에 자살자를 다수 나오게 하였던 보증의 구조를 뒤돌아보고, 제3자 개인연대보증 금지로부터 교모하게 벗어나는 수단을 간파하고 그것을 막아내고자 하는 국민의 폭넓은 움직임이 필요하다.

7. 경제학 관점에서 본 자살대책의 정책 전개

사와다 야스유키*

【1】 경제학에서 본 자살문제

“개인이 문제를 안고 스스로 목숨을 끊는다.” 종래에 일본에서는 ‘자살은 개인의 문제’로 인식되어 왔다. 그 배경에는 우울증으로 대표되는 정신질환이 자살의 직접적인 원인이라는 인식이 강했기 때문이다. 그러나 많은 경우가 개인의 문제에 그치지 않고 불황이나 연대보증인 문제 등 개인을 둘러싼 경제 상태나 제도 또는 인간관계의 문제가 그 이면에 숨어 있다. 따라서 포괄적인 자살대책을 새우기 위해서는 자살 배후에 있는 사회경제적 요인에 대한 신중한 실태 파악도 불가결할 것이다(澤田・上田・松村, 2013; Chen et al., 2012).

1970년대의 전통적인 경제학 이론으로는 자살을 인간의 합리적인 의사결정의 하나로 파악하여, 어느 개인의 자살에 대해 자살을 통해 얻을 수 있는 편익이 계속 살아감으로써 얻는 편익보다 더 클 때 발생하는 합리적 행동이라고 생각하기도 하였다(Hammermesh and Soss, 1974). 이러한 사고 역시 자살은 개인의 문제인 것으로 간주하는 것으로서, 사회적인 문제로 파고 들어가는 것은 아니다.

*도쿄대학 대학원 경제학연구과 교수

여기에서는 이러한 단순화된 고전적 경제학의 사고방식에서 벗어나 현실에 입각한 보다 새로운 경제학의 틀 안에서 자살 문제를 논하겠다. 보다 구체적으로는, 첫째로 자살의 사회적 ·경제적 배경, 둘째로 자살대책의 경제 이론적 근거, 셋째로 증거(과학적 근거)에 기반한 자살대책, 주로 이 세 가지 사항에 대해 경제학의 입장에서 몇 가지 예시를 통해 논의하겠다(참고문헌 · 자료).

【2】 자살의 사회적 경제적 배경

(1) 국제적 비교로 본 일본의 자살과 경제요인

일본의 자살률은 경제수준이 비교적 유사한 다른 선진국들과 비교했을 때, 더 심각한 수준에 있다. 국제적 비교를 통해 일본에서 일어나는 자살의 사회적 · 경제적 배경에 주목한 기존연구에서는 세계와 일본의 자살에 관한 두 가지 경향을 보여준다(澤田 · 上田 · 松村, 2013). 첫째로, 전 세계적으로 성별이나 연령에 따라 사회 · 경제변수와 자살률의 상관관계가 다르다는 것이다. 일반적으로 남성의 자살률이 사회 · 경제변수와 더 강한 상관관계를 보이고 있는 한편, 여성이나 고령자의 자살률과 사회 · 경제변수의 관계성은 약하다. 또 경제상황이 좋은 국가일수록 자살률이 낮은 경향을 보인다.

둘째로, 다른 OECD국가와 비교해서 일본의 자살률은 경제상황과 보다 강한 상관관계를 갖고 있다. 일본에서는 경기후퇴 · 높은 실업률 · 소득불평등과 같은 사회 · 경제변수와 자살률의 상관관계가 다른 나라보다도 유의하게 강하다. 이들의 분석 결과는 관찰 가능한 경제지표를 목표로 한다는 점에서 일본의 자살대책에서 정부가 수행해야 하는 역할·여지가 크다는 것을 시사하고 있다.

(2) 시계열로 본 일본의 자살: '급증·항상성·청년화·감소'

시계열로 보면, 일본의 자살에는 4가지 특징이 있다. 첫 번째, 1997년부터 1998년에 걸쳐 소위 금융위기 동안 연간 자살자 수가 2만 4,391명에서 3만 2,863명으로 약 35%나 '급증'하였다. 월별 자살자 수의 추이를 보면, 특히 1998년 3월에 자살자 수가 눈에 띄게 늘어났다는 것을 알 수 있다. 1998년 3월은 결산기라는 점 이외에도 금융 당국의 금융기관에 대한 자기자본비율 검사가 강화된 시기로서, 많은 금융기관이 '대출조이기', '대출회수'를 추진하여 다수의 중소영세기업이 파탄에 이른 계기가 되었다고 한다.

〈도표-1〉 금융기관의 대출태도 지수('느슨함'-'엄격함') 전국기업단기경제관측 조사

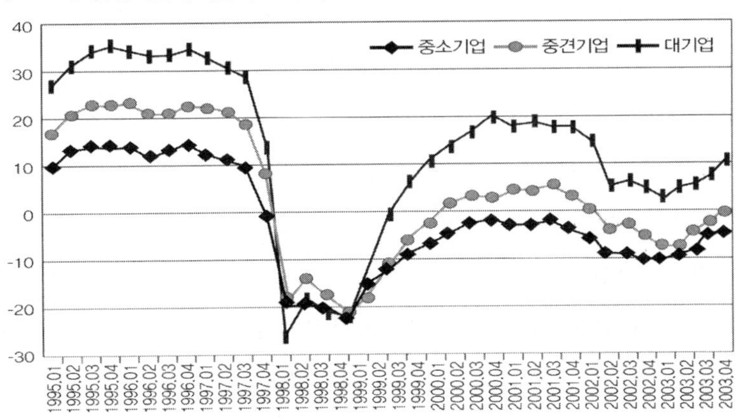

* 출처: 日本銀行「全國企業短期經濟觀測調査(短觀)」の金融機関貸し出し態度DI, <http://www.boj.or.jp/theme/research/stat/tk/>에서 작성

<도표-1>은 일본은행이 사분기에 한 번 공표하고 있는 자료로서, 기업에 대한 통계조사인 '전국기업 단기경제관측조사(全國企業短期經濟觀測調査)'의 DI(Diffusion Index) 데이터에서 금융기관의 대출태도가 "느슨하다"고 응답한 조사대상의 회사구성비(%)에서 "엄격하다"고 답한 회사구성비(%)를 뺀 것이다. 즉, 이 지수가 낮을수록 금융기관의 대출태도가 전체적으로 엄격하다는 것을 나타낸다. 1998년 일사분기에 이 지수는 대폭적으로 하락하였는데, 이는 대출조이기와 대출회수라는 당시 사태를 반영한 것이라고 생각된다.

이어서 <도표-2>에서 볼 수 있듯이, 일본의 실업률은 특히 1997년부터 1999년에 걸쳐 급격한 상승을 보였다. <도표-1>, <도표-2>는 1997년부터 1998년까지 일본의 금융위기 시기에 대출조이기의 문제와 실업률 상승이 자살률의 급증과 강한 상관관계를 갖고 있다는 것을 보여주고 있다. 대출조이기와 대출회수, 그리고 실업률 증가와 1998년 초의 중장년・중소기업 사업주・자영업자의 자살증가나 인원삭감 등으로 늘어난 무직자의 자살급증이 '인과관계'를 갖는지에 대해서는 보다 신중한 분석이 필요하기는 하겠지만 이들 변수 사이에는 명확한 '상관관계'가 보인다.

두 번째 경향은 1998년부터 14년간 연간 자살자 수가 3만 명을 넘고 있다는 '항상성'이다. 1997~8년의 자살 '급증'기 이후 자살률 추이를 보면, 1999년부터 2006년에 걸쳐 자살률은 13% 증가하였다. 이것을 구분해 보면, 중고령층의 자살률은 감소하고 있는 반면 이 13% 중 4.3%는 20~39세 남성의 자살률 증가, 2.1%는 20~39세 여성의 자살률 증가이고, 20대와 30대의 자살률 증가가 중장년층의 자살률 감소경향을 없애는 형태로 되어 있다.

〈도표-2〉 일본의 자살률과 실업률 추이

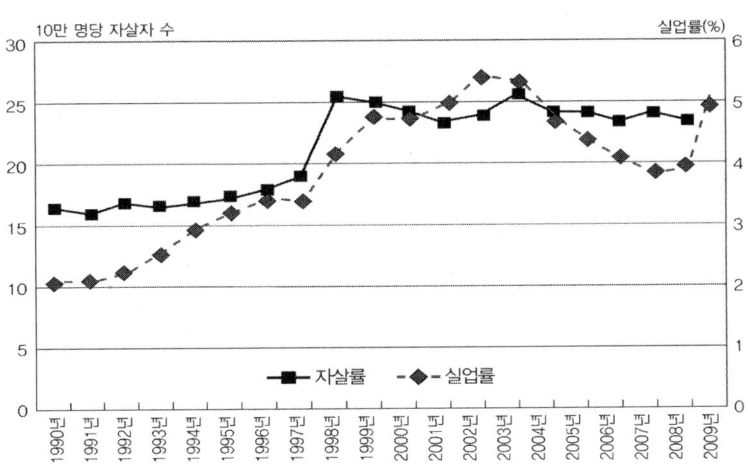

* 출처: 자살률은 자살사망률(10만 명당 자살자 수)이며 厚生労働省『人口動態統計』 자료. 실업률은 15세 이상의 전국, 전산업의 완전실업률이며 総務省『労働力調査』 자료.

이것이야말로 일본에서 일어나는 자살의 세 번째 특징인 '청년화'이다. 그리고 이 '청년화'의 진행이 두 번째 특징인 '항상성'을 만들어내고 있다고 볼 수 있다. 더욱이 1999년부터 2006년의 자살의 항상성 배후에는 남녀 모두 건강상의 이유가 있고, 남성의 경우에는 경제적인 이유가 있다. 경제문제와 관련해서, <도표-2>의 실업률을 보다 상세하게 연령별로 완전실업률을 살펴보면, 1990년부터 2003년에 걸쳐 15~24세, 25~34세의 완전실업률이 계속해서 증가하여, 2009년 7월에는 각각 10.1%, 7.1%까지 상승하고 있다. 또 유효구인배율의 경우 2008년 이후 수년간 크게 저하되어, 파견 · 비정규노동자의 고용 중단 등 고용조정의 움직임도 급속히 퍼져갔다. 따라서 청년화 · 항상성의 배후에 청년층의 실업문제가 있었을 가능성을 배제할 수 없다.

네 번째 경향은 2012년 이후 계속되고 있는 자살자 수의 저하이다. 그 요인으로 경기회복 조짐이나 지역자살대책 긴급강화기금 등의 정책상의 역할이 있었다고 볼 수도 있겠지만 보다 신중하게 해명해가는 것이 중요할 것이다.

【3】 왜 자살대책이 필요한가 – 경제학의 입장에서

정부가 자살을 방지하려는 근거는 어디에 있을까? 경제학의 기본이론에서는 시장이 충분히 기능하고 있으면, 시장의 가격조정기능이 사회에서 보면 바람직한 방향으로 움직인다고 알려져 있다(후생경제학의 기본명제).

그러나 시장이 불완전하게만 기능할 경우에는 여러 가지 문제가 발생하게 된다. 이것을 경제학에서는 '시장의 실패'라고 부른다. 경제학에서는 그러한 '시장의 실패'에 대해 정부가 개입하여 보다 바람직한 상황으로 사회를 유도하는 것이 정당화된다. 즉, 경제학의 입장에서는 자살이 생겨나는 심각한 '부(負)의 외부성'이나 '사회적 비용'의 존재 등 '시장 실패'의 존재가 자살대책의 근거로 된다.

(1) 부(負)의 외부성

먼저 자살로 인해 유가족이 생기고, 유가족에게 미치는 심각한 심리적 · 정신적 영향, 경제적인 부담이라고 하는 '부의 외부성'을 초래하는 문제가 있다. 자살 유가족은 극도의 심리적 스트레스 · 정신적 영향에 자주 노출되고, 심지어 법적 · 경제적인 부담을 짊어지는 경우도 적지 않다. 이러한 자살의 부의 외부성은 최악의 경우 유가족의 자살로도 이어질 가능성이 있다(澤田 · 上田 · 松村, 2013). 자살로 인해 생겨날, 유가족에 대한 심각한 부의 외부성의 존재 자체가 국가나 지자체가 자살대책을 실시하는 근거로 될 수 있다. 자살대책기본법에서도 자살자의 친족 등에 대한 지원이 명시되어 있고, 자살이 유가족에 미치는 심각한 심리적 영향을 국가나 지자체가 완화시킬 책임을 갖고 있다.

일본의 경우, 자살 유가족의 전체적인 모습에 대해서는 알려져 있지 않지만, 첸 등(Chen et al., 2009)은 자살 유가족의 범위를 배우자를 포함한 일촌인 부모 · 자녀에 형제자매 수를 더한 범위에서, 1993년부터 2006년에 걸쳐 그 총수의 추계를 살펴보았다. 추계결과에 따르면, 자살자 1명당 4.78명의 유가족이 존재하고, 부모를 자살로 잃은 미성년자 아동의 수는 약 8만 6,230명이며, 자살 유가족 전체의 총수는 약 292~346만 명에 이르는 것으로 나타났다. 즉, 일본에서는 약 37명~44명당 1명이 자살 유가족이고, 보다 넓은 친족 · 친구 · 동료 · 이웃주민 등을 포함하면 국민 전체에서 상당히 많은 인구가 부의 외부성을 만들고 있는 것이다.

게다가 자살의 부의 외부성은 유가족이나 지인뿐만이 아니라 특히 저명인사의 자살이나 일가족 자살, 집단 따돌림으로 인한 자살 등 크게 보도되는 자살의 경우, 보도를 계기로 자살이 퍼져 나갈 가능성이 있다. 저명인사의 자살이 일반인에게 미치는 영향은 괴테의 소설을 따서 '베르테르 효과'라고 불린다.

일본의 베르테르 효과에 대해서는 마쓰바야시와 모리, 우에다(Matsubayashi, Mori and Ueda, 2014)가 1989년부터 2010년까지의 데이터를 이용하여 일본의 저명인사(연예인, 스포츠선수, 정치가, 작가 등)의 자살이 총 자살자 수에 미치는 영향에 대해 엄밀한 분석을 하였다. 이 연구에 따르면, 자살보도 직후에 자살자 수가 약 7% 상승하였고 그 효과는 약 7일 동안 이어졌다. 2주째에 그 영향력은 반감하지만 자살보도가 이뤄진 뒤 약 20일까지 자살자 수의 상승이 계속되는, 강한 베르테르 효과를 발견할 수 있었다.

(2) 철도 자살의 비용

더 심각한 부의 외부성을 만드는 것이 철도 자살이다. 열차에 뛰어드는 자살은 안전한 철도운행을 방해할 뿐만 아니라 열차 지연을 일으키고 다수의 여객에게 커다란 부의 외부성을 초래한다. 2009년에 국토교통성 철도국 조사 검토위원회가 실시한 '철도수송 문제의 영향에 관한 조사'에서는 일본의 3대 도시권에서 발생한 철도 사고·자살 데이터를 상세히 분석하고 있다.

이 조사에 따르면, 2007년도 3대 도시권의 30분 이상 1시간 미만의 철도 지연 이유 중 61%가 자살로 인한 것이었다. 같은 조사에서는 자살로 인한 영향을 받은 승객의 총시간 비용도 추계하고 있는데, 수도권 1건당 자살로 인한 지연 영향액은 평균치 8,900만 엔·중앙치 7,700만 엔의 고액이다. 국토교통성은 자살로 인한 운행 장애를 줄이기 위하여, 승강장 안전가드 설치 등을 각 철도회사에 권하고 있다. JR동일본은 2018년 봄까지 야마노테(山手)선 29역 전 승강장에 보호벽 설치를 결정했지만, 총비용이 약 500억 엔을 넘을 것으로 예상되고 있다.

(3) 개인 상실에 따른 사회적 손실

자살로 인해 사회 구성원을 잃는다는 것은 나라의 사회・경제활동 전체에 직접 사회손실을 가져온다. 그 손실의 정도는 두 가지 지표를 통해 파악할 수 있다. 먼저 자살을 한 사람이 만약 자살을 하지 않았다면 평균적으로 얼마나 더 생존할 수 있었을까를 토대로 자살로 인한 '잃어버리는 연수'를 측정하는, '잠재수명손실연수(Potential Years of Life Lost: PYLL)'이다. 사와다・우에다・마쓰바야시(澤田・上田・松村, 2013)가 제시하고 있듯이, 2010년 연령별・성별 자살자수 데이터를 바탕으로 한 PYLL 추계결과에 따르면, 전 연령의 자살에 따른 PYLL 총계는 남성이 약 59만년, 여성이 약 26만년이 된다. 자살률만을 보면 고령자 자살률이 가장 높았지만, PYLL에 주목하면 20대~40대의 PYLL이 고령자의 PYLL보다도 압도적으로 높고, 젊은 세대의 자살이 사회에 미치는 영향이 가장 컸다.

두 번째로 사회적 비용의 지표는 자살로 인해 잃어버리게 되는, 자살자가 생애기간 동안 만들어냈을 부가가치를 잃는다고 하는 일실이익(逸失利益)이다. 국립사회보장・인구문제연구소의 카네코 요시히로(金子能宏)・사토 이타루(佐藤格)는 자살자가 잃은 생애소득뿐만 아니라 자살한 사람의 소비활동이나 노동시장에 참여하는 영향도 함께 고려한 사회비용을 추계하였다. 거시 경제모델을 바탕으로 한 추계에 따르면, 자살이 '0'으로 됨으로써 나라 전체의 가득 소득(稼得所得)의 증가는 2009년 1조 9,028억엔을 넘고, 자살이나 우울증이 사라지는 경우는 2010년 1조 700억엔을 넘는 GDP인상효과가 있다고 하였다. 또 미국 질병예방관리센터(Center for Disease Control and Prevention, CDC)는 자살(기수) 및 자살미수에 관한 비용 추계를 통해, 의료비를 포함하여 미국에서는 자살의 사회적 비용 총액을 2005년에 34.63억 달러로 추계하고 있다(澤田・上田・松村, 2013).

이러한 추계결과는 생명을 잃음으로써, 유가족의 정신적 고통 등 더 많은 손실을 포함하지 않는 '최저한'의 비용이라고 생각되지만, 막대한 사회적 비용이 존재한다는 것은 자살대책을 추진해야 하는 중요한 근거가 된다.

(4) 노동시장 · 신용시장 · 보험시장의 실패

노동시장・신용시장・보험시장의 실패도 자살대책의 근거로 될 수 있다. 우선 실업의 대부분은 비자발적인 것이고, <도표-2>에서 보는 것처럼 실업률과 자살률이 강한 상관관계를 갖고 있다는 것은 직접적인 실업대책이 필요하다는 것과 동시에 실업으로 인한 자살을 미연에 방지하기 위해 고용센터(헬로 워크)에서 고용상담뿐만 아니라 마음과 법률 상담을 실시하는 정책을 지지한다(澤田・上田・松村, 2013).

두 번째로 신용시장의 불완전성과 관련된 신용할당에 따른 유동성 제약도 자살 문제와 관련되어 있을 가능성이 있다. 일본에서는 중소영세기업·자영업의 융자에서 경영자 개인 또는 경영자의 친족이나 제3자가 채무자의 연대보증인이 되는 것이 일반적이다. 이론적으로 이러한 일본의 연대보증인 제도는 채권자와 채무자 사이에 정보의 비대칭성이라는 시장의 불완전성을 경감시키는 우수한 구조라고 할 수도 있다.

그런데 경제 환경이 악화된 상황에서 연대보증인 제도는 사실상 무한책임으로 기능하기 때문에 경제학 이론상으로는 주무자(主務者)가 자살해 버릴 가능성이 있다(Chen, Choi, Sawada, 2010). NPO 법인 라이프링크가 실시한 자살실태조사에서도 연대보증인제도라는 '특이'한 계약형태가 자살을 유발한다고 제시하고 있기 때문에 자살대책으로서 계약형태의 방식을 재검토해야 할 여지가 있다.

세 번째로 생명보험시장의 문제로서 2가지를 들고 싶다. 우선, 소비자금융의 단체 생명보험이다. 이것은 차입할 수 없다고 하는 '유동성 제약'에 직면한 채무자에 대해 소비자금융을 공여하는 융자계약과 생명보험계약과의 복합계약으로서 해석할 수 있고, 일반적으로 시장의 실패를 시정할 가능성이 있다. 그러나 소비자신용단체 생명보험은 채무변제를 위한 자살을 유발하고, 부의 외부성을 만들 수 있는 계약이어서 꼭 바람직한 계약형태라고는 말할 수 없다. 사실 2006년 10월 금융청의 『소비자신용단체 생명보험의 조사결과』에 따르면, 대형 소비자금융 5개 회사에서 해당 보험의 전 보험금 수취를 차지하는 자살의 비율은 (사인 판명분에 한해), 22.15%(2004년), 22.25%(2005년), 19.39%(2006년)를 넘고 있다. 이러한 자살이 원래 신용시장에서 유래한 시장의 실패에 있고, 그러한 문제를 보완하기 위한 생명보험계약에서 발생하고 있다고 한다면, 자살대책의 관점에서 이러한 '특이한' 계약을 사용할 것이 아니라 애초의 자금시장의 불완전성을 시정하기 위한 다른 정책을 강구하는 것이 요구된다.

또 생명보험시장에서 공급자와 수요자 사이에 비대칭 정보가 존재한다면, 역선택, 모럴 해저드와 같은 시장 실패가 발생하고 자살이 유발된다는 이론적 가능성도 있다. 일본의 경우, 민간의 생명보험금은 자살면책기간 경과 후에 지불된다. 일본 대기업 생명보험회사의 자살면책기간은 1999년까지는 1년, 2000년부터는 2년, 2001년 이후는 3년으로 연장되어 왔다. 어느 대기업 보험회사의 자살관련 보험금 지불은 1995년부터 2004년까지 50% 증가하였고, 보험금의 전체 지불 중 10%가 자살관련 죽음으로 지불되고 있다고 하는 보고도 있다. 또 면책기간이 연장됨에 따라 면책기간 중 저자살률(低自殺率) 기간이 마찬가지로 변화하고 있고, 이것은 자살과 생명보험 간에 밀접한 관계가 있다는 것을 보여준다(澤田・上田・松村, 2013).

【4】 경제학적인 증거를 바탕으로 한 자살대책

앞 절에서 언급한 여러 문제는 시장의 실패에 대해 정부가 그것을 보정한다고 하는 관점에서 포괄적인 자살예방과 자살 유가족에 대한 지원, 자살보도 규제, 특히 청년층을 대상으로 하는 자살대책 등 정책개입의 필요성을 뒷받침하는 것이었다.

한편 이제까지 여러 가지 자살대책이 일본에서 진행되어 왔지만,

원래 이러한 대책이 증거에 기초한 것인지 아닌지 분명한 것만은 아니다. 더구나 실시한 정책이 자살예방에 어느 정도 효과가 있었는지를 데이터에 기초하여 치밀하게 평가・검증하여 정책 개선을 하려는 작업을 진행해 왔다고 확실히 말할 수도 없다.

자살에 관한 학술연구도 주로 정신의학이나 역학・심리학 등의 분야에서 우수한 연구 성과가 축척되어왔다. 이러한 상황에서 경제학에서 공헌할 수 있는 것은 종래의 활동에 추가로, 그 배후에 있는 사회・경제・정치적인 요인에 눈을 돌린 사회과학적인 시점・증거가 보다 유효한 자살대책의 설계와 실시에 도움을 줄 수 있다고 하는 점일 것이다. 일본에서 증거에 기초한 자살관련 정책연구는 아직까지 많지가 않아서 사회・경제적인 배경에 초점을 맞춘 '자살의 실태 해명'과 '기존 정책의 효과 측정'을 치밀한 과학적 방법에 기초하여 진행해 나가는 것이 불가결하다.

(1) 자살 실태의 해명

증거를 축적하기 위하여 필요한 것은 '자살 실태의 해명' 즉, 고위험자 그룹을 특정하고, 연령・성별에 따른 경향의 차이, 사회적・경제적 요인을 포함한 여러 요인의 자살 위험에 미치는 영향 등에 대한 연구 활동이다. 실태 해명에는 정부기관에 의한 조사연구・분석에 추가로 민간 연구기관에 의한 실증분석의 축적이 필요하다.

그것을 위해서라도 개인정보를 충분히 고려한 뒤에 정부가 자살에 관한 데이터를 연구기관에 공개하는 것이 반드시 필요하다. 가능한 한 대규모 데이터에 엄밀한 통계해석을 더함으로써 실태를 해명하고 그것을 대책 입안에 이용할 필요가 있다.

(2) 자살대책의 검증

자살 실태의 해명과 함께 중요한 것이 과거에 실시되었던 자살예방정책의 '효과검증'이다. 일반적으로 효과적이라고 생각되는 활동도 실제로는 효과가 없을 가능성이 있다. 자살대책에 할당할 수 있는 자원에 한계가 있는 이상, 효과적인 시책을 식별하고 우선적으로 실시해 나갈 필요가 있다. 다른 나라의 대책에 대한 검증결과는 일본의 자살대책을 입안할 때 참고해야 하겠지만, 일본에서도 같은 효과가 있을 지는 확실하지 않다. 종래 시책의 경험을 장래에 보다 좋은 대책으로 연결한다는 관점에서 일본 국내의 대책에 대한 효과 측정을 계속 진행해 가는 것이 중요한 과제이다.

(3) 증거 구축과 정책 설계의 연대

자살대책의 효과에 관한 증거 축적이 이뤄졌을 때는 그 지식을 널리 공유하기 위한 체제가 필요하게 된다. 일본에서는 내각부 자살대책 추진실이 '지역의 자살대책 활동 사례집' 또는 그들이 주최하는 전국자살대책주관과장회의 등에서 지자체에 의한 활동사례를 소개하고 있지만, 활동 효과에 대해서는 언급하고 있지 않다. 즉, 과거의 대책 효과를 분석하여 정책개선을 위한 증거를 마련하고 그 결과를 지자체의 자살대책담당자에게 소개하기 위한 효과적인 정보공유의 방법이 결여되어 있다. 이와 같은 상황은 실시가 비교적 용이한 사업으로 치우칠 가능성이 있다. 실태에 입각한 사업을 진행하기 위하여 지자체에 운용할 수 있는 재량권을 준다는 '지방자살대책 긴급강화기금'의 방침은 중요하지만, 효과적인 사업의 실시에 필요한 증거를 폭넓게 이용할 수 있는 구조도 같이 구축해 나갈 필요가 있다.

[참고문헌·자료]

澤田康幸・上田路子・松村哲也,『自殺のない社会へ』, 有斐閣, 2013.

Chen, Joe, Yun Jeong Choi, and Yasuyuki Sawada, Joint Liability Borrowing and Suicide, *Economics Letters* 109(2), 2010, 69-71.

Chen, Joe, Yun Jeong Choi, Kohta Mori, Yasuyuki Sawada, and Saki Sugano, Those Who Are Left Behind: An Estimate of the Number of Family Members of Suicide Victims in Japan, *Social Indicators Research* 94(3), 2009, 535-544.

Chen, Joe, Yun Jeong Choi, Kohta Mori, Yasuyuki Sawada, and Saki Sugano, Socio-Economic Studies on Suicide: A Survey, *Journal of Economic Surveys* 26(2), 2012, 271-306.

Ueda, Michiko, Kota Mori, and Tetsuya Matsubayashi, The Effects of Media Reports of Suicides by Well-known Figures between 1989 and 2010 in Japan. *International Journal of Epidemiology* 43(2), 2014, 623-9.

Hamermesh, D. S., and Soss, N.M., An Economic Theory of Suicide, *Journal of Political Economy* 82(1), 1974, 83-98.

8. 공중위생학의 관점에서 본 자살대책의 정책 전개

모토하시 유타카

【서론】

자살을 예방가능한 공중위생의 과제라고 명시한 WHO의 문서가 공표된 것은 2004년 9월의 일이다. 자살예방(Suicide prevention)은 '예방'이라는 말이 상징하는 것처럼 공중위생학의 범주에 있다. 공중위생학이나 의학 관계자는 '자살예방'이라는 말을 주로 사용하지만 복지 분야나 행정 관계자는 '자살방지'라는 말을 더 자주 사용한다. '예방'이라는 용어는 질병을 염두하고 사용되는 말이고, '방지'라는 용어는 질병보다는 '안전'을 염두에 두고 나타날 수 있는 사상(事象)을 막는다고 하는 '범죄(crime)', '사고(accident)', '안전(safety)' 등의 주제어와 친화성이 있는 말이라고 생각할 수 있다.

자살예방이라는 말이 공중위생학이나 의학 관계자들에게는 저항 없이 사용되고 있었지만, 자살대책이 퍼짐에 따라 자살자 유족단체 분들로부터 "자살을 막을 수 있다고 한다면, 우리 유족이 그것을 막지 못했다는 것 같아서 괴롭다."라고 하는 의견을 듣게 되었다. Suicide prevention은 학술적으로 인정된 용어이다. 그 용어를 일본어로 번역한 자살예방이라는 말에 대해 일부 자살 유족들이 위화감을 가진다는 사실에 공중위생 관계자도 처음에는 당황하였다. 그러나 유족들의 목소리를 진지하게 듣고 자살예방이라는 말을 사용할 때는 자살 유족에 대한 배려가 필요하다는 것을 공중위생관계자가 알 수 있었던 것은, 다분야 연대를 통한 정보공유의 성과 가운데 하나이다. 자살대책기본법의 성립 후, '자살예방'에서 '자살대책'으로 용어가 바뀐 것은 일본 자살대책의 변화를 상징하는 일이기도 하다.

자살대책을 정신의학이나 심리학의 좁은 영역으로만 논하려는 것이 아니라 공중위생학의 과제로서 인식해야 한다는 WHO의 제언에는 깊은 의미가 있다. 그리고 "협의의 공중위생학이라는 예방의학적 시점에 멈추지 않고 사회격차나 건강의 불평등 해결이라는 사회의학으로서의 공중위생학적인 원점으로 되돌아가, 폭넓은 사회적 관점에서 자살의 문제를 생각해 가자."라고 하는 자세가 자살대책 관계자들에게 요구되고 있는 것이다.

【1】 공중위생학이 맞서야 할 과제로서의 자살대책

사람들이 안고 있는 건강(질병)의 과제를 개별로 해결해 가는 개별적 접근이 임상의학의 기본이다. 신체적 · 심리적 문제에 대해 개인의 건강사(질병사)를 듣고 잘 이해한 뒤에 장기적인 차원의 진단을 내리고, 치료나 예방으로 연결하는 것이 임상의학이고 임상의학적인 예방의학이다. 이 의학적 방법론은 19세기 중반에 유럽에서 병원중심의 임상의학이 발전한 결과로서 체계화되었고 현재 임상의학으로 이어지고 있다. 또 현재 일본을 포함한 세계 의학부의 교육은 과제해결형의 튜토리얼(tutorial) 교육으로서 인상적인 증례(症例)를 제시하여 의학생들이 방대한 문헌을 읽고 충분히 이해하고, 질병 진단이나 치료학을 학습해 나가는 교육법이 주류로 되었다. 개별 증례에서 보편성이 있는 학문을 배워 나간다고 하는 귀납적인 임상의학 교육법이 우수한 교육법으로 인지되고 있는 것이다. 자살 문제에 대해 말하자면, "심리적인 고민을 안고 있는 사람이 우울증에 걸리고, 우울증 악화로 인해 죽고 싶다고 하는 생각이 나타난 결과로서 자살이라는 사상(事象)이 일어난다."라고 하는 단순한 스토리가 임상의학적 접근법으로 이해되어 온 경위이다. 우울증이나 조현병의 발병이 자살로 이어지기 쉽다는 사실은 엄연히 인정되어 왔고, 의학문헌의 과학적 근거도 축적되어 있어서 중요한 지식인 것은 확실하다. 그러나 자살방지를 위해서 우울증이나 조현병을 치유하면 다 된다는 것은 분명 아니다. 죽고 싶다는 생각이 강한 사람에게 우울증 약을 복용하도록 하는 것도 중요하고, 조현병 환자에게 약물치유를 실시하는 것도 타당하다. 그러나 이러한 것들이 자살을 막기 위한 전부인 것은 아니다. 임상의학의 진보가 자살대책 또는 자살예방에 도움이 되는 유용한 경우도 많지만, 전체적으로 보면 그 역할이 한정적이라는 것을 이해할 필요가 있다.

공중위생학은 임상의학과 달리 개인이 아닌 집단을 대상으로 하고 병에 걸리기 전의 건강한 단계에서 질병예방 또는 건강증진에 접근하는 학문이다. 국가, 지자체, 지역, 직장, 학교 등 여러 장소에서 건강의 유지증진을 위한 노력을 시도하는 것이 공중위생학의 역할이다. 자살대책을 공중위생의 과제라고 선언할 때, 자살을 막는 것은 사회전체의 과제이며, 사회적 활동으로서 자살대책을 진행해야 한다는 것을 의미하다. 임상의학에서 진단과 치료에 해당하는 것은 공중위생학에서는 집단에 대한 건강상태 분석과 사회적 자원(행정 조직이나 법제도 등)을 활용한 정책의 전개이다.

1998년의 자살 급증이 우리나라의 자살대책을 추진하는 큰 원동력이 되었지만, 자살이 개인의 문제가 아니라 사회경제적인 곤경에 내몰린 중년남성이라는 집단이 안고 있던 사회적 문제라는 사회적 합의를 얻을 수 있었을 때, 자살대책기본법이 만들어질 수 있는 소지가 생겼다고 할 수 있다. 사회경제적인 곤경에 내물린 중년남성을 대상으로 어떠한 시책이 전개될 수 있을까에 대해 모색하는 가운데 진행된 것이 일본 자살대책의 원래 모습이었으며, 그 가운데 지역주민 사이를 헤집고 들어가 주민의 정신건강 실태와 그 배경에 있는 요인을 공중위생학적 기법으로 밝히려는 노력이 일본의 공중위생학적 현장에서의 성과로 이어졌다.

이하, 공중위생학의 관점에서 자살대책의 현시점에서의 이론적인 조망과 향후 전망을 구체적으로 기술해보겠다.

【2】 자살대책에 대한 공중위생학적 접근

(1) 고전적 접근

자살 예방이라는 예방의학적 시점에서 보면, 자살을 예방하기 위해서는 "자살의 위험을 특정하고 그 위험을 통제하면 된다."라고 하는 발상이 가능하다. WHO 자살대책의 기저에는 이러한 고전적인 예방의학적 발상이 있다. 또 미국의 국가자살대책도 기본적으로는 이러한 발상이 근저에 깔려있다. 분석적으로 고위험 요인을 특정하고 위험별로 개별 대책을 준비한다는 것이다. 또 사회적 정책으로는 총이나 농약의 규제 등 자살수단을 국가가 규제해야 한다는 것이 논의된다. 요약하면, 과학적으로 복잡한 사상(事象)을 상세히 분석한 다음, 개별적으로 대책을 생각한다는 데카르트적 합리주의를 바탕으로 진행되는 대책은 고위험자 접근법과 규제수법을 중심으로 하는 고전적인 공중위생 접근을 통한 자살대책이라고 할 수 있다.

(2) 건강증진 접근

이것에 대해서, 1980년대에 나타난 새로운 공중위생운동(New Public Hearth Movement)인 건강증진의 사고방식은 건강과제의 해결을 위해 포괄적인 접근을 취하려는 것이다. 개인의 위험요인뿐만 아니라 개인을 둘러싼 보건의료제도 등 사회적 자원이나 제도에 조치를 취함으로써 집단전체의 건강수준을 향상시키려고 하는 것이 새로운 공중위생학의 사고방식이다.

고전적인 예방의학이 심장병 등 만성질환을 주 대상으로 역학(疫學, epidemiology)을 사용한 위험요인의 특정과 개인의 생활 방식에 변화가 이뤄지도록 하는 개별적 접근을 중시하는 것에는 개인의 건강위험을 중시하는 시대적 배경이 있다는 것을 이해해야 한다. 새로운 공중위생학에서는 정신질환이나 치매 등의 새로운 건강과제에 사회제도 변혁도 시야에 넣은 사회환경 개선을 통해 과제해결의 실마리를 찾아보려고 하는 것이다. 건강의 격차 해소나 건강상의 공정 확보 등 사회적인 활동의 중요성이 이념으로서 거론된 것은 주목해야 하는 점이다.

자살대책에 대해서는 새로운 공중위생운동에서 제시된 포괄적 접근이나 새롭게 공공성을 끌어넣은 활동의 중요성이 공중위생학의 입장에서 제시되었고, 일본에서 자살률이 높은 지역에서 자살예방을 위한 실천 활동이 전개되었다. 아키타(秋田)현의 자살대책 추진에는 민간단체가 맡은 역할이 상당히 컸는데, 이것은 새로운 공중위생운동의 이념이 구현된 모습이다. 아키타현에서 전개되어 온 정력적인 계발활동이나 민간단체 주도형의 종합 상담회의 계속된 개최 활동 등은 고위험자 접근법에 머물러 있었다면 실현될 수 없었던 것들이다. 민간단체 참여자들이 스스로 지역 유대 만들기의 중요성을 실감하고 각각의 노력으로 활동을 구체적으로 전개하겠다고 생각했던 것이 결과적으로 폭넓게 사회적으로 동원할 수 있는 자살대책을 전개할 수 있었다고 생각된다.

고위험자 접근법을 중시하는 고전적인 공중위생 접근법과 사회적 자원이나 제도의 변혁을 일으키는 주민참가를 중시한 건강증진 접근법, 이 양쪽이 상승하면서 시책으로서 전개될 때, 자살대책의 강력한 추진이 가능하게 될 것이다.

【3】 사회적 자본을 염두에 둔 대책 추진

21세기에 들어서 공중위생학 연구의 흐름은 건강증진과 함께 건강격차에 대한 연구에 관심이 높아지고 있다는 것이 특징이다. 개인의 고위험 요인을 특정하는 종래의 역학에 더해서, 건강격차의 결정

요인을 밝히려고 하는 사회역학(Social epidemiology)의 중요성이 인식되기 시작하였다. 사회에서 사람과 사람 간의 유대감의 정도를 사회적 자본이라는 개념으로 건강격차 연구에 도입하려고 하는 연구도 많아졌다. 자살로 내몰리는 사람은 사회경제적으로 약자이고 또 사회적으로 고립된 경우가 많아서, 사회격차와 자살 또는 사회적 자본과 자살의 문제가 연구자들의 많은 관심을 끌게 되었다. 성이나 연령 등은 개인의 힘으로 바꾸는 것이 불가능하지만, 교육받는 환경이나 지역민의 유대감은 사회적인 방책에 따라 변화될 가능성이 있다. 교육력이나 사회적 자본이 자살과 관련한다고 하는 과학적 근거는 축적되고 있다.

사회적 자본과 자살에 대해서는 가와카미 노리히토(川上憲人) 등의 연구팀이 도쿄도의 행정구별 사회적 자본과 자살률의 관련성을 조사한 연구가 있다(Env. Health Prev. Med, 2013). 이 연구에서는 사회적 자본에 대해서 도쿄도내 20개 각 시구정촌의 20세 이상의 주민 100명을 대상으로 한 설문조사 결과('서로 돕는 도시 만들기 도쿄조사', 2009년, 응답률 28%)를 사용하고, 자살률에 대해서는 내각부의 '지역의 자살기초자료(2003~2007년)'에서 연령을 가미한 자살률 데이터를 사용하여 남녀별로 분석하였다.

그 결과, 여성에게는 행정구역마다 사회적 자본과 자살률 사이에 유의한 관련성은 보이지 않았지만, 남성에게는 '주변 사람에게 신뢰'가 낮은 지역일수록 자살률이 높은 것으로 나타났다.

또 곤도 가쓰노리(近藤克則)씨는 JAGES프로젝트(일본노년학적 평가연구)의 성과를 바탕으로 지역 상관연구에서 우울 상태와 사회

참가율, 자살률과 사회 참가율이 유의한 상관성을 보인다는 것에서 사회참가를 촉진시키는 커뮤니티 접근을 통해 자살률의 억제가 기대될 가능성을 보여주고 있다(제73회 일본 공중위생의학회 총회 심포지엄, 2014년).

이상과 같이, 자살대책이나 정신건강 대책에서 사회적 자본의 함양이라는 새로운 수법을 통한 그 방향성도 생각할 수 있게 되었다.

【4】 대재해 후의 정신건강 케어와 자살대책

1995년의 한신·아와지 대지진(阪神·淡路大震災), 2011년 동일본 대지진은 일본 사회에 큰 충격을 가져왔다. 대지진 후의 지원을 공중위생학적 입장에서 보면, 보건의료 시스템의 붕괴로 인해 복구와 부흥을 어떻게 계획해야 하는가가 중요한 과제로 되었지만, 동시에 대지진 후의 주민 정신건강 악화에 어떻게 대처할 것인가 하는 문제가 공중위생학적 입장에서 새로운 과제로 대두하게 되었다.

대지진 이후 정신건강과 자살에 대해서는 다른 항에서도 상세히 언급되었기 때문에 여기에서는 반복하지 않는다. 다만 여기에서는 재해 발생 시, 공중위생팀에 대해서만 언급하고자 한다. 한신·아와지 대지진 후에 설치된 DMAT(Disaster Medical Assistance Team, 재해의료지원팀)이 필요한 구급의료를 신속히 제공하는 것을 목적으로 하고 있는 것에 대해, 재해공중보건팀(Disaster Public Health Assistance Team) 또는 재해건강위기관리지원팀(DHEAT: Disaster Health Emergency Assistance Team)은 재해 후 피해지역의 공중위생상의 과제해결을 위해 중장기적 시점도 고려하여 활동하는 팀으로서 마음케어 활동도 포함하고 있다. DMAT은 재해대책기본법에 기초한 방재기본계획이 그 활동의 근거이지만, 재해공중보건팀은 아직까지 초기단계이고 법적 근거도 명확하지 않아서 근거법령에 기초한 활동의 입안이 향후 과제이다.

동일본 대지진에서는 보건소나 의료시설 등의 지역보건 시스템의 피해와 보건의료직의 인적피해가 막대하여, 지역 공중위생시스템 복구와 부흥이 큰 과제로 되었다. 전염병이나 운동부족과 같은 공중위생의 과제에 신속히 대응함과 동시에, 가설주택 등에서 일상적인 생활과제 가운데 공중위생의 여러 문제들, 특히 재난 피해자의 정신건강 악화나 자살예방을 위한 충실한 활동을 보건의료직이 수행하는 것이 요구된다. 대지진 후의 지역주민의 정신건강 대책과 자살대책은 중장기적인 중요 과제이기 때문에 체계적인 시책의 구축과 전개가 필요하다고 생각된다.

【5】 안락사 문제-의사에 의한 자살 방조인가? 죽음의 자기결정인가?

자살대책에서 윤리적 문제는 적지 않게 논의될 것이라고 생각되지만, 여기에서는 해외의 안락사 문제에 대해 간단히 설명하는 것으로 한다.

2014년 11월 미국의 젊은 여성이 불치의 뇌종양에 걸린 것을 이유로 스스로 안락사를 택한 것이 크게 보도되었는데, 자신의 죽을 날을 결정하고 그대로 실행했다는 것이 보도된 것이다. 안락사를 법률적으로 인정하는 곳은 미국 오리건주 등 일부의 주, 그리고 네덜란드, 벨기에, 룩셈부르크이다. 안락사는 physician-assisted suicide (의사의 방조에 의한 자살)이며, 그 합법화에는 여러 가지 논의가 있다. 협의의 자유주의라는 윤리적 입장에서 보면, 안락사는 죽음의 자기결정권으로 인식되어 타자에게 간섭받지 않을 권리의 행사이며, 개인이 자율적으로 선택하는 문제로 된다. 단, 안락사가 합법적으로 인정되는 것은 말기암과 같은 의학적 상황에 이른 사람으로 한정되고, 환자의 판단능력이 있다고 인정되는 경우에 한한다.

네덜란드에서는 말기 암환자뿐만 아니라 사전의료의향서(living will)가 인정되어 판단능력을 잃은 중증의 치매환자조차 안락사가 인정되는 방향으로 전개되고 있다. 또 의사의 방조에 의한 자살이 명확하게 규제되지 않은 스위스에는 타국으로부터 안락사를 위해 '자살여행(suicide tourism)'이라고 하는 이름으로 방문하는 경우도 있는 것으로 알려지고 있다. 국제화가 진전되는 가운데 안락사에 관한 국가적 법률 규제가 있다고 하더라도 국경을 넘으면서까지 안락사를 원하는 사람들이 있다는 것도 안락사 문제를 다룰 경우에는 사실로서 짚고 넘어갈 필요가 있을 것이다.

일본의 자살대책기본법은 '삶의 지원'을 위해 만들어진 법률이기 때문에, 안락사(의사 방조에 의한 자살)는 논의 대상이 아니다. 법제도를 포함한 사회문화적 다양성을 존중하는 상대적 공동체주의 입장에서 보면, 안락사를 합법화하는 법률이 성립된 시점에서 그 국가에서는 일본과는 다른 공동체의 합의가 있을 것이고, 이들 국가(공동체)에서는 일본과 같이 국가적으로 포괄적인 자살대책을 위한 입법을 하기는 어려울 것이라고 생각한다.

건강 장수 사회의 도래와 함께 생활의 질을 고려한 인생설계를 위해 자기결정이 중요해지고 있는 것은 틀림이 없지만, 그 자기결정이 자신의 생명 존속 유무에까지 이르는지에 대해서는 논의의 여지가 있다. 어떠한 윤리적 입장(공리주의, 자유주의, 공동체주의)에 입각하여 논의를 할 것인지를 명확히 한 다음에 논의를 깊이 있게 다루는 것이 중요하다고 생각한다. 일본에서는 이 문제가 두드러지게 논의되고 있지는 않지만, 안락사는 어디까지나 의사의 방조에 의한 자살이라는 것을 이해한 다음에 이 문제를 논의해 나가는 것이 필요할 것이다.

【6】 공중위생학의 영역을 넘어선 학제적 접근

일본의 자살대책은 2000년쯤부터 지자체의 정책과제로서 일부 자치단체에서 열심히 활동하기 시작하였다. 당초 활동은 정신건강이나 우울증 대책이라는 정신보건의 관점에서 대책을 추진하는 것이 중심이었다.

그 배경에는 자살대책이 건강복지부국의 소관으로서 이뤄졌다는 점이 크다. 한편 동북지방의 선진지역에서는 정신의학적인 접근보다 공중위생학적 접근의 중요성이 강조되었고, 시책추진 시에도 공중위생학의 전문가인 대학 의학부 공중위생학 강좌나 시정촌의 보건사가 중심이 되어 지역보건차원의 자살대책 활동을 정력적으로 추진하여 왔다. 1980년대 중반부터 중시되기 시작한 세계적인 건강증진 이념에 기초한 '새로운 공중위생' 활동이 진행되어, 의료보다 보건을 중시하고, 주민참여로 지역행동을 강화하고, 주민의 자율권(empowerment)을 중시하는 활동 기법 등을 적극적으로 받아들였다. 현재는 위화감 없이 지역보건 활동으로 들어와 있는 커피살롱 활동을 통해 주민들의 유대감 강화(사회적 자본 강화), 민간단체의 자살유족 케어에 대한 행정지원 등이 이뤄지고 있다. 그런데 이러한 활동은 신진지역에서 선구적으로 이뤄졌을 때에는 관계자의 상당한 심리적 긴장 하에서 시작되었던 것이다. 이러한 활동이 지역주민의 충분한 이해를 얻기 위해서는 자살문제를 금기시하지 않고, 지역에서 눈에 보이는 과제로 하기 위한 노력이 필요하였으며, 관계자의 착실한 계발활동이나 비판을 두려워하지 않는 지속적인 활동을 향한 의지가 요구되었다. "자살은 개인의 문제가 아니라 사회적인 문제이고 지역에서 숨겨야 하는 문제가 아니다."라는 합의도출이 필요하였다. 지역주민이 자살대책을 지역의 과제로 인식하고 살롱활동이나 인재양성 연수회에 참가하게 되는 것은 새로운 공중위생학이 주장하는 주민의 자율권 그 자체이며 지역의 건강증진을 위한 실천활동, 그 자체인 것이다.

자살대책기본법의 성립과 자살종합대책대강의 책정을 통해 자살대책은 공중위생학의 과제에서 더욱 광범위한 사회과학이나 정책과학의 과제로 재인식하게 되었다. 이제는 자살대책이 의학적 · 공중위생적 관점뿐만 아니라 경제학, 정치학, 정책학, 통계학 등과 관련된 여러 학문을 아우르는 학제적 관점에서 접근하는 과제로 변모하였다.

2014년 4월부터 필자가 대표연구자로 참여하였던 '학술적 · 국제적 접근에 의한 자살종합대책의 새로운 정책전개에 관한 연구'가 후생노동과학연구의 하나로서 채택되었다. 연구분담자는 본서 집필에도 참여해주신 쓰바키 히로에(椿広計, 통계수리연구소 부소장), 사와다 야스유키(澤田康幸, 도쿄대학대학원 경제학연구과 교수), 시미즈 야스유키(清水康之, NPO법인 자살대책지원센터 라이프링크 이사장), 이토 히로토(伊藤弘人, 국립정신 · 신경의료연구센터 부장) 등 총 4명이다. 통계수리학에서는 자살통계의 데이터 해석으로 자살의 실태를 어디까지 밝힐 수 있을지, 경제학에서는 복지정책이나 소득재분배 정책이 자살률을 감소시킬지, 민간단체지원의 입장에서는 자살대책의 정책형성에 있어서 민간단체의 역할에 대해, 정신보건정책학의 입장에서는 WHO나 외국의 정신건강 대책이나 보건의료계획 가운데 자살대책을 어떻게 자리매김 시키고 시책을 추진해 나갈 것인지 등에 대한 주제를 가지고 연구를 진행하고 있다. 2017년 3월까지 자살대책의 현상분석이나 자살대책 실천지식의 축적을 토대로 자살대책의 실천을 국가의 정책형성으로 연결시키는 구체적인 방책을 제언하는 것으로 되어 있다.

이 실천적인 연구 프로젝트가 자살대책기본법의 성립 후 10년의 전환점을 맞이하는 시기에 실효성 있는 정책입안으로 이어지는 성과를 낼 수 있기를 기대하고 있다.

【7】 공중위생학 관점에서 본 향후 정책전개를 위한 제언

마지막으로 공중위생학의 관점에서 본 자살대책의 향후 정책전개의 방향에 대해 요약하고자 한다. 자살대책기본법이 시행된 지 10년 가까이 되고 있지만, 자살대책을 모색했던 초기단계에서 충실단계로 이행시키는 정책의 전개가 요망된다. 초기단계에서 중시된 계발사업이나 생명지킴이 양성으로 상징되는 인재육성사업 등이 어느 정도의 성과를 거둬왔다는 것은 평가할 수 있다.

또 아키타현이나 아오모리현 등 선진적 지역의 건강증진 이념에 기초한 주민참여와 민간단체에 의한 풀뿌리 자살대책의 확산은 일본의 지역 만들기형 자살대책의 원형을 확립하였다는 점에서 큰 의의가 있다.

한편, 지역자살대책 긴급강화기금 평가결과를 보더라도 자살대책에 열심히 활동하지 않는 기초 자치 단체가 지금도 있다는 것을 알 수 있다. 시정촌의 자살대책 활동 강화를 통해 일본 전체의 지역자살대책의 성과로 이어질 가능성은 매우 높다고 할 수 있다.

이상에 근거해보면, 국가 또는 지자체의 차원에서 지역자살대책 활동을 공중위생학적 견지에서 상세하게 기술지도할 수 있는 센터를 창설하는 것이 다음 단계에서는 필요하지 않을까 생각한다. 또한 국가나 지자체의 자살대책을 항상 모니터링하고 대책의 PDCA사이클을 평가하여 개선으로 이어지도록 하는 조직도 필요하다고 생각한다.

마지막으로 일본의 우수한 자살대책 활동을 해외, 특히 자살문제가 사회문제화 되고 있는 동남아시아를 비롯한 개발도상국으로 기술을 이전하려는 노력이 필요하다. 글로벌・건강의 입장에서 일본 공중위생학의 성과라고도 할 수 있는 자살대책의 포괄적인 활동을 개발도상국에 이전시키는 것은 정신건강의 대책에 머물지 않고 사회정책으로서의 포괄적인 자살대책을 구축한 일본이 해야 할 역할이라고 생각한다. 따라서 이러한 협력을 추진해갈 수 있는 공적 기관의 설치가 강하게 요구된다.

9. 정신보건정책의 국제적 동향에서 본 자살대책의 전개

이토 히로토*

【서론】

자살대책에 관한 국제적 동향은 급속히 변화되어 가고 있다. 그 때문에 국제기관의 보건의료정책·정신보건정책 동향을 파악하는 것은 앞으로의 자살대책 구축에 이바지할 것이라고 생각된다.

본 항에 기재된 연구 보고의 목적은 우리나라 정신보건정책·자살대책의 정책형성에 이바지하기 위해 정신보건 정책의 국제 동향을 밝히는 것이다. 조사 대상은 세계보건기관(World Health Organization: WHO) 및 경제협력 개발기구(Organization for Economic Co-operation and Development: OECD)의 정신보건정책·자살예방대책 활동이다. 공표자료의 수집·분석 및 최신정보들의 핵심 내용을 파악하기 위하여 관계자에 대한 인터뷰를 진행하였다.

* (독립행정법인) 국립정신·신경의료연구센터 정신보건연구소 사회정신보건 연구부 부장

** 본고에 있는 보고 내용은 후생노동과학연구비 보조금(학제적·국제적 접근법에 의한 자살종합대책의 새로운 정책전개에 관한 연구[주임연구자: 모토하시 유타카(本橋豊)])의 지원을 받았다.

【1】 WHO의 움직임

(1) WHO의 자살대책 동향(2014)

WHO에서는 2014년 9월에 자살예방 가이드라인 *Preventing suicide: A global imperative* (『자살예방: 전 세계적 과제』)을 발표하였다. 국제자살예방학회가 정한 '세계자살예방의 날'(9월 10일)에 맞춰서 WHO가 자살예방대책으로서 처음으로 제시한 가이드라인이다. 내용은 제1부(17)에서 상술되어 있기 때문에 개요만을 <도표-1> 에 게재한다(WHO, 2014).

〈도표-1〉 WHO의 자살대책 주요 메시지

① 자살에는 막대한 희생이 따른다.
② 자살은 예방가능(국가의 포괄적이면서 다양한 부문에 따른 전략)하다.
③ 자살수단에 접근을 제한하는 것은 효과적이다.
④ 보건의료서비스에 자살예방을 도입한다.
⑤ 지역은 자살예방에 중요한 역할을 다한다.

주요 메시지로서, ① 커다란 희생을 강요하는 자살은 ② 예방가능하다 라는 관점에서는 보건의료와 그 이외의 부문과의 연대, 지역의 관여 및 미디어 역할의 중요성을 지적하였고 ③ 자살도구에 접근 제한이란 점에 대해서는 농약이나 특정 의약품에 대한 접근 제한을 예로 들고 있다.

또 ④ 건강 케어 서비스에 자살예방을 도입한다는 관점에서는 정신보건을 포함한 보건의료 서비스를 통합하는 노력이 필요하다는 점을 명시하고 있다. 그리고 ⑤ 지역이 자살예방에서 중요한 역할을 다한다는 영역에서는, 취약성이 높은 사람을 자살로부터 지키는 것이 강조되어 특히 위기상황에서 사회적 지원, 자살 시도자와 정기적 연락(follow up), 자살로 남겨진 사람들에 대한 지원을 예로 들고 있다.

(2) WHO의 정신보건 정책(2013)

〈도표-2〉 WHO의 활동계획과 목표

(1) 효과적인 지도력 · 관리 강화 목표1.1 : 2020년까지 가맹국의 80%가 인권옹호에 의거한 정신보건정책·계획을 책정·개정 목표1.2 : 2020년까지 가맹국의 50%가 인권옹호에 의거한 정신보건복지법을 제정·개정
(2) 포괄적으로 통합된 지역정신보건복지서비스의 제공 목표2 : 2020년까지 중증정신장애자에 대한 서비스 가능 비율을 20% 증가 시킴
(3) 정신보건의 증진과 예방의 실시 목표3.1 : 2020년까지 가맹국의 80%가 전국 차원에서 복수(複數)의 영역과 관련된 최소 두 가지의 정신보건증진·예방프로그램을 실시 목표3.2 : 2020년까지 자살률 10% 감소 시킴
(4) 정신보건에 관한 정보 시스템, 증거나 연구 강화 목표4 : 2020까지 가맹국의 80%가 전국정보시스템을 이용하여 정신보건관련 지표의 수집과 보고를 해마다 실시

WHO는 자살예방 가이드라인에 앞서 2013년에 2020년까지의 정신보건정책에 관한 활동 계획을 공표하였다(WHO, 2013a). 4가

지 영역에서 6개의 목표가 설정되어 있고, 그 목표 중 하나로 '2020년까지 자살률 10% 감소'를 내세우고 있다(<도표-2>).

이 목표를 달성하기 위한 효과적인 행동으로서, 보건의료/정신보건의료복지 이외의 부문과 협력이 필요하다는 것이 지적되었다.

(3) WHO의 비감염성 질환 대책(2011)

WHO에서는 비감염성질환(Non Communicable Disease: NCD) 대책을 진행하고 있다(WHO, 2013b). NCD란 암, 순환기 질환, 당뇨병 및 만성폐쇄성 폐질환(COPD)를 의미한다.

WHO에서는 '비감염성질병의 예방과 관리에 관한 글로벌 전략'(2008~2013년)을 책정하였다. 2011년에 UN의 수뇌회담에서 NDC가 거론되었고, 제130회 WHO 집행위원회(2012년)에서는 '비감염증 예방과 통제: 비감염증 예방과 통제를 진행할 세계적 전략 실행 및 활동계획'이 가결되었다. 「일본의 건강 일본21」'(제2차)의 책정 과정에서도 WHO의 NCD대책이 참조되었는데, '생활 습관병의 발병 예방과 철저한 중증화 예방'의 영역에서 NCD에 대처하기 위해, 식생활 개선이나 운동습관 정착 등을 통한 1차 예방에 중점을 둔 대책 추진이 요구되며, 합병증 발병이나 증상 진전 등 중증화 예방에 중점을 둔 대책도 추진되어야만 한다는 근거가 되었다(<도표-3>)(厚生労働省, 2012).

해외에서는 순환기 질환이나 당뇨병을 중심으로 우울증이나 우울상태와의 관계가 증거 정도가 높은 연구에서 제시되었고, WHO에서는 정신건강 활동계획과 다른 활동계획과의 보조를 맞추려는 조정 노력을 진행해 왔다.

〈도표-3〉 비감염성질환과 생활습관의 관계

	금연	건강한 식사	신체활동의 증가	위험을 높이는 음주의 감소
암	○	○	○	○
순환기질환	○	○	○	○
당뇨병	○	○	○	○
COPD (만성폐쇄성 폐질환)	○			

※비감염성질환의 다수는 예방가능

* 출처: 「健康日本21(第2次)の推進に関する参考資料」(http://www.mhlw.go.jp/bunya/kenkou/dl/kenkounippon21_02.pdf)

【2】 OECD의 움직임

(1) OECD의 정신보건정책에 대한 시사(2014)

OECD에서는 2014년 6월에 정신보건정책의 지표에 관한 보고서 『정신건강을 고려하다』(*Making Mental Health Account*)를 출판하였다(OECD, 2014a). 권장 지표를 명확하게 제시하고 있지는 않지만, 사망률의 감소를 중요시하고 고위험자로 생각되는 정신질환(조현병 또는 양극성 장애)의 자살률 지표(자살률 및 퇴원 후 1년 이내 자살률)가 제시되어 있다(<도표-4>).

〈도표-4〉 OECD에서 권장하는 정신건강 지표

- 정신장애자의 재입원
- 약물관련 장애환자의 치료 기간
- 중증 정신장애자의 사망률
- 고령자에 대한 항콜린제 · 항우울증약 사용
- 정신건강과 약물관련 장애자인 중복질환 환자의 퇴원 후 계속 수진
- 정신건강 관련 문제로 입원 후 계속 수진
- 신체 질환으로 입원 후 적시에 외래 추적 확인
- 중증 정신장애자의 사례 관리
- 급성기에 항우울증약으로 계속 치유
- 유지기에 항우울증약으로 계속 치유
- 우울증의 급성기 치료를 위한 수진
- 정신건강 추적 확인에서의 민족 간 차이

(2) OECD의 일본 의료제도에 대한 시사(2015)

더욱이 OECD에서는 병행해서 2014년에 각국의 '의료의 질(Quality of care)'에 관한 제도를 권장하였다. 보고서는 작성단계이지만 앞서서 2014년 11월에 도쿄에서 개최된 심포지엄에서 발표(OECD, 2014b)되었기 때문에, 그 내용을 <도표-5>로 정리하였다. 권고의 핵심은 의료 질의 관리와 높은 질적 수준의 의료 제공, 보다 강력한 1차 의료(primary care) 개발, 병원 의료의 질적 개선과 효율화 촉진 및 안전하고 고품질의 정신보건의료복지를 위한 노력이다.

한편 OECD사무국(고용노동사회국)에서는 직장의 정신건강 장애와 고용에 관한 OECD 각국의 정책 전개 보고서를 2011년에 발표했다(참고 URL: www.oecd.org/els/disability). 자살에 관한 명확한

기술은 없지만, 정신건강의 문제・장애가 경제에 큰 비용을 만들어 내고 있다는 점을 보고하고 있다.

〈도표-5〉 OECD의 일본 의료의 질에 관한 권고[1]

1. 의료의 질 관리와 높은 수준의 의료 제공 - 관리 데이터나 등록 활용 - 개인정보 보호를 고려한 데이터 대조 - 부작용 보고의 강화 - 의료의 질에 관한 보고 촉진 - 설명책임과 간단한 입력
2. 보다 강력한 1차의료 케어의 개발 - 많은 복잡한 문제를 지닌 수요에 대응 강화(지속적·예방적·종합적 케어) - 정신건강케어를 1차의료에 통합(중요기능으로서 자리매김) - 위에 기술한 기능을 담당할 전문직에 대한 교육·연수 - 1차의료를 담당하는 간호직에 대한 교육·연수
3. 병원의료의 질적 개선과 효율화 촉진 - 포괄적이고 안정된 데이터 인프라 정비 - DPC제도의 개선(결과 지표의 강화·높은 수준의 병원에 효과적인 지불) - 진료급여제도개혁(가이드라인에 준거한 경우의 보수·급성기 의료의 결과에 대응하는 보수)

1 발표 슬라이드를 기본으로 작성되었으며, 곧 출판될 보고서를 확인하기 바람.

4. 안전하고 양질의 정신보건의료복지를 위한 노력

4-1) OECD가맹국의 대처
- 다양한 직종의 팀 의료
- 입원은 구급·급성기(急性期)에 한정
- 안전한 의료를 위한 코디네이션
4-2) 일본에 권장
- 1차의료 기능에 정신건강 요소를 포함
- 중증 정신장애자에 대해 증거에 기반한 케어
- 입원의료 수요를 줄이는 지역케어시스템 구축
- 입원과 장기입원을 줄이는 진료급여
- 환자중심의 정신 건강 케어시스템
- 케어의 질과 설명책임을 다하는 지표 개발

【3】 국제적 동향에 입각한 고찰

(1) 국제적 동향과 자살대책

본 항에서는 WHO와 OECD의 자살대책 · 정신보건정책의 동향을 살펴보겠다. WHO 자살예방대책 가이드라인에서는 ① 수많은 희생이 따르는 자살은 예방가능, ② 자살수단에 접근을 제한하는 것은 효과적, ③ 건강케어서비스에 자살예방 도입, ④ 지역의 활동이 중요하다는 것이 제시되었다. 자살대책은 2020년까지 정신보건정책에 관한 WHO 활동계획의 주요 6가지 지표 가운데 하나이고 정신보건정책의 핵심이다. 또 정신보건은 WHO의 비전염성질환정책과 연동되어 있다는 것이 밝혀졌다.

한편 OECD가 정리한 정신보건정책의 지표에 관한 보고서에서는 사망률의 감소가 중요시되어, 고위험자로 생각되는 정신질환(조현병 또는 양극성 장애)의 자살률 지표가 예시되어 있다. 또, OECD에서는 일본의 보건의료제도에 대한 권고가 정리되어 있고 강력한 1차 의료의 개발과 정신보건의료복지 개선이 핵심이 되어 있다.

(2) 향후 우리나라에 대한 시사

① 국제적 동향에서 시사되는 점

자살대책이 우선순위가 높은 정책과제라는 것은 틀림이 없다. 게다가 앞에서 서술한 사항에서 분명해진 것은 국제기관의 자살대책·정신보건정책의 동향에 일정한 방향성이 있다는 것이다(<도표-6>). 생명지킴이 기능의 강화는 WHO의 방침이나 OECD의 일본 제도에 대한 권고이면서 복수로 지적된 공통영역이기도 하다. 또 WHO와 OECD는 퇴원 후의 팔로우업을 중요시하고 있다. 그리고 WHO는 자살위험이 높은 주민의 신체질환에 대한 케어에 대해, OECD는 신체질환환자의 정신건강 케어에 대해 주목하고 있다.

〈도표-6〉 국제기관이 지적·장려하는 영역

① 의료의 생명지킴이 기능 강화
② 퇴원 후의 팔로우업
③ 신체질환 환자에 대한 정신건강 케어

② 일본 의료제도의 특징을 통한 고찰

(a) 의료의 생명지킴이 기능 강화

〈도표-7〉 보건의료 시스템

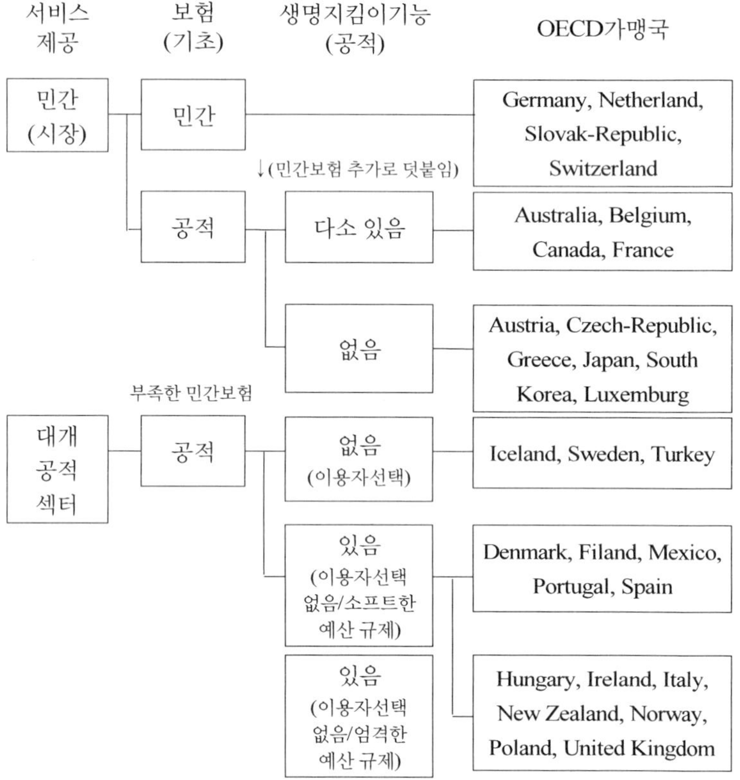

* OECD 2010, "Health care systems: Getting more value for money", OECD Economics Department Policy Notes, No.2, 수정 자료임.

'생명지킴이 기능의 강화'는 질환을 갖고 있는 주민의 '주치의'(가정의, 1차의료 의사)를 설정하는 것을 의미하다. 이것은 일정한 의료권에서 의료체제의 구조화를 나타내며, "누구나 어느 의료기관에서도 의료 보험으로 진료를 받을 수 있다."라고 하는 의료에 대한 자유로운 접근과는 독립된 관점이다. OECD가 2010년에 제시한 OECD 가맹국 보건의료 시스템 분류(OECD, 2010)를 이용하여 설명하자면, 일본의 의료제도는 ① 전국민보험제도 하에서, ② 민간주도로 의료가 제공되는(즉, 자유로운 접근이 보장된) 제도인 반면, ③ 공적 생명지킴이 기능이 없다는 특징이 있다(<도표-7>).

OECD가 일본에 권고하고 있는 '1차의료 강화'는 이러한 공적 생명지킴이 기능의 강화를 의미하고 있다고 생각된다.

(b) 퇴원 후의 팔로우업

두 번째로 국제기관이 장려하고 있는 것은 '퇴원 후의 팔로우업'이다. 여기에서 중요한 것은 팔로우업을 하는 대상자는 퇴원환자 '전원'을 말하는 것이 아니라는 점이다. 팔로우업을 하지 않으면 중단하여 자살위험이 높아질 수 있는 그룹을 대상으로 하게 된다.

이 관점이 이미 제도화로 된 것은 '지역포괄케어'의 체제 만들기가 이뤄지는 고령자 케어에 대한 생각의 바탕이 되는 '개호보험제도(介護保険制度)'이다. 개호의 필요 정도에 대한 명확한 기준은 2000년부터 가동되고 있다. 팔로우업을 추진하기 위해서는 '대상자의 층별화(層別化)'라고도 할 수 있는, 팔로우업을 행할 때 우선순위가 높은 그룹의 정의가 향후 필요하게 된다.

(c) 신체질환자에 대한 정신건강 케어

정신건강 케어를 보건의료서비스(WHO)나 1차의료(OECD)로 통합한다는 생각은 대상자에게 신체질환과 정신건강의 문제가 합병·공존하는 경우가 많다는 것을 의미한다.

③ 남겨진 과제

WHO가 장려하고 OECD가 권고하는 방향성은 단기간 내에 실현하기 어려운 과제이기도 하다. 예를 들면, 첫 진료가 이뤄지는 창구를 의료권에서 일원화하거나 주치의를 통해서만 전문의에게 진료를 받을 수 있도록 하는 보건의료제도로의 전환은 현실적이지 않다. 따라서 장려·권고의 취지를 포함하는 점진적 모델을 모색하는 방법 이외에는 없을 것이다.

이상의 고찰을 통해서 지역의 행정도 관여하는 공통의 플랫폼에서 사례를 검토하는 것이 현실적이라고 하는 가설을 설정하기에 이르렀다(<도표-8>). 다만, 그 사례의 축적이나 검증은 향후의 과제이다.

〈도표-8〉 주치의 기능의 강화방안

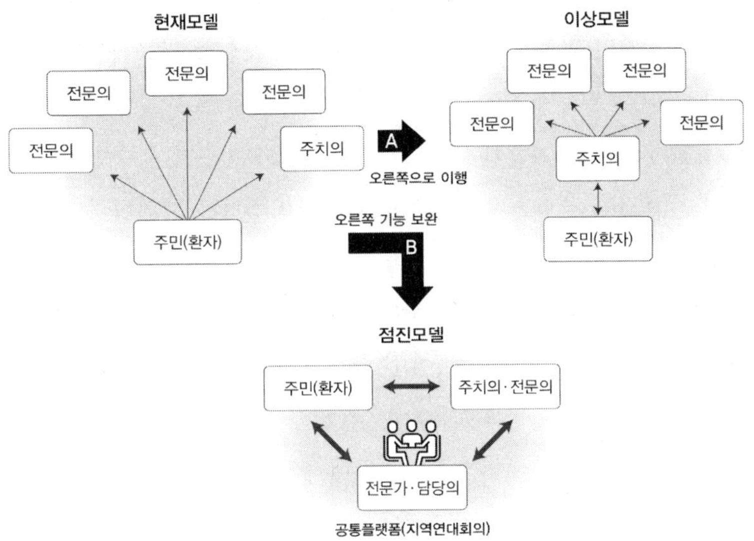

【마무리】

우리나라의 정신보건정책・자살대책의 정책 형성에 도움이 되기 위하여, WHO 및 OECD의 정신보건정책・자살예방 대책활동을 구체적으로 정리하였다.

WHO에서는 작년 9월에 자살예방대책 가이드라인 『자살예방: 전세계적 과제』를 정리하여 발표하였다. 또 가이드라인에 앞서 2020년까지의 정신보건정책에 관한 활동계획을 2013년에 보고하고, 목표지표의 하나로 '2020년까지 자살률 10% 감소'를 내세우고 있다.

OECD에서는 2014년 6월에 정신보건정책의 지표에 관한 보고서

『정신건강을 고려하다』를 출판하였다. 구체적인 지표를 명확히 권고하고 있지는 않지만, 사망률의 감소가 중요하고 고위험으로 생각되는 정신질환(조현병 또는 양극성 장애)의 자살률 지표가 예시되어 있다.

OECD 가맹국 가운데 공적인 생명지킴이 제도가 성숙하지 않은 국가로 분류되는 일본은(OECD, 2010), 미수자나 고위험자에 대한 지원을 고려할 필요가 있다. 일본의 보건의료제도 전체에 대한 OECD 권고(2014년 11월)의 핵심 가운데 하나인 '보다 강력한 1차 의료 개발'도 같은 맥락이다(2015년 공표 예정). 자살예방대책은 자유주의를 바탕으로 하는 주민 전체에 대한 인구집단 접근법(population approach)과 함께 각 지역에서의 축적이나 자원을 총동원하여 고위험자에게 어떻게 면밀한 지원을 구축할 것인가를 묻고 있다는 것을 국제기관의 동향은 보여주고 있다.

[참고문헌·자료]

World Health Organization, *Preventing suicide: A Global imperative*, WHO, 2014. (「自殺予防ガイドライン(自殺を予防する：世界の優先課題)」).
参考 URL: http://www.who.int/mental_health/suicide-prevention/world_report_2014/en/

World Health Organization, *Mental health action plan 2013-2020*, WHO, 2013a (「メンタルヘルスアクションプラン」.
参考 URL: http://www.who.int/mental_health/publications/action_plan/en

World Health Organization, *Global action plan for the prevention and control of NCDs 2013-2020*, WHO, 2013b.
参考 URL: http://www.who.int/nmh/events/ncd_action_plan/en/

厚生労働省「健康日本21(第２次)の推進に関する参考資料」(2012年)
参考 URL: http://www.mhlw.go.jp/bunya/kenkou/dl/kenkounippon21_02.pdf

Organization for Economic Co-operation and Development, *Making mental health count*, 2014a.
参考 URL: http://www.oecd.org/els/health-systems/mental-health-systems.htm)
Organization for Economic Co-operation and Development, *Reviews of health care quality: JAPAN*, 2014b.
参考 URL: http://www.ncgg.go.jp/topics/dementia/presentation-day1.html
Organization for Economic Co-operation and Development, Health care systems: Getting more value for money, *OECD Economics Department Policy Notes* No.2, 2010.
参考 URL: http://www.oecd.org./eco/growth/46508904.pdf

10. '행복도'로 본 자살대책

다카하시 요시아키*

【서론】

경제성장이 반드시 사람들을 행복하게 하는 것은 아니라는 '행복의 패러독스(paradoxes of happiness)'를 알아낸 이스털린(Easterlin, 1974)이후, '과학적' 행복도 연구는 학제적으로 발전하고 있다(Easterlin, 1974). 특히, "행복도는 무엇으로 정해지는가?"라는 행복의 규정요인에 관한 연구가 진전되어 왔다.

이들 연구 성과의 주요 요인으로는, ① 소득, 주거환경, 교육 등의 경제사회 상황, ② 심신 건강, ③ 가족이나 지역과의 유대감이라는 3가지를 들 수 있다. 이러한 움직임 속에서 그 사회가 행복한 사회인지 아닌지를 생각할 때, 자살률은 중요한 점을 시사해준다. 행복을 전혀 느끼지 못하고 절망 속에서 죽음을 택하는 상황을 자살률이 나타내고 있기 때문이다.

실제로 행복한 사회와 자살 간에는 강한 관계성을 엿볼 수 있다. 자살연구에서 보더라도 그 중요한 요인으로서 위에서 기술한 3가지 유형이 크게 관련되어 있다고 생각한다. '자살의 위기경로'(自殺対策

* 쓰쿠바대학 시스템 정보계사회공학부 준교수

支援センター, 2013)와 행복도의 규정요인을 비교하면, 경제사회 관계에서는 부채, 생활고라는 금전적 이유나 실업, 사업부진, 직장 환경의 변화 등의 직무상 문제, 심신의 건강에서는 우울증이나 신체질환, 유대감 측면에서는 가족의 불화, 직장 내의 인간관계가 부합된다.

결국, '행복한 사회'란 '자살이 일어나지 않는 사회'와 같은 의미라고 할 수 있고, 행복도 연구는 자살대책을 고려하는 데 있어서도 중요한 연구 분야가 될 수 있다. 본 항에서는 '과학적' 행복도 연구의 현상을 돌아본 후, 자살 생각과 행복도의 관계에 관한 분석결과를 소개하고 향후의 자살대책을 검토하는 데에 행복도 연구를 통한 시사점을 고려하고자 한다.

【1】 행복도 연구의 현황

(1) 행복도 연구의 발전

행복은 역사적으로 보면, 철학자가 오랫동안 논의해온 주제이다. 그리스 철학자인 아리스토텔레스는 행복이야말로 인생의 의미・목적이라고 하였고, 에피쿠로스는 정적이면서 정신적 쾌락이야말로 인생에서 추구해야 하는 것이라고 하였다. 그 후 벤담 등의 공리주의자가 행복을 논하였다. 그러나 현재 행복도에 주목하는 이유는 1970년대부터 심리학, 경제학, 사회학 등이 '과학적' 행복도 연구를 발전시켜 왔기 때문이다. 최근에는 행복은 인류학, 정치학, 뇌 과학에서도 중요한 주제로서 다뤄지고 있다.

'과학적' 행복도 연구로서 먼저 경제학자 이스털린(Easterlin) 교수는 1974년에 소득과의 관계를 상세히 분석하고, 미국의 일인 당 소득이 상승하고 있음에도 불구하고 행복도는 상승하지 않고 있다는 것을 보고 양자 간에는 상관성이 보이지 않는다는 점을 제시하였다. 또 브리크만(Brlickman) 교수와 캠벨(Campbell) 교수 두 명의 심리학자는 1978년 교통사고 피해와 복권 당첨자의 전후의 행복도 추이를 분석하고, 두 그룹 간에 행복도의 차이는 없다고 발표하였다. 전자는 경제성장이 사람들의 행복에 연결되어 있지 않다는 '행복의 패러독스', 후자는 '순응'이라고 불리는데, 현재까지도 행복도 연구의 큰 성과로 인정받고 있으며 이후의 행복도 연구 발전에도 크게 공헌하였다.

행복도 연구는 행복에 영향을 준 요인이 무엇인가를 밝혀내는 연구로서, 예를 들면, 연령, 성별, 실업, 혼인관계, 건강, 신뢰 등과 행복과의 관계를 실증분석하고 있다. 소득에 대해서도 절대적인 소득보다 오히려 타인의 소득과의 상대적 관계가 행복도에 영향을 미친다고 보고되고 있다. 또 인간은 반드시 합리적이지 않다는 행동경제학적 공헌으로 노벨경제학상을 수상한 카너먼(Daniel Kahneman) 교수도 뇌의 활동으로 행복도를 측정하는 실험이나 생활의 질, 만족도와 건강과의 관계를 연구하고, 최근에는 만족도는 돈으로 살 수 있지만 행복은 돈으로 살 수 없다는 연구성과를 발표하였다.

(2) 행복도 연구에서의 자살

행복도 연구의 입장에서 자살문제를 최초로 거론한 사람은 오스

왈드(Oswald, 1997)이다. 그는 "많은 사회과학자가 자살통계를 다루는 것에 익숙하지 않다. 특히 경제학자는 이 분야를 자신들의 일반적인 관심사항 외의 문제, 관련성이 희박한 문제라고 인식하고 있다." "그러나 이러한 태도는 올바르지 않다. (생략) (연구의) 목적이 인간의 복지와 인생의 가치라면, 자살통계는 다른 방법에서는 얻을 수 없는, 동요를 일으키지만 풍부한 정보를 제공한다." "왜냐하면, 자살은 행복도 조사표의 질문에 대한 응답보다도 오히려 (불)행에 반응한 선택으로서 드러난 것이고, 그 데이터는 원래 실험실의 실험으로는 관찰할 수 없기 때문이다."(Oswald, 1999, 1823-1824)라고 말하고 있다. 즉, 지극히 불행한 상태가 초래되는 것이 자살 또는 자살미수이기 때문에 그 주제를 다뤄야만 하는 것으로 하였다. 또 프레이와 스터쳐(Frey & Stutzer, 2002)는 실업이 행복도를 크게 떨어뜨린다는 것을 언급하는 가운데 실업이 정신적 측면에서 질환을 초래하고 자살의 주요인으로서 사망률을 높인다고 지적하고 있다.

행복도와 자살의 상관관계에 대해서 데이터를 이용하여 분석한 것으로는 유럽 가치관 조사를 사용한 브레이와 거넬(Bray & Gunnel, 2006), 갤럽(Gallup) 세계의식조사를 사용한 다카하시(Takahashi, 2012) 등이 있다. 브레이, 거넬(Bray & Gunnel, 2006)에서 상관계수는 전인구에서 -0.42, 남성에서 -0.49, 65세 이상에서 -0.50이며, 행복도가 높으면 자살률이 낮다는 약한 상관관계가 보이는 것으로 나타났다.[1]

1 서유럽과 동유럽을 나눠서 분석하면, 동유럽에서는 행복도와 자살률은 역의 관계를

한편 다카하시(Takahashi, 2012)는 OECD 각국에서 양자의 관계를 봤을 때 행복도가 낮은 일본, 한국뿐만 아니라 행복도가 높은 핀란드도 자살률이 높기 때문에, 상관관계는 찾아 볼 수 없다고 하였다. 단, 개발도상국에서 중회기분석을 실시했을 때, '행복의 패러독스'와 같이 행복과 1인당 GDP 또는 GNI와는 상관관계를 보이지 않았지만, 자살률과는 10% 수준에서 통계적으로 유의하였다. 이상으로부터 개발도상국의 개발을 언급할 때, 인간개발지표에도 포함되는 신체적 건강(평균수명)에 초점을 맞추지만, 개발도상국 사람들의 행복도를 고려하는 경우 심리적 측면의 건강도 중요한 주제가 된다.

개인 차원에서 연구한 것으로는 핀란드에서 1975년에 시작된 쌍둥이 패널조사에 국가의 사망원인 통계를 매칭시켜 분석한 코이부마-혼카넨 등(Koivumaa-Honkanen et al., 2001)과 미국의 일반사회조사(GSS), 전국 종단사망률조사(NILMS)를 매칭시켜 분석한 데일리와 윌슨(Daly & Wilson, 2008)이 있다. 전자에서는 인생의 의의, 행복감, 삶의 어려움, 고독감 등 4가지 질문의 단순집계를 생활만족도 지표로 삼고, 그 지표를 바탕으로 자살률을 추계한 결과 가장 만족도가 낮았던 층은 7.7%가 자살로 사망하였고, 가장 만족도가 높았던 층과 비교해 볼 때 14배 높았다. 후자에서도 주(州)별 비교분석으로는 시계열에서도, 크로스 섹션에서도 행복도와 자살의 관계성

가지며 불행한 사회일수록 자살률이 높았지만, 서유럽에서는 반대로 정의 상관관계를 가지고 있어서, 잘 설명이 되지 않는 상황이다.

은 발견할 수 없었지만, 개인차원에서는 불행한 사람이 자살로 사망하고 있다는 것이 관찰되었다.

이와 같이 선행연구에서는 크로스 섹션에서 자살률과 행복도는 약한 관계성밖에 보이지 않았지만, 개인차원에서는 강한 관계성이 보인다는 것을 알 수 있다.

【2】 행복도와 자살 생각

일본의 행복도 연구에서 행복도와 우울경향을 분석한 것은 있지만, 직접 자살과의 관계성을 분석한 연구는 없었다. 따라서 이하에서는 필자가 참여한 2010년 12월 시점에서 20대, 30대였던 청년층을 대상으로 진행한 인터넷 패널 조사 결과(n=6,137)를 사용하여 양자의 관계를 살펴보고자 한다(이하 '청년층 조사'). 청년층의 죽음 원인 1위가 자살로 되어있으며, 그 요인을 찾기 위해서도 청년층의 자살 생각에 대한 연구의 중요성은 증가하고 있다. 청년층 조사는 20대 전반의 응답자 구성비가 적은 점 등 대표성의 문제가 있기는 하지만, 응답자 수가 많았다는 점에서 청년층이 처한 상황을 파악하는 데는 유효하다고 생각한다.

청년층 조사에서는 2010년 12월과 2013년 2월의 조사에서 행복도 뿐만 아니라 각각의 자살 생각을 묻고 있기 때문에 우선 그 상황을 개관하고자 한다.

(1) 시기별 상황

2010년 12월까지 자살 생각이 있던 사람("죽으려고 한 적이 있다"+"진심으로 죽으려고 생각했던 적이 있다")은 응답자의 32.8%를 차지하였다. 자살 생각을 갖고 있던 사람 중 시기별로는 '10년 전 이상'이 가장 많은 39.3%를 차지하고, 5~10년 전 18.7%, 1~5년 전 23.6%, 6개월~1년 전 8.7%, 6개월 이내가 4.7%였고, 2010년 12월 시점에서 자살 생각을 가지고 있는 사람도 5.0%있었다.

한편 2010년 12월 조사부터 2013년 2월 조사까지 약 2년간 자살 생각을 가졌던 사람은 응답자 중 10.5%를 차지하였다. 그 사람들 중 1~2년 전이 40.0%, 3개월~1년 전이 24.6%, 3개월 이내가 17.6%이고, 2013년 2월을 기준으로 자살 생각을 갖고 있는 사람도 18.1%를 차지하고 있었다.

다음으로 자살 생각을 반복적으로 느끼고 있는 사람의 비율을 확인하기 위해 2010년 12월까지 그리고 2013년 2월까지의 기간을 크로스 집계 하였다. 그 결과 한 번도 자살 생각을 가져본 적이 없던 사람이 65.0%, 2010년 이전에 가졌던 적은 있지만 그 이후로는 가져본 적이 없다는 사람이 24.5%를 차지하고 있었다. 그러나 조사응답자 가운데 8.2%는 2010년 이후에도 자살 생각을 반복적으로 느끼고 있었다.[2] 2010년 12월을 기준으로 일본의 20대와 30대를 합치면 3,217만 명으로, 이 데이터가 대표성을 가지고 있다면 263.8만 명의 젊은이가 반복적으로 자살 생각을 갖고 있다는 것을 의미한다.

2 2010년 이후에만 자살생각을 가진 사람은 2.3%뿐이다.

더욱이 자살 생각을 가진 시기와 자살 생각이 반복되는 관계를 자세히 살펴보면, 2010년 12월까지 자살 생각을 가져본 적이 없던 사람 중 96.6%는 그 이후에도 자살 생각을 하지 않았다. 그러나 자살 생각을 갖고 있던 시기가 2010년 12월에 가까울수록 그 이후에도 자살 생각을 가질 확률이 높았다. 특히 2010년 12월을 기준으로 '지금 현재' 자살 생각을 가지고 있다고 응답한 사람 중 32.7%가 2013년 2월 현재에도 자살 생각을 갖고 있고, 자살 생각을 갖고 있고, 줄곧 자살 생각을 하며 생활해 온 것으로 나타났다.

(2) 속성별 상황

2013년 2월까지 자살 생각을 가져본 적 있는 사람(n=2,153)의 속성을 살펴보면, 성별로는 여성이 전체 여성 중 38.5%를 차지하고 있어서 남성보다 많았다(남성은 31.8%). 단, 2013년 2월에 '지금 현재' 자살 생각을 갖고 있는 사람은 남성이 2.0%, 여성이 1.8%로서 거의 같았다.

다음으로 2010년 12월 시점의 연령을 토대로 한 연령계층별 내용을 보면, 30대 후반이 31.4%로 가장 낮고, 30대 전반과 20대 전반이 각각 35.9%, 35.6%, 20대 후반이 42.0%로 가장 높았다.

또 취업형태별로 살펴보면, 실업자 등을 포함한 "기타"가 48.8%, "가사 · 통학 이외가 중심이며 일도 하고 있다"가 48.0%, "가사가 중심이고 일도 하고 있다"가 41.9%로 가장 높았다. 한편 아르바이트를 하고 있는 학생 등으로 "통학이 중심이며 일도 하고 있다"가 29.3%, 학생으로서 "통학하고 있다"가 32.0%, 정사원 등으로서 "일을 주로 하고 있다"가 32.7%로 낮았다. 직종별로는 일을 찾고 있거나 개업 준비를 하고 있는 실업자가 45.6%로 가장 높았고, 제조업의 파견사원이 42.6%, 자영업자가 42.3%, 파트타임이 40.4%, 아르바이트가 39.9%, 정사원이 31.0%, 회사의 임원이 29.8% 순으로 낮았다.

마지막으로 세대수입계층과의 관계를 보면, 100만 엔대가 48.0%로 가장 높고, 300만 엔대 이하의 계층에서 40% 전후로 되어있다. 한편 500만 엔대 이상은 30% 전후를 차지하고 있어서 수입이 높다고 자살 생각을 갖고 있지 않은 것은 아니라는 것을 알 수 있다.

(3) 단념한 이유

청년층 조사에서 "죽고 싶다" 또는 "죽으려고 했지만 단념하였다"는 이유를 물어보았다. 2013년 2월 조사의 복수응답 상황을 보면, "죽어버리자고 생각했던 문제가 해결되었다"라고 응답한 사람은 5.4%에 불과하였다.

더욱이 기분 전환을 할 수 있고, "장래를 낙관적으로 생각하게 되어서"가 10.8%를 차지하였지만, "참아서"가 가장 많은 38.0%, "가족이나 연인이 슬퍼할 것을 생각해서"가 뒤를 이어 31.8%, "아직 단념했다고는 말할 수 없다"가 29.1%를 차지하고 있어서, 근본적으로 자살 생각을 갖고 있는 문제가 해결되지는 않았다는 것을 알 수 있다.

전문기관과의 관계를 보면, "의료기관에서 치료를 받아 단념하게 되었다"가 7.0%를 차지한다. 또 "직장이나 학교에서 상담했기 때문"이 2.0%, "생명의 전화 등 민간단체와 상담했기 때문"이 1.5%였지만, 경찰과의 상담이 0.6%, 행정적 상담이 0.5%에 그쳤다. 이외에 자살방지 대책과의 관계에서는 자살방지 기사 · TV프로그램을 꼽은 사람은 0.8%, 자살방지 포스터 · CM, 자살방지 이벤트를 꼽은 사람은 0.5%에 그쳤고, 방문 지원(outreach)의 어려움으로 효과가 충분히 오르지 않았다는 것을 살펴볼 수 있다.

(4) '행복도'와의 관계

마지막으로 행복도와 자살 생각의 관계를 살펴보고자 한다.

행복도와 자살 생각의 관계를 보면, 행복도가 낮을수록 자살 생각을 하고 있는 것으로 나타나는데, 행복도가 가장 낮은 사람은 2010년 12월을 시점으로는 39%, 2013년 2월을 시점으로는 49%로 절반 가까이에 이른다. 행복도가 가장 높은 사람과 행복도가 가장 낮은 사람의 위험비를 보았더니, 2010년 12월에는 10.5배, 2013년 2월에는 13.9배가 되었다. 여기에서 행복도(불행도)와 자살 생각의 관계성이 크다는 점을 알 수 있다.

또 성별, 연령, 세대수입, 혼인관계, 직업 등에 행복도를 더하고 자살 생각의 승산비(Odds ratio)를 구하였다. 그 결과, 자살 생각을 떨어뜨리는 요인으로서 행복도가 높다는 것이 인정되었다(행복도 1점마다 승산비 0.81).

【3】 향후 자살대책의 정책전개에 대한 행복도 연구의 역할

이처럼 행복을 느끼지 못하고 슬픔의 심연에서 자살로 향한다면, 행복도를 줄이는 요인을 제거하는 것은 자살대책으로서도 유효하다. 예를 들면, 행복도 연구를 통해 실업자나 사회와의 관계성이 낮은 사람이 행복도도 낮다는 것을 알고 있다. 일자리 나누기 등으로 실업자를 줄이는 제도나 사회를 만들어 나가는 것은 자살대책으로서도 유효한 정책이라고 할 수 있다. 또한 행복도가 낮은 사람을 특정하고 그 사람에게 맞춰 대응하는 것도 자살을 줄이는 데 중요하다.

자살 생각은 부탄에서 2010년에 실시된 국민총행복조사에서도 포함되었으며, 차기 2015년 조사에서도 다시 포함될 예정이다. 그만큼 자살 생각을 파악하는 것은 행복한 사회를 생각하는 데 중요한 요소로 되고 있다. 지자체 등의 주민의식조사에 자살 생각에 대한 질문을 직접 포함하는 것이 어렵다고 하더라도, 현재의 행복한 상황을 묻는 질문을 포함시켜 분석하는 것은 자살을 감소시키는 대책을 생각하는 데 유효할 것이다. 향후 행복도 연구가 직・간접적으로 자살이 발생하지 않는 사회를 만드는 데 크게 공헌할 것을 기대해본다.

[참고문헌·자료]

Easterlin, R. A., Does economic growth improve the human lot? Some empirical evidence, *Nations and households in economic growth*, 1974, 89-125.

自殺対策支援センター・ライフリンク,『自殺実態白書』, 2013.

Oswald, A. J., Happiness and Economic Performance, *The Economic Journal* 107(445), 1997, 1815-1831.

Frey, B. S., & Stutzer, A., What can economists learn from happiness research?, *Journal of Economic Literature* 40(2), 2002, 402-435.

Bray, I., & Gunnell, D., Suicide rates, life satisfaction and happiness as markers for population mental health, *Social psychiatry and psychiatric epidemiology* 41(5), 2006, 333-337.

Takahashi, Y., Effectiveness of the development strategy for happiness in post MDGs, Proceedings of Human Development and Capability Association 2012

Annual Conference, 2012.

Koivumaa-Honkanen, H., Honkanen, R., Viinamaeki, H., Heikkilae, K., Kaprio, J., & Koskenvuo, M., Life satisfaction and suicide: a 20-year follow up study, *American Journal of Psychiatry* 158(3), 2001, 433-439.

Daly, M. C., & Wilson, D. J., Happiness, unhappiness, and suicide: An empirical assessment, *Journal of the European Economic Association* 7(2-3), 2009, 538-549.

11. 아동 학생의 자살대책

다카하시 요시토모*

【1】 아동 학생과 자살

아동 학생의 자살은 집단 따돌림과 관련되어서 방송매체에서 선정적으로 거론하더라도 그에 대한 관심은 단기간에 사라져버린다. 그러나 이 세대에 건전한 발달은 일생에 걸친 마음의 건강과 밀접하게 관계가 있기 때문에, 자살예방에 대해서 정면에서 거론할 필요가 있다. 필자는 문부과학성(이하 문과성으로 함)의 '아동 학생의 자살예방 대책에 관한 검토회'를 주관하여 담당했었기 때문에, 그 움직임을 중심으로 본 항을 정리하고자 한다(「子どもの自殺予防」, 「児童生徒の自殺予防に関する調査研究協力者会議について」).

【2】 문부과학성 검토회의 경위

(1) 자살대책기본법과 문과성의 검토회

자살대책기본법이 성립된 직후인 2006년 8월에, 문과성은 '아동 학생의 자살예방을 위한 대책에 관한 검토회'를 개최하였다. 그리고

* 쓰쿠바대학 의학의료계 재해 정신지원학 강좌 교수

다음해 2007년 3월에는 제1차 보고서가 정리되었다. 우리나라에서는 아동 학생을 대상으로 한 자살예방 대책이 거의 전무하다는 현실을 직시하고 자살예방의 방향성으로서, '지금 여기서부터' 할 수 있는 일이 무엇인가 하는 점이 중시되었다. 특히 ① 아동 학생의 자살예방에 관한 올바른 지식을 교사가 익힌다. ② 불행하게도 자살이 발생한 경우에는 남겨진 아동 학생에 대해 적절한 케어를 한다는 등의 내용이 강조되었다(2008년도부터 검토회 명칭은 '아동 학생의 자살예방에 관한 조사연구 협력자 회의'로 변경되었고 현재에 이르고 있다).

최근에 아동학생의 자살은 '집단 따돌림'과의 관련성이 과도하게 강조되는 경향이 있다. 그러나 이 세대의 자살은 가족의 병을 어린이가 대표해서 나타내는 경우도 적지 않다. 가정이 여러 가지 문제를 안고 있기 때문에 어린이가 필사적으로 '도움을 원하는 외침'을 발신하고 있어도 부모가 그것을 받아들일 여유가 없는 상황도 드물지 않다. 이러한 경우에, 교사가 책임 있는 어른의 입장에서 어린이들의 외침을 알아차리는 생명지킴이의 중요한 역할을 하게 된다. 제1차 보고서를 토대로 하여 2009년 3월에는 『교사가 알아야 할 어린이들의 자살예방』이라는 책자와 리플릿(「教師が知っておきたい子どもの自殺予防」マニュアル)이 정리되어 전국 학교에 배포되었다.

이 책자는 일반 교사가 알아야 할 자살예방에 대한 기초지식들이 정리되어 있다. 다루는 내용은 어린이들의 자살 실태, 자살의 사인과 대처, 자살예방을 위한 교내 체제, 자살예방을 위한 교외와의 연계, 불행히도 자살이 발생한 경우의 대처, 사례, 자살예방에 관한

Q&A이다. 이 책자를 바탕으로 문과성은 매년 전국의 교사를 대상으로 하는 연수회를 개최해 왔다.

2010년 3월에는 『어린이들의 자살이 발생했을 때의 긴급대처 안내(「子どもの自殺が起きた時の緊急対応の手引き」)』가 문과성에서 발표되었다. 자살예방에 전력을 다하는 것은 당연한 일이지만, 아무리 노력해도 자살이라는 사태가 발생하는 것 또한 현실이기 때문에 자살발생 대응시의 원칙을 정리한 것이다.

(2) 아동 학생의 자살실태

자살실태를 파악하기 위한 통일된 포맷, 자살 배경 조사의 가이드라인, 학생을 직접 대상으로 한 자살예방 교육의 가능성에 대해서도 검토해왔다.

경찰청 통계와 문과성 통계를 보면, 18세 이하의 자살자 수에서 연간 약 100명 정도의 차이가 있다. 가장 큰 이유는 유족들이 자살 사실이 공표되는 것을 바라지 않는 경우가 많기 때문에, 정확한 데이터가 통계에 반영되지 않고 있는 것으로 해석할 수 있다. 또 학교를 퇴학한 고등학생 중에는 자살 고위험자가 포함되어 있을 가능성이 높은데, 그러한 어린이들에게 팔로우업(follow up)이 이뤄지지 않는다는 현실도 있을 것이다.

아동학생의 자살 실태에 대해서는 매해 연말에 '문제행동조사' 결과가 문과성에 보고되는데, 그 첫 번째 항목으로 '자살'이 거론되고 있다. 2009년도 자살의 원인을 보면, 원인불명이 60%정도이다. 아동 학생의 자살이라고 하면, '반드시'라고 말해도 좋을 정도로 '집단 따돌림'이 거론되지만, '문제행동조사'에서는 따돌림으로 인한 자살은 1.2%밖에 보고되지 않았다. 유효한 자살대책을 실시하기 위해서는 먼저 실태를 파악해야 하지만, 원인불명이 과반수를 차지하고 있기 때문에 실태 파악과는 거리가 멀다.

그래서 자살실태를 파악하기 위한 통일포맷을 만들어 종래보다 조금이라도 더 상세하게 자살의 실태를 파악할 수 있도록 하였다. 문제행동조사에서는 연말에 1년간 일어난 자살에 대해 보고하고 있지만, 2012년, 2013년에는 자살이 일어난 후 가능한 빠른 단계에서 각각의 사례를 문과성에 보고할 수 있도록 협력을 의뢰함과 동시에 통일된 질문항목뿐만 아니라 자유기재도 추가하였다. 그 결과, 약 500가지 사례에 대한 보고가 들어왔다. 특히 자유기재를 통해 자살 예방으로 이어질 가능성이 많은 핵심 내용을 볼 수 있었다.

아동학생의 자살은 다양한 요인에서 비롯된 현상이고, 학교요인, 개인요인, 가정적 요인이 복잡하게 관여되어 일어나고 있다(高橋, 2008a; 高橋, 2014). 모든 사례에 대해 자유기재가 이뤄지고 있지는 않기 때문에 전체를 차지하는 비율을 보여줄 수는 없지만 다음과 같이 필자가 받은 인상을 서술하고자 한다.

학교요인으로 분류되는 집단 따돌림이나 부적절한 지도가 자살 발생에 관여된다고 생각되는 예가 여기저기에 조금씩 보였지만, 자살의 원인으로 생각되는 요인은 그것만이 아니다. 특히 중학생, 고등학생으로 연령대가 올라갈수록 우울증이나 조현병의 호발 연령으로 되기는 하지만, 치료되지 않은 정신장애가 자살과 밀접하게 관련되어 있다고 추정되는 사례가 있었다. 정신장애가 어느 정도 초기에 발견되어 적절한 치료가 이뤄졌다면, 자살을 예방할 수 있었다고 생각되는 예가 많았다. 더구나 가정적 요인으로서 빈곤, 학대, 무시 등의 예가 적지 않았다는 것이 검토회 위원들에게는 놀랄 일이었다. 어린이들의 도움을 요청하는 외침을 가족들이 받아들이지 못하고 있다는 현상도 심각하게 받아들이지 않으면 안 된다.

(3) 미국 시찰

또 2010년 11월에는 검토회 위원 대표 3명이 미국 매사추세츠주와 메인주를 방문하여 학생을 대상으로 하는 자살예방 교육에 대해 시찰하였다. 매사추세츠주 보건국, 자살예방 프로그램을 정리한 NPO단체, 실제로 자살예방 교육을 실시하고 있는 고등학교 등을 방문하여 의견을 교환하였다.

두 주의 자살예방교육에서 강조하는 점은 "기나긴 인생에서 누구나 문제를 가질 수 있다"는 것이기 때문에 "문제를 혼자서 떠안지 말라"는 것이었다. 그래서 ACT(알아차리기, 관계하기, 연결하기)가 강조되고 있었는데, 이것은 Acknowledge(문제를 알아차리기), Care(성실한 태도로 관계하기), Tell a trusted adult (신뢰할 수 있는 어른에게 상담하기)의 머리글자를 딴 것이다. 즉, '문제의 초기 인식'과 '적절한 원조 희구'라는 두 가지를 강조하여, 자살예방교육을 평생에 걸친 정신보건의 기초로 삼는 것을 목적으로 하고 있다(高橋, 2008b).

자살예방교육을 실시하는 것에 맞춰서 다음의 3가지 전제조건을 정비해야 할 것이다.

① 관계자와 합의형성: 학교의 모든 교사, 보호자, 지역의 정신보건 전문가 간에 자살예방교육 실시에 대한 합의를 형성하고 협력관계를 수립해 놓는다.
② 적절한 교육내용: 일방적인 가치관이나 도덕관을 어린이들에게 강요하지 말고, 중립적인 내용으로 위기에 빠진 어린이들이 도움을 요청할 수 있도록 한다.
③ 팔로우업: 자살예방교육을 실시하면 새로운 고위험 어린이들을 발견할 가능성이 있다. 학교에서 케어할 수 있는지, 보호자에게 통지해야 하는지, 즉각 전문가의 치료가 이뤄져야 할 것인지 등 적절한 팔로우업 태세를 준비한다.

【3】 학생을 대상으로 하는 자살예방교육의 가능성

서양에서는 아동학생을 직접대상으로 하는 자살예방교육을 실시하는 나라가 있다. 어린이가 자살에까지 내몰렸을 때, 그 고민을 같은 세대의 친구들에게 털어놓는 사례가 많다. 그래서 어린이들을 직접대상으로 하는 교육이 필요하다고 생각하게 되었다. 지금까지의 경험으로는 자살에 대해 이야기를 나눠도 자살위험을 높일 일은 없다는 것이 밝혀졌다. 어린이들을 대상으로 하는 자살예방교육을 생애 정신건강의 기초로 해야만 한다.

우리나라에서는 어린이들에게 자살에 대해 말하면 오히려 자살위험을 높이는 것이 아닐까 하는 불안감이 뿌리 깊게 박혀있다. 즉, '잠자는 아기를 깨우는' 것이 아닐까 하는 불안인 것이다. 그러나 이것은 어른들의 불안을 투영하는 것에 불과하다. 문과성 검토회에서도 "아이들은 잠자고 있는 것이 아니다. 오히려 인터넷을 비롯한 여러 정보처를 통해서 자살에 대해 많은 지식을 얻고 있다. 그런데 그것은 틀린 정보일 경우가 많다. 따라서 적절한 정보를 알려주고 자살예방으로 연결시킬 필요가 있다."라는 의견이 대부분을 차지하였다.

우리나라에서 아동학생을 직접대상으로 하는 자살예방교육을 현실에서 실시하고 있는 학교는 아직 한정되어 있지만, 아동학생이 고민을 안고 있을 때 동세대의 어린이에게 고민을 털어놓고 있는 현상을 직시하고 향후 이러한 종류의 교육이 이뤄질 수 있도록 검토해야만 할 것이다. 다만, 이미 지적하였듯이 전제조건이 마련되고 안전을 충분히 고려한 상황에서 자살예방교육은 실시되어야만 한다.

【결론】

청소년기에 마음의 건전한 발달은 평생 정신건강의 기초가 된다. 아동 학생의 자살이 발생하면, 일시적으로 대중 매체에서 선정적으로 거론하기는 하지만 그 관심은 곧 사라져 버린다.

그러나 이 세대의 건전한 발달을 목표로 하는 자살예방대책의 필요성을 우리나라에서도 인식하기 시작하였다. 모든 것을 단 한 번에 시작할 수는 없기 때문에 '지금 여기서부터' 무엇을 시작할 수 있을까 하는 관점에서 아동학생의 자살예방을 검토할 필요가 있겠다.

[참고문헌·자료]

文部科学省,「子どもの自殺予防」.
参考URL: http://www.mext.go.jp/a_menu/ shotou/seitoshidou/1302907.htm
文部科学省,「教師が知っておきたい子どもの自殺予防」マニュアル, 2009a.
文部科学省,「子どもの自殺が起きた時の緊急対応の手引き」, 2009b.
文部科学省,「児童生徒の自殺予防に関する調査研究協力者会議について」.
参考URL: http://www.mext.go.jp/b_menu/shingi/chousa/shotou/063_5/gaiyou/1351240.htm
高橋祥友外,『青少年のための自殺予防マニュアル』[改訂新版], 金剛出版, 2008a.
高橋祥友,『(現代のエスプリ488号)子どもの自殺予防』, 至文堂, 2008b.
高橋祥友,『自殺の危険—臨床的評価と危機介入』[第3版], 金剛出版, 2014.

12. 법의학의 관점에서 본 자살대책의 정책전개

이와세 히로타로*

【서론】

많은 대학의 법의학 교실에서는 사인규명을 위한 법의학 해부를 실시하고 있지만, 거기에서 어떤 일이 일어나고 있는지를 아는 사람은 많지 않을 것이다. 개별사례에서 전체적인 현상을 잡아 일반화시키는 것은 곤란하다는 것을 알고 있지만, 본 내용에서는 자살과 관련하여 법의학교실에서 경험하였던 일화를 몇 가지 소개하면서 향후의 대책에 대해 고찰하고자 한다.

【1】 자살과 법의학 해부

(1) '소리 없는 목소리'에 귀를 기울이다

해부를 실시함으로써 자살 배후에 집단 따돌림이 숨어 있다는 것을 알게 된 사례가 있다. 초등학생의 자살사례였는데, 당초 학교 관계자 대부분은 자살의 배후에 집단 따돌림이 있었다는 것을 숨기고 있었다. 자살동기에 명확하지 않은 부분이 있었기 때문에 경찰이 사

* 지바대학 대학원 · 도쿄대학 대학원 법의학교실 교수

법적 해부를 하는 것으로 방침을 정하자, 학교 관계자들은 따돌림이 있었다는 사실을 말하기 시작하였다고 한다. 해부결과로 자살인지 아닌지는 판단할 수 없지만, 이와 같이 사법해부로 돌릴 때와 돌리지 않을 때는 그 후의 결과에 큰 차이가 발생하는 경우가 있다.

해부를 하지 않는 경우는 초기단계에서 범죄성이 없다고 단정되기 때문에 당사자에게 사정청취는 이뤄지지 않는다. 당사자로서는 아무도 책임을 묻는 일이 없이 무난하게 끝내고 싶기 때문에, 아무것도 묻지 않으면 사실을 밝히지 않고 끝내버리려고 하는 것이 당연하다.

그러나 해부가 실시될 경우는 해부결과를 고려한 사인판정에 사망까지의 경위에 대한 정보가 필수적이기 때문에 관계자와 어느 정도의 사정청취가 진행된다. 일부 당사자는 사실을 말하려는 자가 나오지 않을까 하고 상대를 신경 쓰는 심경에서, 거짓말을 하지 말고 말하자 하는 마음 상태가 되어 사실을 말하기 시작하는 당사자가 나오기도 한다. 시신에 메스를 들이대는 것은 어떤 유족이나 싫어하는 것이지만, 이와 같이 의외로 간접적인 효과를 가져 올 때도 있다. 사건마다 해부를 포함하여 신중하게 사인을 규명하는 것은 직접적·간접적으로 진실을 해명하는 데 도움이 된다.

자살한 것으로 된 아이에 대해 유족들이 법의학 교실에 상담하러 오는 일이 가끔 있다. 그러한 상담 사례 중 하나인데, 부모의 이야기를 들어보면 아이가 죽은 시점에서 경찰이 휴대전화에 남아 있는 문자 이력이나 내용 등에서 자살을 판단하고, 사건성이 없다고 일찌감치 수사를 중단해버렸다고 한다. 당초 유족은 빨리 장례식을 치러야 한다는 마음에 일단은 경찰의 설명에 납득하며 장례식을 마쳤지만,

나중에 생각해보니 아이가 스스로 자살할 만한 이유도 없었을 뿐만 아니라, 친구들로부터 주변에 나쁜 친구가 있었다는 소문도 나와서, 그 친구에게 살해된 것은 아닐까 하는 생각을 하게 되었다고 한다. 그래서 다시 경찰과 상담했지만 상대해주지 않았다는 것이다.

오스트레일리아나 스웨덴 등 외국의 경우는 만약 자살이라고 여겨지는 사례라고 하더라도 타살의 사례가 포함되는 일도 있기 때문에, 많은 경우는 해부를 실시하고서 주변 수사도 실시하고 어느 정도의 시간을 들인 뒤에야 타살인지 자살인지를 판단한다. 미국에서 감찰의(Medical Examiner)로서 사인규명을 담당하는 의사로부터 들은 이야기에 따르면, 미국에서는 당초 자살이라고 생각되었던 사례에 대해 나중에 유족이 자살이 아니라고 의구심을 제기하는 경우, 대부분은 해부를 실시한다. 유족들이 그러한 의심을 보이는 시점에서 사인의 종류를 자살로 단정하지 않고 얼마간은 대기 상태로 하기 때문에 수사를 계속할 수도 있다고 한다. 그렇게 시간을 들여서 조사를 진행하면서 그때마다 유족들에게 설명하는 가운데 유족도 역시 자살이었다고 납득하는 경우도 있다고 한다.

(2) 미숙한 사인규명제도의 폐해

일본에서는 대부분의 경우, 불과 하루 동안의 초동수사를 통해 자살로 단정을 지어 버린다. 한 번 그렇게 되면, 타살 등의 사건성이 없는 것으로 되어 경찰은 해부로 넘기지 않고 수사도 중단해 버린다. 나중에 유족들이 누군가가 약물을 먹여 잠자는 사이에 자살로 보이도록 한 것이라고(실제 그러한 사건도 종종 발견됨), 자살이 아니라는 의심을 갖게 되더라도 이미 시신은 화장되었기 때문에 약물을 먹였는지 아닌지를 포함한 검증이 이뤄질 수 없다.

이러한 경우, 경찰로서는 유족의 의구심을 떨쳐낼 만큼의 결정적인 증거가 없기 때문에, 애매한 설명밖에 할 수 없게 된다. 많은 경우 일찌감치 사건성이 없다고 단정을 지어 버렸기 때문에 현장검증은 이뤄지지 않게 된다. 그뿐만 아니라 관계자로부터 새로운 사정청취 역시 어지간한 이유가 없는 한 어렵기 때문에, 유족들이 경찰에게 설명을 요청해도 납득할 만한 새로운 증거나 증언을 경찰이 보여줄 수는 없다. 이러한 일들이 더욱더 유족의 불신감을 유발하고 끝없이 고심하게 만드는 것이다. 이처럼 일본에서는 사인규명제도가 미숙하고 외국에 비해 사인을 꼼꼼히 조사하지 않는 경향이 강하여 자살자 유가족의 감정에 악영향을 미치는 경우가 있다. 사인규명제도의 미숙함은 자살에 관한 이야기 외에도 다른 내용에 영향을 미친다.

그 중 하나가 범죄를 놓치는 것이다. 도키츠카제베야(時津風部屋) 사건이 대표적인 사례라고 할 수 있다. 2007년에 아이치현 스모장에서 17세의 선수가 훈련 도중에 사망하였다. 병원에 옮겨져 사후 CT 촬영을 실시하였지만, CT상으로는 골절 등의 큰 외상이 보이지 않았기 때문에 의사는 병사로 판단하였고, 아이치현 경찰은 의사의 판단을 받아들여 별다른 사건성은 없었기 때문에 수사까지는 필요 없다고 판단하였다. (그런데 가령 각종 검사에서 병리학적으로 확실히 심근경색으로 사망하였다고 판단되는 경우라도, 고의로 병원으로 이송시키지 않아 사망한 경우는 사망까지의 정황에 따라서 범죄가 될 수도 있다는 것이 법의학적인 판단이기 때문에 당시 경찰의 판단은 법의학적으로는 부적절하였다).

시신을 확인한 유족은 시신에 상처가 너무나 많았기 때문에 해부를 해달라고 경찰에게 요청하였다. 그러나 아이치현 경찰은 의사가 병사로 판단하였고 범죄성이 없다고 판단하였기 때문에 이제 와서 사법해부를 할 필요는 없다고 대답만 할 뿐, 상대하려고 하지 않았다. 유족들은 시신을 고향인 니가타에 이송하였고, 니가타현의 경찰 직원과 상담한 결과 니가타에서 해부를 실시하게 되었다. 그 결과, 근육파열 등의 다발적 외상을 발견하고 외상성 충격으로 인한 사망으로 진단되었다. 보고를 받은 아이치현 경찰이 재수사를 한 결과, 동료 선수의 폭행으로 사망하였다는 것이 밝혀졌다.

또 사고사를 놓치는 경우도 있어서, 유사사례를 예방하는 데 도움이 되지 않는다는 문제도 있다. 그 사례가 파로마사 제품의 가스온수기에 의한 일산화탄소 중독사망 사례이다. 특히 1989년에 홋카이도 기타미(北見)시에서 발생한 사건은 대표적이라고 할 수 있다. 20대 남성이 아파트의 목욕탕에서 사망했는데, 경찰은 심부전증으로 사망했다고 판단하였다. 남성의 아버지는 해부하여 사인을 규명해달라고 간절히 요청하였지만 경찰은 그럴 필요가 없다고 거부하였다. 5개월 후에 같은 목욕탕에서 2명의 남녀가 사망하여 사법해부를 실시한 결과, 가스온수기 고장으로 인한 일산화탄소 중독사로 밝혀졌다.

만약 첫 번째 사건에서 해부를 실시하여 올바른 사인을 판정하였다면, 이후의 2명은 사망하지 않았을 것이다. 그뿐만 아니라, 그 후에 같은 회사제품 때문에 사망하게 되는 사례는 없었을 것이다. 외국에서는 이렇듯 청년층의 사망에 대해, 사인이 명확하지 않았을 때는 해부하지 않고 병사로 인정하는 경우가 거의 없기 때문에, 해부나 약물검사 등은 반드시 실시되어야만 한다.

그러나 일본에서는 사인이 특정되지 않은 경우에도 사건성이 의심되지 않는 한 해부를 하지 않기 때문에, 사인 판정이 소홀해지고 결과적으로 비슷한 사건으로 인해 죽음에 이르는 경우가 이어지고 있다. 이와 같이, 일본의 미숙한 사인규명제도로 인해 국민에게 다양한 피해가 발생하고 있기 때문에, 피해를 막기 위해서는 현재의 사인규명제도를 개선하는 것이 필요하다. 그리고 단순히 초동수사만으로 끝내는 것이 아니라 해부실시를 포함하여 매우 신중하게 사인을 판정하고 유족에게도 상세한 설명을 할 수 있도록 변화하지 않으면 안 된다.

【2】 사인 · 신원조사법과 현황의 과제

(1) '사인 · 신원조사법'의 성립

이러한 의미에서 2013년부터 시행된 '경찰 등이 다루는 시체의 사인 또는 신원조사 등에 관한 법률'(사인 · 신원조사법)에 따른 해부는 주목할 만하다. 지금까지 일본에서는 도쿄, 오사카, 고베 등 감찰의(監察醫) 제도가 있는 지역에서는 행정해부와 사법해부의 2가지 방법으로 사인규명이 이뤄져 왔지만, 일본의 도시 대부분에서는 감찰의 제도가 없고 사실상 사법해부 하나만으로 사인을 규명해왔다. 사법해부는 범죄성의 유무를 검증하기 위하여 실시하는 해부이다.

외국에서는 사인이 명확하지 않으면, 범죄성 유무도 명확하지 않다는 생각에서 범죄성이 적극적으로 의심되지 않더라도 사인이 불명확한 경우에는 사법해부를 실시하고 있다. 그러나 일본에서는 해부나 여러 검사를 실시할 인원 · 설비가 부족하여 그렇게 운영되지 않고 있다. 앞에서 서술한 바와 같이, 단순한 초동수사 결과 범죄성이 의심되지 않으면 해부하지 않고 끝내버리고, 관계자도 경찰도 사실을 밝히지 않고 중단한다. 이러한 가운데 도키츠카제베야 사건 등을 계기로 개선하려는 움직임이 일었고 '사인 · 신원조사법'의 시행이 이뤄지게 되었다.

사인 · 신원조사법에 따른 해부는 감찰의 제도가 없는 지역에서도 실시 가능한 새로운 행정해부라고 할 수 있고, 범죄성이 의심되지 않는 상황에서도 사인이 명확하지 않는 경우, 경찰청장의 권한으로 유족의 승낙 없이 사인규명이 이뤄질 수 있도록 되어 있으며, 유족에게 설명해야 할 의무도 있다. 향후, 사인이 명확하지 않은 시신에 대해서 사인 · 신원조사법에 따라 해부나 약물조사를 실시하는 방향으로 운용할 수 있다면, 자살을 납득할 수 없는 유족의 불신, 다수의 범죄나 사고를 놓치는 등 현행 제도에서 발생하고 있는 여러 문제들을 해소할 수 있을 것으로 생각된다.

그러나 원래 사인규명제도가 미숙한 채로 남아있는 근본적인 원인은 해부나 여러 검사를 실시하는 인력과 설비가 부족한 데 있기 때문에, 이러한 문제들을 정비하지 않고서는 법을 이상적으로 운용하기가 어렵다. 외국의 사례처럼 사인규명기관으로서 법의학연구소 등을 정비하지 않으면, 결국 그림 속의 떡이 되고 말 것이기 때문에 주의해야 한다.

(2) 간이검사의 함정

한편 사인·신원조사법의 시행으로 인해, 사후 화상검사나 간이 약물 스크리닝 검사를 초동검시 때 할 수 있도록 되어 있지만, 그로 인해 특히 경찰청은 간이검사로 범죄성이 의심되는 한정적인 사례만을 해부하면 된다는 생각을 하기 쉽다.

그러나 이들 간이검사만으로는 '소쿠리처럼 범죄를 놓치는' 일이 법의학에서 많이 발생하고 있다. 사인이 판명되지 않은 시신에 대해, 범죄성 판단이라는 좁은 관점만으로 의학적으로 불충분한 스크리닝 검사를 해버리면, 가려내는 과정에서 빠진 사인 가운데 범죄로 인한 시신이 포함될 수도 있다는 것은 자명하다. 즉, 의학적으로 사인이 판명되지 않은 시체에 대해 스크리닝을 해서 범죄로 인한 시신만을 뽑는다는 발상 자체가 잘못된 것이고, 그러한 제도를 만들어 버리면 현행 제도를 개선하기는커녕 악화시킬 수도 있게 된다.

본래는 경찰의 범죄발견이라는 관점뿐만 아니라 사례마다 사인을 특정하는 것을 목적으로 하는 의학적인 관점에서는 의학적 검사를 충분히 해두는 것을 목표로 해야 한다. 이러한 제도가 이뤄지지 않는 한 범죄를 놓치는 것은 방지할 수 없을 것이다.

(3) 사인과 관련된 정보수집에 관한 문제

법의학의 관점에서 본 자살에 관한 또 다른 문제는 사인통계 등 사인과 관련된 정보수집 문제이다. 후생노동성과 경찰청에서 발표한 자살자 수가 다르다는 것은 비교적 잘 알려진 사실이다. 그런데 그 원인은 작성되고 있는 시체검안서, 사망진단서가 책임감 있게 정확히 집계되지 않고 있기 때문이라고 생각한다. 자살이나 사고사 등의 이상사망의 사례는 대부분이 병원에서 가족들과 함께 죽음을 맞이할 수 없는 불행한 사례로서, 이러한 사례가 병원이외의 장소에서 어떻게 죽음을 맞이하였는지를 파악하는 것이 중요하다. 왜냐하면, 유사한 사례로 인한 불행한 죽음을 예방하는 것으로 이어질 수 있기 때문이다. 따라서 국가나 자치단체로서는 이상사망의 실태를 미리 파악해야만 할 것이다. 그러나 현시점에서 정부나 각 지자체가 그 실태를 파악하고 있지 않기 때문에, 자살자 수에 대해 정부의 성(省)·청(庁) 간에 차이가 생겨나는 정상적이지 않은 상태가 발생하고 있는 것이다. 2014년 6월에 사인규명추진계획이 각의 결정되었는데, 그 중에 사인규명으로 인해 얻을 수 있는 정보의 활용이나 법의학과 관련된 지식을 활용하여 사인을 규명하는 전문적인 기관 정비 항목을 보면, 각 지자체에서는 사인규명추진협의회를 설치·활용하는 것으로 되어 있다. 협의회는 사망진단서나 사체검안서의 기재내용을 데이터베이스화하고, 이상사망의 실태를 파악하기 위한 노력을 해야만 한다. 자살예방과는 입장이 다르지만, 소아과 관련학회에서 아이들의 사고사나 학대사례를 예방하는 것을 목적으로 제안하고 있는 '아동사망검토(child death review)'도 같은 체제가 이뤄지지 않고서는 실현되기 어렵다. 관계자들이 서로 협력하면서 협의회에서 검토항목으로서 데이터베이스화를 포함하도록 요구하는 것도 앞으로 필요하지 않을까 생각한다.

【3】 장기적, 단기적인 정책전개에 필요한 관점

설비나 사람을 외국처럼 정비하여 범죄성이 없다고 여겨지는 사례라도 각각의 사례마다 꼼꼼히 사인규명을 실시할 필요가 있다. 그런 다음에 영미권에서 볼 수 있는 '검시관(Coroner)제도'처럼 제도적으로 만드는 것도 염두에 두어야 할 것이다.

검시관 제도란 일본에는 존재하지 않는, 형사·민사재판과는 다른 제3의 재판제도로서, 검시관은 '사인 판정을 위한 재판을 하는 재판관'이라고 하면 이해하기 쉬울 것이다. 자신의 아이의 죽음이 자살 때문이 아니라고 의구심을 가지고 있는 부모가 있다면, 검시관과 상담하여 해부결과의 수집이나 관계자에게 사정청취를 하여 재차 자살이냐 아니냐를 판단해주도록 하는 것이다. 이러한 제도가 있다면, 최소한 자살자의 유족이 방치되는 것을 막을 수 있고, 유족이 납득할 수 있는 사례도 늘어날 것이다. 그러나 단기간에 이렇게 도달하기는 어렵다고 생각하기 때문에, 현 단계에서는 그러한 장기적인 목표를 달성하기 위해 토대가 되는 구조를 만드는 것이 요구된다. 그것을 위해서라도 사인규명 등 추진계획을 받아서 정부가 어떠한 방식으로 운영해 가는지 향후 잘 감시할 필요가 있다.

한편, 그다지 비용을 들이지 않더라도 비교적 단기간에 실시할 수 있는 것이 있다. 그 중 하나가 사인정보의 데이터베이스화일 것이다. 각 지자체에 설치될 협의회에서의 검토사항으로서, 이상죽음 사례의 사망진단서·시체검안서를 수집하고, 자살이나 사고사의 실제 수효를 파악하거나 사인과 관련한 정보를 활용한 예방책을 검토하는 것을 포함시켜야만 할 것이다. 그때 법의학 관계자가 아니더라도 '아동사망검토'나 자살대책이라는 것에 관심이 있는 분들이 정부 등에 관련 활동을 촉구한다면, 행정 쪽에서도 잘 움직여 줄 것이라고 생각한다.

법의학과 관련되지 않았더라도 자신이 모르는 사이에 사인규명제도의 피해자가 되는 경우가 있기 때문에, 본 항을 통해서 사인규명의 현황이나 지금까지 검토되어 온 내용을 알고서, 향후 사인규명제도의 바람직한 모습을 생각할 수 있는 계기가 되기를 바란다.

13. '자살희소지역'의 조사에서 깨달은 점
– 가이후(海部)정의 교훈을 어떻게 활용할 것인가

오카 마유미*

2008년에 처음으로 도쿠시마(德島)현의 옛 가이후정에 들어간 이후, 줄곧 자살희소지역(자살발생이 매우 적은 지역)에 대한 연구를 계속하고 있다. 자살이 많은 일본에서도 자살이 잘 일어나지 않는 마을이 실제로 있다. 자살문제의 지역연구 대부분은 자살다발지역을 대상으로 자살위험인자를 추출하는 것을 목적으로 하고 있지만, 본 연구는 그 반대로 자살희소지역에 잠재하고 있다고 생각되는 '자살예방인자'를 밝혀내려는 것이다(참고문헌 · 자료).

【1】 자살이 '가장' 적은 마을

도쿠시마현의 최남단, 태평양을 바라보는 작은 마을 가이후정은 2006년 인접하는 2개의 마을이 합병되어 가이요(海陽)정이 되었다. 지방의 대다수 마을이 그렇듯이 과소화(過疎化)와 저출산 문제를 안고 있는 인구 3,000명 정도의 지극히 평범한 시골마을이다. 이 마을이 전국 3,318개 시구정촌(편자 주: '헤이세이(平成) 대합병' 이전) 중

* 와카야마현립의과대학 보건간호학부 강사

에서도 자살률이 '가장' 낮은 희소지역 중 하나인 이유를 언뜻 보아서는 알 수 없다.

이 신기한 마을을 조사하기에 앞서 떠오른 것이 "이 마을에는 원래 '자살위험인자'라는 요소가 적은 것이 아닐까?" 하는 점이었다. 매년 내각부가 발행하는 자살대책백서에 따르면, 자살 동기 중 가장 많은 것이 '건강문제 · 질병'이고 이어서 많은 것이 '경제문제 · 생활고'로서, 이 두 가지가 전체의 약 70%를 차지하고 있다. 자살률이 낮은 가이후정에서는 이러한 문제가 거의 없는 것이 아닐까 하는 가설을 세우고, 관련된 데이터를 모아 주변 마을과 비교해 보았다. 그 결과 가이후정이 가지고 있는 건강문제나 경제문제는 주위 마을과 별다른 차이가 없다는 것을 알 수 있었다. 가이후정만이 자살위험인자로부터 벗어나 있는 것은 아니라는 것이다.

그래서 다음의 가설로 넘어가기로 하였다.

> 가이후정에는 다른 마을과 마찬가지로 자살위험인자가 있는데도 불구하고, 유난히 자살률이 낮은 이유는 무엇일까? 이 마을은 자살위험인자의 위험도를 억제하는 어떠한 '자살예방인자'를 가지고 있는 것은 아닐까?

이 가설 하에 진행된 연구방법은 크게 3가지로 나뉜다. 주된 대상은 자살희소지역인 도쿠시마현 옛 가이후정, 그리고 같은 현에 위치한 자살률이 매우 높은 A마을을 대상으로 포함해서 비교를 하였다.

① 인터뷰: 행정, 의료복지, 교육 등 각 분야의 관계자, 그리고 일반주민. 200명을 초과하면서 더 이상 세지 않았다. 같은 대상자에게 반복해서 이야기를 들은 경우도 많다. 대면 및 그룹 인터뷰 방식.

② 참여관찰: 지역 축제 준비에 참가하거나 보건활동을 수행하면서 마을의 특징을 관찰하였다.

③ 설문조사: ①, ②에서 알아낸 사실을 검증하고 자살예방인자를 추출하는 것을 목적으로 진행하였다. 전후 2회에 걸쳐 약 3,300명의 지역주민에게 실시(응답률 89.8%, 96.1%).

이상과 같은 조사와 분석을 반복 실시하여, 자살희소지역인 가이후정의 특유한 요소이면서, 자살다발지역인 A마을에는 적거나 존재하지 않았던 요소를 특정하여 다음의 5가지 요소를 '자살예방인자'로 추출하였다.

【2】 가이후정 커뮤니티의 5가지 자살예방인자

(1) 다양성의 중시

가이후정에서는 식구끼리 강하게 결속되어 외부에 폐쇄적인 태도를 취하는 것을 볼 수 없었다. 배타적이지 않은 것과 동시에 의식적으로 다양성을 유지하려는 언동이 자주 관찰되었기 때문에 몇 가지 사례를 들고 싶다. 예를 들면, 이 마을에는 에도시대에 생겨났던 상호부조조직인 '호바이조직(朋輩組)'이 아직도 존재하고 있는데, 여기에 가이후정만의 특성이 뿌리내려 있다.

호바이와 유사한 조직이 예전부터 전국적으로도 있었지만, 그 대부분은 '배타적'인 특성을 갖고 있었다. 이에 비해, 가이후정의 호바이조직은 외지인, 신참자, 그리고 이러한 조직에는 흔하지 않은 경우이지만 여성의 가입도 거부하지 않는다. 요즘에는 당연하다고 생각하겠지만, 가이후정 인근의 유사조직에서는 "이 지역에서 3대 이상에 걸쳐 거주한 가문출신에 한해 입회를 허가한다."라고 하는 불문율을 아직까지 내세우는 곳도 있다.

또 많은 유사조직에서 주민의 가입은 사실상 강제적인데 반해 호바이조직의 경우는 가입과 탈퇴에 관한 규칙이 없다. 그리고 가입하지 않은 주민이라도 커뮤니티에서 아무런 불이익을 받지 않는다는 점이 중요하다. 역으로 생각했을 때, '가입하지 않음=외톨이'라는 도식이 예상될 수 있는 것이라면, 애초에 주민이 가입하지 않는다는 선택지는 없는 것이다.

(2) 인물 본위로 타자를 평가한다

가이후정의 사람들에게 그 사람의 가문이나 재력, 직업상의 지위나 학력 등은 평가척도의 하나이긴 하지만 그것이 전부는 아니다. 개개인이 가진 인격이나 문제해결능력에 대해서 스스로 관찰하고 종합적으로 평가한다.

예를 들면, 마을의 인사 결정 사안이 그렇다. 교육장이라는 임무는 오랫동안 교육계에서 일을 해온 연장자가 임명되는 경우가 많은데, 미래의 아이들 교육을 위해서는 기획력이 중요하다고 생각한 가이후정에서는 상공회의소에 근무하는, 교육에 종사했던 경험도 전혀 없는 41세인 사람을 발탁하였다. 필자에게는 놀라운 인사결정이었지만, 마을 사람들의 말로는 적재적소의 인사를 검토한 결과 그렇게 되었다는 것이다. 지금이야 공립중학교 교장을 민간에서 공개모집하려는 시도도 보이고 있지만, 가이후정의 이러한 인사는 30년 이전부터 이뤄지고 있었다는 점에서 주목할 만하다.

장기적으로 사람을 관찰하고 종합적으로 평가하는 가이후정의 특성을 상징하는 것으로, “첫 번째는 용서하라(눈감아 주라).”라는 말이 있다. 이웃에게 큰 피해를 준 사람, 체면을 잃을 처지에 있는 사람 등에게 주위에서 해주는 말이다. 기나긴 인생 동안 한두 번의 불상사가 있다고 해서 그 사람의 남은 인생 전부에 낙인을 찍는 것은 하지 말자는 의미이다. 만회의 기회가 있다는 메시지를 전하여 재기를 촉구하는 것이다.

(3) 유능감을 가지고 일에 대처한다

‘유능감’이란 자기신뢰감이라고도 할 수 있다. 주변 사람에게 어떠한 영향을 미칠 수 있다고 믿는 감각이다. 이 유능감을 가지고 있는 사람이 가이후정에는 많다.

가이후정의 마을의회에서는 신참이라도 선배와 동등하게 대우받으며, 첫날부터 적극적인 발언이 가능하고 논의할 때도 더 적극적으로 참여하도록 한다. 다른 많은 커뮤니티와 같이, 신참은 선배 뒤에서 대기하고 개인 발언을 할 수 있을 때까지 오랜 과정을 거쳐야만 하는 것과는 대조적이다.

가이후정과 A정을 포함한 9개의 마을, 3,300명의 주민이 참가한 설문조사에서도 가이후정의 유능감을 뒷받침하는 결과가 나왔다. "나 같은 사람에게 정부를 움직일 수 있는 힘은 없다."고 생각하는 주민은 가이후정의 경우 26.3%였고, 자살다발지역인 A정의 경우는 51.2%로 큰 차이가 있었다.

(4) 도움을 요청하는 것에 대한 저항이 적다

가이후정에는 "병은 시장에 내라."라는 속담이 있다. 병은 문자 그대로 질병이라는 뜻과 동시에 인생에서 발생할 수 있는 여러 가지 문제, 실수, 걱정거리 등을 가리킨다. 오기를 부리면서 고민을 안고 있는 것이 아니라 고민을 알려서 도움을 요청하라는 가르침이라고 한다. 중증질환이 되고 나서는 돕고 싶어도 어떻게 할 수 없는 경우도 있고, 최악의 경우에는 이웃들까지 병에 휘말리는 사태에 이르기도 한다. 어차피 피해를 받을 거라면 초기단계에서 도움을 받는 것이 낫다는, 가이후정 커뮤니티가 공유하는 '이해타산'이 적용되고 있는 것이다. 이것이 바로 위험관리이다.

이러한 가르침이 뿌리내린 결과인 것일까. 가이후정은 같은 의료권내에서 우울증의 수진율이 가장 높고 게다가 가벼운 증상 단계에서도 진료 받는 사람이 많다는 특징을 갖고 있다. 자신의 좋지 못한 상태를 인정하고 미리 도움을 구하려는 표시라고 할 수 있다.

우울증을 금기시하는 정도와도 관계가 있다. 가이후정에서는 태도가 이상하다고 생각되는 이웃에게 "당신 우울증에 걸린 것 아니에요? 빨리 병원 가서 약 받아와요."라고 말한다. 반대로 A정에서는 어떨까? 우울증을 강하게 금기시하는 A정에서는 가이후정의 일화를 들려주면 놀라곤 한다. 우울증을 보이는 주민에게 보건사가 진료 받을 것을 권하면, "미쳤다고 소문이 나면 아이들이나 손자한테까지 피해가 간다."라며 강한 거부반응을 보이는 것이 일반적이라고 한다.

이 이야기를 듣고 곰곰이 생각해볼 점은, 아무리 행정기관에서 "우울증이라고 느껴지면 미리 진료를 받으세요."라고 반복해서 말하더라도, 그 효과는 현실적으로 한계가 있다는 것이다. 지역사회에서 우울증에 대한 금기의식이 약해지고 진료를 받았어도 자신과 가족이 백안시당할 일이 없다는 확신을 가질 수 있어야만 수진행동이 촉진될 수 있는 것이지 그것이 없이 단순히 진료를 받으라고 계속 말하더라도 행동의 변화가 일어나기를 바랄 수는 없는 것이다.

(5) 너무 긴밀하지 않은 느슨한 인간관계

주위 마을에 비해 가이후정에서는 공동 모금인 '붉은 깃털 모금(赤い羽根募金)' 활동이 쉽지 않다. 다른 마을에서는 주민들이 모두 비슷한 금액을 모금함에 넣고 조용히 다음 사람에게 모금함을 돌리는 것에 비해, 가이후정에서는 모금하는 사람과 하지 않는 사람이 섞여 있기 때문이라는 단순한 이유 때문이다. 가이후정 사람들은 균질한 것이나 통제되는 것을 싫어하는 경향이 있다. 모두가 하니까 나도 한다는 것, 주위와 행동을 함께해야 한다는 것에 중점을 두지 않기 때문이다.

주민 설문조사 결과, "이웃과 일상의 생활에서 협력하고 있다"고 대답한 사람은 가이후정에서 16.5%, A정에서는 44.4%로서, A정이 보다 긴밀한 인간관계를 유지하고 있는 모습을 보였다. 가이후정의 경우는 길에서 만나 이야기하거나 인사하는 정도의 교제를 하고 있는 사람의 비율이 가장 높다. 소통이 단절되지 않으면서도 얕은 정도의 관계를 유지하고 있는 것으로 추정할 수 있다.

같은 설문조사 결과를 사용하여 항목 간의 영향을 보면, 그 사람이 살고 있는 커뮤니티가 긴밀할수록 도움을 요청하는 것에 대한 저항감이 강해지는 경향을 보였다. 보다 느슨한 관계가 유지되고 있는 커뮤니티에서 '죽는 소리를 하는' 행위가 쉽게 나올 수 있다는 것이다.

이상, 가이후정 커뮤니티에 대해 자살예방인자로 기능하고 있다고 생각되는 5가지 요소를 꼽았다. 이들 5가지에 공통하는 점은 숨막히는 답답함을 없애는 것, 살아가기 힘들다고 느끼는 사람을 줄이는 것과 연결되어 있는 것은 아닐까?

【3】 가이후정 커뮤니티는 재구축될 수 있을까

가이후정의 이야기를 하다보면, 이러한 마을(또는 커뮤니티, 조직, 직장 등)을 재구축하는 것이 가능할까, 어떻게 하면 가능할까 하는 질문을 자주 받는다. 재구축이 불가능하다는 사람은 적지 않다. 불가능하다는 의견을 가진 사람에게 그 이유를 물으면, "아무래도 무리에요, 어떻게 생각해봐도", "이런 놀라운 커뮤니티를 만든다니 도저히 불가능해요."라는 반응이다.

반대로 필자는 불가능할 리가 없다고 생각하고 있는데 이에 대한 근거도 있다. 다름 아닌 가이후정이라는 마을이 실재하고 있다는 것이 그 근거이다. 지금까지 말한 이야기는 탁상공론이 아니라 모두 실화이다. 해보면 못할 것이 없다는 마음에서 출발하지 않으면, 재구축의 논의도 시작할 수 없다. 물론 쉬운 일이 아니란 것은 잘 알고 있고 항상 고민하고 있지만 "이것이다!"라고 할 만한 해결책에 아직까지 도달한 적은 없다. 원래 이러한 커뮤니티 구축에는 특효약이나 지름길이 없다. 그것은 소박하고 충실한 행동들이 축적되면서 가능하게 되는 것이라고 생각한다.

따라서 명확한 해결책을 제시할 수는 없지만, 가이후정형의 커뮤니티를 재구축하는 데 필요한 3가지를, 오늘 지금의 시점에서 기술하고자 한다. ① 균질화를 회피하기 위해, ② 사고(思考) 정체를 회피하기 위해, ③ 답답함을 회피하기 위해 필요하다고 생각되는 사항이다.

이미 말한 대로, 가이후정 사람들은 균질화를 싫어한다. 이 마을의 여러 가지 커뮤니티 특성은 균질화를 회피하고 다양성 유지를 중시하는 것으로 나타난다. 인간관계, 사고나 가치관의 경직화와 고착이 집단에 유해하다는 인식을 공유하고 이를 명심하여 피해온 것은 아닐까? 게다가 집단이라는 것은 자칫하면 균질화되기 쉽고, 간단히 통제되는 습성을 가지고 있다. 역시 항상 눈을 크게 뜨고 균질화의 조짐을 조기에 발견해서 대응할 수밖에 없다는 생각이 든다. 일부러 다른 생각을 갖고 있는 사람을 섞어 넣어 본다는 발상이 좋을 수도 있을 것이다.

사고 정체를 회피하기 위해서는 어떻게 하면 좋을까? 아무래도 집단 규모가 작아야 한다는 것이 핵심이라고 생각하게 되었다. 가이후정 사람들은 "비대화되면 정체된다"는 말을 한다. 오래전부터 전해지는 가이후정의 상호부조조직인 호바이조직에서도 구성원이 너무 많아졌다고 생각되면 인원을 일부러 분할했다고 한다. 정체될 가능성이 있기 때문이라는 것이 그 이유이다. 확실히 규모가 너무 커지면, 새로운 생각과 오래된 생각이 교체되며 순환은 더디게 일어나는 폐해가 있다.

그리고 답답함을 회피하기 위해서 해야 할 일이 있다. 우선 네트워크(인간관계)를 두 종류 이상 만드는 것이 필요하다고 생각한다. 자신에게는 이 인간관계밖에 없다는 잘못된 생각, 이 관계를 잃으면 큰일난다 하는 잠재적인 공포감이 사람을 괴롭힌다. 반대로 만약 이 네트워크가 좋지 않더라도 다른 네트워크가 남아있다고 생각한다면 마음은 한층 편해진다.

다음 것도 같은 생각에 기초한 것이지만, 주민이나 그 집단 구성원에 대한 지원 장치를 항상 2종류 이상 준비해둘 것을 제안하고 있다. 예를 들면, 어느 험한 산간에 있는 극단적인 과소지역인 한계취락(限界集落)에서의 일이다. 이웃주민들이 실제로 서로 잘 도와주면서 살고 있기 때문에 안심할 수 있다고 행정기관 직원은 말하지만, 그러한 '이웃 사랑(隣人愛)'에만 의존하고 있어도 괜찮은 것일까.

이웃 사랑 자체는 있으면 좋은 요소이다. 그렇지만 이웃 사랑이 유일한 지원 장치라면 주민들은 속으로 어떠한 생각을 할까? '이 사람들과의 관계를 해쳐서는 안 된다, 만약 관계가 나빠지면 이 취락에서는 살기 힘들어진다'라는 생각이(과장해서 말하면 강박관념이) 스스로 의식하지 않더라도 잠재되어 있을 가능성을 염두에 두어야만 한다.

또 한 가지, 예를 들면 행정적으로 소액의 유료 서비스를 보조하여 제공한다면, 주민들은 복수로 지원이 준비되어 있다는 것을 알게 됨으로써 마음이 편해진다. 실제로 이용하는 일이 없을지 몰라도, 만일의 경우 그 서비스를 선택할 수도 있다는 것만으로도 그들이 안고 있는 답답함이 다소 경감될 지도 모른다.

그리고 이러한 것을 모두 한꺼번에 다루는 것이 아니라 '좋은 점만을 골라 쓰기'한다면 괜찮다고 생각한다. 중요한 것은 능력 이상의 힘을 쓰지 않으려고 하는 것이다. 그렇지 않으면 언젠가 무리하게 된다. 아무리 탁월한 정책이라도 오래 계속되어야만 처음의 의의를 따르는 것이 되기 때문이다.

【4】 가이후정에서 깨달은 점을 어떻게 활용할까

처음으로 가이후정을 방문한 이후, 이 마을에서 얻은 지식을 자살예방대책에 어떻게 활용할 수 있을 것인가를 계속 고민하고 있다.

지금 말할 수 있는 것은 한 가지.

일단 '자살문제'로부터 분리시켜 본다.

필자는 자살대책에 참여하고 싶다고 생각하고, '자살률이 매우 낮은 커뮤니티의 비밀을 밝히면 자살예방대책에 크게 이바지할 수 있다'는 생각으로 2008년에 가이후정에 들어갔다. 그러나 조사에서 얻을 수 있던 지식, 앞서 서술하였던 5가지의 지살예방인자는 이 마을이 의식적으로 자살을 줄이려고 해서 나온 결과가 아니다. 가이후정 사람들조차 본인들의 마을이 전국에서 손꼽히는 자살희소지역이라는 사실을 모르고 있었다. 삶의 어려움을 줄이고 살아가기 좋은 환경을 추구하다보니 자연스럽게 자살예방이 이뤄진 것이다.

자살예방이 자살을 고려하는 사람을 줄이는 노력이라고 한다면, 그것은 즉, 삶에 어려움을 느끼는 사람을 줄이는 것이라고도 할 수 있다. 자살희소지역인 가이후정은 그것을 알려줬다고 생각한다.

[참고문헌·자료]

岡檀, 山内慶太, 「自殺希少地域における自殺予防因子の検索—徳島県旧海部町の住民意識調査から」, 『日本社会精神医学会雑誌』 20(3), 2011, 213-223.
岡檀, 山内慶太, 「自殺希少地域のコミュニティ特性から抽出された「自殺予防因子」の検証—自殺希少地域及び自殺多発地域における調査結果の比較から—」, 『日本社会精神医学会雑誌』 21(2), 2012, 167-180.
岡檀, 『生き心地の良い町—この自殺率の低さには理由(わけ)がある』, 講談社, 2013.

14. 대중 매체와 자살대책

다마키 다쓰야*

【서론】

대중 매체의 일을 하는 입장에서 자살보도의 현장이나 과제, 향후의 방향성에 대해 정리하였다. 마이니치신문(毎日新聞)을 대표하는 자로서의 의견이 아닌, 자살문제를 중요한 취재주제로 생각하고 있는 한 기자의 사견이다. 당연히 같은 매스컴의 사람이라도 입장에 따라 의견이 나뉘는 내용이 포함되어 있다. 이러한 점은 이해해 주기를 바란다.

먼저 어떤 경험을 바탕으로 자살보도를 고찰하였는지를 알려주기 위해서 간단한 약력을 쓴다. 나는 1990년 4월에 마이니치신문에 입사하였다. 오사카(大阪) 본사 사회부를 비롯해 도야마(富山), 교토(京都) 두 지국을 거쳐, 다시 오사카 본사 사회부에 소속되었다. 그 후, 도쿄 본사 사회부로 이동하여 2004년 4월부터 3년간, 후생노동성을 담당하였다. 그때 자살대책기본법(2006년 10월 시행)이 성립하기 전부터 취재하면서 그 필요성을 캠페인 형식으로 기사화하였다. 2007년 10월에 오사카 본사 사회부로 돌아와 2011년 5월부터

* 마이니치신문사 다카마쓰지국장

나라(奈良) 지국이나 오사카 본사 지방부에서 편집 책임자를 역임하였고, 2014년 10월부터 현직인 다카마쓰(高松) 지국장이 되었다. 자, 이제 본론으로 들어가자.

【1】 자살보도의 현황

자살보도의 현 상황에 대해 나의 체험을 담아 소개하겠다.

신문기자는 보통 신참일 때, 경찰을 담당한다. '경찰 담당'이라고 불리는데 나도 그랬었다. 매일 사건이나 사고 등 소위 '발생사건'의 처리에 쫓긴다. 일상적으로 경찰을 취재하는 것이지만 발생한 사건에서 확인해야 할 중요한 핵심 내용 중 하나가 '사건성의 여부'이다.

예를 들면, "남성의 시신이 자택에서 발견되었다."라는 신고가 경찰서에 들어왔다고 하자. 이것만으로는 사건성이 있는지 여부를 전혀 알 수 없다. 왜 남성이 죽었는지, '사인'이 불명확하기 때문이다. 그렇지만 그 후, 날카로운 것으로 찔린 것이 사인이고 그 흉기가 주변에서 발견되지 않았다는 것을 알게 되었다고 하자. 흉기가 저절로 사라지는 일은 있을 수 없는 일이기 때문에 누군가가 남성을 찌르고 흉기를 든 채로 도망갔을 가능성이 높아진다. 즉, 살인사건의 사건성을 갖춘 것이 된다. 사건성이 있다고 간주되면, 그 사건 내용에 따라 기사화하기로 하고 매스컴은 본격적으로 취재를 시작한다.

한편 흉기가 현장에 남아 있었고 방은 내부에서 잠겨 있었다. 게다가 유서가 남겨져 있었다고 하자. 이러한 경우, 경찰은 "사건성이 낮다"고 발표한다, 때로는 "남성의 죽음을 자살로 보고 조사하고 있다."라는 표현으로 초기 단계에서 사실상 자살이라고 결론을 내리는 경우도 있다. 만약 자살사건이 된다면 매스컴은 보도자체를 하지 않는 경우가 대부분이다.

단, 예외적으로 자살을 보도하는 경우가 있다. 그것이 어떤 경우인가를 구체적으로 쓰기 전에 현재 이뤄지고 있는 자살보도의 원칙을 참고로 제시하겠다.

마이니치신문의 경우는 자살보도에 관한 내부규정이 있다. 거기에는 우선 기사화의 필요성이 있는가를 포함하여 충분히 사항을 검토하고 만약 보도하기로 했다면 연쇄자살을 초래하지 않도록 기술이나 취급에 유의하도록 되어 있다. 더욱이 사건을 크게 다룰 경우에는, 상담창구의 연락처를 게재하는 등 배려를 해야 한다고 되어 있다.

자살자의 이름을 익명으로 할지 실명으로 할지는, 기수·미수의 여부와 사례에 따라 판단한다. 단, 공인이나 저명인사 등 사회적 영향력이 큰 경우는 실명을 게재하는 방향으로 검토한다. 그리고 이미 실명으로 보도된 사건으로 구속된 용의자·피고에 대해서는 원칙상 실명으로 게재하도록 되어 있다. 동반자살의 경우, 익명으로 할지 실명으로 할지는 경우에 따라 다르지만, 형사사건이 될 가능성이 높은 강제 동반자살은 원칙상 실명으로 한다. 그러나 강제 동반자살에서 아이가 목숨을 건진 경우에는 장래를 고려해서 익명으로 하는 것을 검토하도록 되어 있다. 다른 신문사나 통신사, 텔레비전도 거의 같은 자살보도의 원칙을 따르고 있다.

자살보도 원칙에 따라 발생사건에서 사건성이 없으며 자살이라고 알려졌음에도 기사화되는 경우에 대해 생각해보자.

크게 나누면 3가지 유형이 있다. 하나는 자살자가 저명인사인 경우이다. 많은 사람들에게 알려진 사람이 자살한 경우, 놀랍기도 하고 알려야 할 것들이 많다. 그러나 이 경우 매스컴마다 취급방법이 다르다는 것도 특징이라고 할 수 있다.

두 번째는 자살방법이 특이한 경우이다. 유화수소의 사용이나 집단자살 등이 이에 해당된다. 그리고 세 번째는 배경이나 동기에 사회성이 있는지 여부이다. 구체적인 사례를 들면, 어린이가 집단 따돌림의 괴로움으로 자살한 경우, 재발방지책을 포함해서 다수의 보도가 이뤄지는 경우가 있다. 따돌림으로 인한 자살은 초기에 사건성이 없다고 판단되어도 경찰의 조사 결과에 따라, 이후 집단 따돌림을 한 사람이 형사처벌을 받게 되는 경우도 있다. 따라서 통상의 사건보다 보도가 과열되는 경우도 적지 않다.

이 3가지 유형 모두 보도라는 본연의 자세를 생각할 때, 여러 가지 문제점이 있다. 그것들은 나중에 '과제'로서 상세히 서술하겠다. 그 전에 자살보도란 어떤 것인가에 대해 마이니치신문의 실제 기사를 몇 가지 보자.

> STAP세포 논문 책임저자의 한 명인 이화학연구소(理化學硏究所) 발생·재생과학 종합연구센터(CDB, 고베시 주오(中央)구) 사사이 요시키(笹井芳樹) 부센터장(52)이 5일 오전 8시 40분쯤, CDB와 인접한 첨단의료센터 내에서 목을 맨 상태로 발견되어, 오전 11시 3분 이송된 병원에서 사망한 것이 확인되었다. 효고(兵庫)현 경찰은 자살로 간주하여 조사하고 있다. 이연(이화학연구소) 간부들 앞으로 3통의 유서가

남겨져 있었다고 한다. (중략) 현의 경찰에 따르면, 사사이씨는 CDB와 통로로 연결되는 첨단의료센터 연구동의 4층과 5층 사이에 있는 계단의 층계참에서 난간에 묶인 끈 같은 것으로 목을 맨 상태였다. 반팔 셔츠에 정장바지 모습으로 층계참에 구두와 가방을 놔두었다. 수사관계자에 따르면, 3통의 유서는 그 가방에 들어있었는데, 1통은 STAP논문 제1저자인 오보카타 하루코(小保方晴子)・연구 유닛리더(30) 앞으로 되어 있었다. (2014년 8월 5일부 석간)

경찰발표와 수사 관계자의 취재를 바탕으로 자살보도 치고는 아주 상세하게 기사화되었다. 또 다음과 같은 속보도 게재되었다.

STAP세포 논문저자의 한 명이며 자살한 이화학연구소 발생・재생과학종합연구센터(고베시) 사사이 요시키 부센터장(52)의 유족 대리인인 변호사가 12일 오사카 시내에서 기자회견을 열고, 가족 앞으로 작성된 유서의 개요를 공개하였다. 자살한 이유에 대해서는 "매스컴의 부당한 비난, 연구나 연구실에 대한 책임으로 지쳐버렸다"는 취지로 기술되어 있었다고 한다. (중략) 유서는 아내와 형 앞으로 되어 있었다. 모두 "지금까지 고마웠다", "먼저 가서 미안하다"는 등의 말들이 쓰여 있었다. (2014년 8월 13일부 조간)

사사이씨의 자살은 신문과 텔레비전에서 모두 크게 보도하였다. 세계적으로 유명한 연구자이고 STAP세포 논문에 대한 평가가 완전히 바뀌는 과정에서 필자 중 한 명이 자살한 것은 세간에 큰 충격을 주었다. 그 동기에 관심이 집중되었고 유서 내용 역시 많은 매스컴들을 통해 전해졌다.

유명인으로서 연예인의 자살이 보도되는 경우도 있다.

> 22일 오전 7시쯤 도쿄(東京)도 신주쿠(新宿)구 니시신주쿠(西新宿)6의 맨션 근처의 도로에서 가수 후지 게이코(62, 藤圭子)씨가 쓰러져 있는 것이 발견되었다. 심폐정지 상태로 병원에 이송되었지만 잠시 후 사망하였다. 경찰청 신주쿠 경찰서는 투신자살로 보고 조사하고 있다. 후지씨는 가수 우타다 히카루(30 宇多田ヒカル)씨의 어머니. 현장은 28층 건물인 고층맨션. 맨션 관리회사의 남성에 따르면, 후지씨는 머리에 피를 흘린 상태로 쓰러져 있었고, 지나가던 행인이 110번에 신고하였다. 후지씨의 사망은 전 남편이 확인하였다. 신주쿠 경찰서에 따르면, 후지씨는 13층에 사는 30대 지인 남성의 집 베란다에서 투신하였다고 한다. 유서는 발견되지 않았다. (2013년 8월 22일부 석간)

한 시대를 풍미한 인기가수가 자살했다는 것은 놀라운 일이었지만, 사사이씨의 자살과 비교해서 억제하는 모습이 보였다. 자살의 방법이 특이하였던 두 번째 경우는 어떨까.

> 29일 오후 11시 25분쯤 삿포로(札幌)시(중략)의 2층 빌라에서 이상한 냄새가 나서 주민 약 10명이 대피하였다. 홋카이도(北海道) 경찰 삿포로 데이네(手稲) 경찰서의 수사 결과, 빌라 1층에 사는 20대 남성이 욕실에서 유화수소를 사용해서 자살하였다. 주변 주민에게 부상은 없

> 었다. 해당 경찰서에 따르면, 남성에게 연락이 안 되는 것을 이상하게 생각한 가족과 지인이 남성의 집을 방문하여 욕실에서 쓰러져 있는 남성을 발견하였고 119에 전화하였다. (2013년 5월 30일부 조간)

유화수소로 인한 자살은 주변에 피해를 미칠 가능성이 있고 자살 자체보다는 대피소동이 일어났던 것을 취재하는 경우가 많다.

마지막으로는 사회적 문제가 포함된 경우이다.

> 구마모토(熊本)현 교육위원회는 22일 구마모토시의 현립고등학교 1학년 여학생(당시 15세)이 작년 8월 현내의 자택에서 자살하였다고 발표하였다. 학교 측은 무료통신 앱 'Line(라인)'의 댓글로 인한 친구들의 따돌림이 있었다는 것을 인정하였다. 그러나 "지금까지의 조사만으로는 그것을 자살 원인이라고 하기에 불충분하다"고 하여 조사를 계속할 방침. (2014년 10월 24일부 조간)

학교나 교육위원회는 학생 · 아동이 자살한 경우, 통상적으로 발표하지 않는다. 이 경우는 집단 따돌림이 자살 원인일 가능성이 있기 때문에 예외였다. 또 재판기사로 게재되는 경우도 많다.

> 2010년 자살한 군마현 기류(桐生)시의 초등학생(당시 12세) 어머니가, 집단 따돌림의 중심이었다고 지목한 과거 동급생과 그 어머니를 상대로 330만 엔의 손해배상을 청구한 소송은 1일 마에바시(前橋) 지역 재판소에서 합의되었다. 원고 측 변호사에 따르면, 전 동급생이 초

> 등학생의 초상이나 위폐에 합장하고 머리를 숙이는 것을 조건으로 배상 청구를 취하했다는 내용으로, 전 동급생이 동일 재판관 입회하에 실행하였다. 소송에서 전 동급생측은 집단 따돌림 행위를 부정하고 있었다. 초등학생의 아버지(55)는 "오래 기다리게 해서 미안하다고 전하고 싶다. 이것으로 조금이나마 위로가 될지..."라고 말했다. (2014년 12월 2일부 조간, 원고 작성을 위해 실명을 익명으로 바꾸는 등 일부 수정함)

자살 원인이 집단 따돌림인지의 여부를 묻는 재판을 취재할 때, 거기에서 재발방지책을 얻을 수 있을까 하는 관점도 중요하다.

【2】 자살보도의 과제

'자살보도의 현황'에서 보았듯이, 사건 · 사고와 같은 '발생사건' 시 자살이란 사실을 알았을 때의 보도방법에는 여러 가지가 있다. 더욱이 발생사건뿐만 아니라 소위 해설 · 검증 기사로서 자살을 취재하는 경우도 당연히 있다. 나는 오히려 이쪽 기사를 많이 써 왔다. 예를 들면, '기자의 눈'이라는 칼럼에서 '자살대책 첫해의 바람'이라는 제목으로 기사를 썼던 적이 있다. 시작 부분만 소개하자면 다음과 같은 기사였다.

> 올해는 자살대책의 첫해가 될 지도 모른다. 지난달 1일 아키타(秋田)시에서 개최된 지역의 종합대책을 생각하는 포럼에서 패널리스트 중 한 명으로 출석하면서 그 생각을 강하게 다졌다. 국가나 지자체, 민간

> 단체에서 약 250명이 모여 "우리도 무엇인가 할 수 있을 것이다."라는 열기로 회장을 가득 채우고 있었다. 작년 6월, 자살대책기본법 성립을 앞두고, 한 해 동안 이 문제를 취재하며 대책을 위한 토대를 만들었다는 것이 실감이 났다. 성패의 핵심은 정부가 어디까지 국민의 힘을 살릴 수 있는가에 있다. (2007년 1월 9일부 조간)

해설 · 검증 기사에도 과제는 있을 것이다. 다만, 거기까지 폭을 넓히면 초점이 흐려질 우려가 있기 때문에, 이번에는 '발생사건'에 초점을 맞춰 과제에 대해 생각해보자. 그 출발시점에 서서 다시 한 번, 나의 원고라서 송구하기는 하지만 다음 기사를 읽어주기 바란다.

> 국가 기관 '자살예방종합대책센터'(도쿄도)는 집단 따돌림 자살 보도가 과도해지면 아동이나 학생 등 청년층에 악영향을 미칠 수 있다고 하여, 홈페이지 서두에 WHO(세계보건기관)의 자살보도 가이드라인을 소개하고 매스컴의 신중한 보도를 호소하기 시작하였다. WHO가 2000년에 발표한 가이드라인은 적절한 매스컴 보도가 자살예방에도 도움이 된다는 점을 인정하는 한편, 보도가 자살행동에 영향을 줄 가능성도 언급하고 있다. (2006년 11월 6일)

이 기사에서 쓴 WHO 자살 가이드라인에 대해 내각부는 홈페이지에 '자살예방 매스컴 관계자를 위한 지침서'를 소개하고 있다. 전문이외에 그 내용을 나열하여 11가지 항목으로 정리하였다. 전부 중요하기 때문에 게재순서 그대로 인용한다. 언급하기 쉽도록 원문에는 없지만 번호를 매겼다.

① 되도록 사회와 관련성이 있는 자살에 관한 계발・교육을 한다.

② 자살을 선정적으로 취급하지 않는다. 당연한 행위인 것처럼 취급하지 않는다. 혹은 문제해결 방법의 하나인 것처럼 취급하지 않는다.

③ 자살보도를 눈에 띄는 곳에 게재하거나 과도하게 반복적으로 보도하지 않는다.

④ 자살기수나 미수에 사용된 수단을 자세히 전하지 않는다.

⑤ 자살기수나 미수가 일어나 장소에 대해 자세한 정보를 전하지 않는다.

⑥ 제목에 신중을 기한다.

⑦ 사진이나 영상을 이용하는 것에는 많은 신중을 기한다.

⑧ 저명인사의 자살을 전할 때에는 특히 주의한다.

⑨ 자살로 인해 남겨진 사람에 대해 충분히 배려한다.

⑩ 지원을 요청할 수 있는 곳에 대한 정보를 제공한다.

⑪ 매스컴 관계자 자신도 자살에 관한 화제에서 영향을 받는다는 사실을 알아야 한다.

자살보도의 과제를 생각할 때, WHO의 지침서를 지키고 있는지를 하나의 기준으로 삼아 다음의 논점을 진행하겠다.

WHO의 지침서는 앞에서 소개한 마이니치신문의 자살보도 내규에 많이 반영되어 있다. 신문, 텔레비전의 각 매스컴회사는 WHO의 지침서를 참고로 하여 자살보도 원칙을 정하는 경우가 많다. 다만,

이 지침서에는 현장의 감각으로서는 그 실현이 다소 어려운 부분도 있다. 그것이 바로 '과제'일 것이다. 나도 지침서가 모두 '옳다'고는 생각하지 않는다. 순서대로 개별적이고 구체적으로 검토하겠다.

①은 이론(異論)이 없다. 이 계발, 교육 속에서 '자살은 개인 문제'라는 보도도 이전에는 꽤 드문드문 보였다. 계발 · 교육은 그 관점이 매우 중요하기 때문에 자살대책기본법으로 정해진 '기본이념'을 바탕으로 하는 입장을 지켜야 한다. 자살대책기본법 제2조는 "자살대책은 자살을 개인적인 문제로만 인식하는 것이 아니라, 그 배경에는 여러 가지 사회적인 요인이 있다는 것을 고려하여 사회적 대처로서 실천되어야 한다."라고 규정하고 있다. '자살이 개인의 문제'라는 잘못된 메시지는 자살문제 해결을 늦출 뿐만 아니라 남겨진 유족에 대한 편견, 차별을 만들면서 새로운 문제를 만들게 된다.

②는 어려운 부분이 있다. 그것은 무엇을 가지고 '선정적'이라고 생각하는가이다. 자살에 대해 "당연한 행위인 것처럼 취급하지 않는다"와 "문제해결 방법의 하나인 것처럼 취급하지 않는다"는 일반 신문이나 텔레비전에서 잘 지켜지고 있다고 생각한다.

일반적으로 신문에서는 1면, 텔레비전에서는 첫 번째 뉴스가 가장 중요한 뉴스인 소위 톱뉴스이다. 사사이씨의 자살은 많은 매스컴들이 톱뉴스로 다루었다. 그것을 선정적이라고 한다면 자살을 선정적으로 취급하는 것이 되어 WHO의 지침서에 어긋나는 결과가 된다. 그러나 여기에는 의견이 나뉜다.

뉴스의 가치 판단이 똑같이 정해져 있는 것은 아니지만, 그 하나에 '놀라움'이 분명히 포함되어 있다. STAP세포 논문에 대한 평가를 다시 검증하는 도중에, 책임자 중 한 명인 저명한 연구자가 자살한 이야기는 '큰 놀라움'이다. 거기에는 여러 가지 생각해야 할 요소가 포함되어 있다. 어째서 사사이씨는 자살을 한 것일까? STAP세포 논문의 평가는 어떻게 되는 것인가? 사사이씨의 연구는 앞으로 어떻게 이어질 것인가? 기사의 분량이 늘어나 방영하는 시간도 길어진다. 필연적으로 눈에 띄게 다루어지는 것이다.

이것이 '흥미중심'이 아니냐는 비판이 따를 수도 있다. 흥미중심은 사전에 따르면, '사람이 재미있어 하는지의 여부를 제일로 여기는 것'이라고 한다.

독자나 시청자의 '놀라움'에 단지 대답하기 위한 지면 작성은 조금이라도 잘못되면 '흥미중심의 보도'로 빠지기 쉽다. 그러나 한편으로 자살문제를 생각하는 데, 의도적으로 작게 보도하는 것도 이상하지 않을까?

자살대책기본법은 제6조에서 국민의 책무로서 "국민은 자살대책의 중요성에 대한 관심과 이해를 깊게 하기 위하여 노력한다."라고 명시되어 있다. 흥미중심이 아닌 자살자의 존엄을 지키면서 자살로 인한 영향을 제대로 보도하는 것은 자살대책을 생각하는 정보도 되고 국민의 관심과 이해를 깊게 하는 것으로 이어진다고도 생각한다.

③ "자살보도를 눈에 띄는 곳에 게재하지 않는다."라는 것은 모방자살을 방지하기 위한 목적이다. 젊은이들에게 있기 있는 연예인이 자살했을 때, 그것을 야단스럽게 보도하는 경우와 담담하게 보도하는 경우에 따라서 모방 자살에 미치는 영향이 다르다. 그 사실은 아주 중요하며 매스컴에서는 일부러 조절하며 전달할 필요가 있다. 아

직도 고쳐야 할 점이 많기는 하지만, 청년들에게 영향을 미칠 것 같은 자살에 대해서는 특히 신경을 써왔다고 생각한다.

그러나 굳이 내 생각을 말하자면, 사사이씨의 예와 같이 생각해야 하는 점이 많은 경우에는 모방 자살방지를 최대한 고려하면서 눈에 띄는 것은 괜찮다고 본다. 그 이유는 자살보도는 결국 내용이 문제라고 생각하기 때문이다.

마지막의 '자살보도 제안'에서 자세히 쓰겠지만, 매스컴이 자살보도를 금기시하고 취재를 그만두거나 쓰지 않는 것은 자살문제의 해결을 멀리해버리는 것이라고 생각한다. ③의 나머지 부분인 "과도하게 반복적으로 보도하지 않는다"에 동감하며 최근에는 거의 하지 않는다고 생각한다. ④의 "자살 수단을 자세히 전하지 않는다"는 이전에 비해서 거의 잘 지켜지고 있다고 생각한다. 최근에는 사용한 약물을 구체적으로 다루는 예가 거의 없다. 다만, 어떠한 자살방법인지는 쓰고 있는데, 왜 그런지에 대해 조금 설명하고 넘어가겠다.

사건을 취재할 때 사건성이 있는지 여부의 확인이 중요하다는 것은 앞에서도 소개하였다. 취재하는 입장에서는 사건성이 없는 자살이라고 판단되는 근거를 독자에게 제시하는 것이 중요하다고 생각한다. 즉, 경찰이 왜 자살이라는 결론에 이르렀는지를 기사에 쓰다 보면, 그 수단을 언급할 수밖에 없다. 오해하기 쉽겠지만, 그것이야말로 '흥미중심'이 아니라 기자는 사건성이 없다는 것을 전달하기 위하여 자살의 수단을 언급할 수밖에 없는 경우가 대부분이라는 것이다.

예를 들면, '목매달음'이라는 표현은 나도 기사를 쓰면서 몇 번인가 사용한 적이 있지만, 솔직히 말하자면 상당히 저항감이 드는 표현이다. 그러나 사람이 사망했다는 현실이 있고, 그 사인에 따라서 형사 사건으로 발전할 가능성이 있다면, 사인을 확실히 명시하지 않는 경우 오해를 초래하고 의문을 남긴다. 특히 저명인사가 자살한 경우에는 수단에 대한 언급을 피할 수 없다.

⑤ "장소에 대해 자세한 정보를 전하지 않는다."도 '자세함'에 대한 정도의 문제는 있지만 최근의 보도에서는 개선되었다고 생각한다. 매스컴은 정보를 전할 때, '5W1H'를 빠트릴 수 없다. 즉, "언제, 어디서, 누가, 무엇을, 왜, 어떻게 하였느냐"라는 요소이다. 그러한 의미에서, '장소'는 필요하지만 자살보도에서는 자세한 내용이 불필요하다.

⑥ '제목'은 일반 기사에서 상당히 신중하게 이뤄지며 선정적인 표현을 피하고 있다고 생각한다. 다만, 스포츠 신문이나 석간신문은 제목이 일반 신문보다 큰데, 이는 제목으로 독자들에게 어필하고 있기 때문에 아직까지 개선해야 할 여지가 있다고 생각한다.

⑦ '사진이나 영상'에 대해서는 원래 일본의 매스컴은 일반적으로 시체를 게재하거나 방영하지 않는다. 또 자살한 현장에 대해서도 일반 신문이 사진을 게재하는 경우는 흔치 않다. 사망한 본인의 사진을 게재하는 것은 자살자를 익명으로 보도하는 것이 아니기 때문에, 실명보도의 경우로 한정짓는다. 실명보도는 자살보도 원칙에서 소개한 것처럼, 공인이나 저명인사의 경우와 같이 사회적 영향력이 큰 경우에만 그 대상으로 검토한다.

현 상황에서는 실명보도를 할 경우, 본인의 사진을 게재하는 것은 공인이나 저명인사일 때가 많다. 이번에 언급한 사사이씨나 후지 게이코씨는 대부분의 매스컴들이 얼굴사진을 게재하였다.

그런데 자살에 한하지 않고 사건이나 사고로 사망한 사람의 얼굴사진이 게재되는 경우가 있다. 실은 신문기자에게도 가장 힘든 일 중 하나가 이 얼굴사진을 모으는 일이다. 필자도 신인기자 시절, 얼굴사진을 입수하기 위해 유족이나 지인, 친구에게 부탁을 한 적이 있다. 상대는 사건이나 사고로 친한 사람을 잃은 직후이기 때문에 깊은 슬픔에 쌓여 있다. 우선 대화가 잘 이어지지 않고 설령 이야기를 들을 수 있다고 해도 얼굴사진을 보여 줄 상황이 아닌 경우가 압도적으로 많다. "사람의 기분을 알지도 못하는가?"라고 욕을 먹었던 적도 한두 번이 아니다.

현재는 유족들을 직접 취재할 때 상당히 배려하고 있다. 그래도 큰 사건, 사고가 일어나면 일반신문들은 얼굴사진을 모아서 게재하고 있다. 왜 그럴까?

누구에게나 명확한 답이 있는 것은 아니다. 필자의 개인적인 의견을 말하자면, 피해자가 살아있던 증거 중 하나가 사진이고 그것을 게재함으로써 독자가 피해자를 구체적으로 의식하며, 비슷한 사건, 사고가 없어지기를 바라는 마음에서이다.

그렇다면 자살의 경우, 본인의 사진을 게재하는 것이 사건, 사고처럼 필요하다고 할 수 있을까? 가장 신중하게 생각해야 하는 부분은 뒤를 이어 자살하거나 모방자살을 예방하는 것이라고 생각한다. 젊은이들에게 인기 있는 연예인의 자살은 이러한 점에서 특히 주의가 필요하다. 사진을 게재하지 않는다는 선택지는 새로운 비극을 만들지 않는다는 의미에서 철저하게 이뤄져야 한다고 생각한다.

⑧ "저명인사의 자살을 전할 때는 특히 주의를 한다"는 내용은 지금까지 각 항목에서 제시하였기 때문에 재차 언급하지 않겠다.

⑨ 유족에 대한 배려는 아주 중요하다. 필자는 유족을 취재할 때, 본인이 이야기를 할 수 있는 상황인지를 먼저 확인하고 강요하지 않도록 특히 신경을 쓰고 있다. 자살로부터 몇 년이 지나도 유족들의 마음의 상처는 쉽게 아물지 않는다.

한편, 유족 본인이 이야기를 꺼냄으로써 친한 사람이 사망하였다는 사실을 받아들이려고 하는 경우도 있다. 때로는 이야기를 듣는 것도 중요하다. 유족을 취재할 때 이러한 경험을 한 적이 있다.

어떤 회사원이 자살했던 이유는 상사로부터 질책 등 '일의 부담에 따른 우울증'이 하나의 원인으로서, 오사카 지방 법원에서 산업재해를 인정받은 적이 있었다. 당시 필자는 오사카 본사 사회부기자로 사법을 담당하고 있었다. 자살대책기본법 취재 등을 통해서 유족지원의 필요성을 느끼고 있었기 때문에, 변호사를 통해 회사원의 아내에게 취재를 요청하였다.

자살은 2002년 11월이었고, 판결은 5년 후에 내려졌다. 아내는 남편이 자살하고 2년 후에 우울증에 걸렸기 때문에, 취재에는 "언니가 걱정되어서..."라며 여동생도 동석하였다. 증상은 안정되어 있었지만 약을 끊을 수는 없는 상태였다.

취재는 몇 시간 동안 이뤄졌다. 유족들은 자살한 사람의 고통을 왜 알아차릴 수 없었는지에 대해 자신을 나무라는 사람이 많다. 그 회사원의 아내도 그랬다. "왜 남편의 마음을 더 잘 알아 줄 수 없었을까?"라는 이야기를 반복하였다.

남편은 호텔에서 투신자살을 하였다. 그 직전에 아내에게 전화를 했었다. "또 죽고 싶어졌어."라는 회사원의 말에 아내는 "상사는 격려하고 있는 거예요."라고 위로하였다. 남편은 "다시 한 번 생각해 볼게."라고 말하고 전화를 끊었다. 그것이 마지막 대화였다.

아내는 남편이 마지막으로 통화한 휴대전화를 가지고 왔다. 배터리는 소모되어 송신도 수신도 할 수 없는 상태였다. 그래도 기본요금을 계속 지불하고 있다고 하였다. 이유를 물으니, "남편의 전화번호를 남겨놓고 싶어서요."라고 답하였다.

아내의 이야기에서 잊을 수 없는 말이 있었다. "꿈에 나오는 남편은 웃고만 있었어요. 자살로부터 2~3개월 후, 딱 한 번 고통스러운 얼굴을 본 적이 있어요. 죽고 싶어서 죽은 것이 아니라고 호소하는 것 같았어요. 꿈에서 깨어나 보니, 저는 눈물을 흘리고 있었어요."

'어느 화사원의 자살'(2007년 12월 19일부 조간)이라는 기사였다. 사진도 게재하였다. 아내의 얼굴은 알 수 없도록 처리하고 남편이 남긴 휴대전화를 손에 들고 있는 아내의 모습을 게재하였다. 게재 후, 아내로부터 "좋은 기사를 써주셔서 감사합니다."라는 편지를 받았다. 송구한 마음으로 편지를 읽었다.

유족에 대한 취재를 할 때면 마음이 매우 무겁다. 그래도 들어보자고 마음먹는 이유는 실태를 직시하지 않으면 자살문제의 심각성을 알 수 없다고 생각하기 때문이다.

⑩ '지원정보제공'은 아직까지도 불충분하지만 그래도 옛날에 비해서 크게 달라진 점이 하나있다. 지원하는 단체가 늘어난 것도 있지

만 이전에는 매스컴에서 자살보도를 할 때, 자살상담 연락처를 적어 놓는 발상을 못했었다. 지금은 자살자 데이터 등을 소개하는 기사에서도 지원단체의 연락처를 쓰도록 되어 있다.

⑪의 매스컴 관계자 자신에 대한 영향에 대한 내용이다. 필자는 자살문제에 관심이 있는 기자 동료와 이야기를 하면서 좋은 의미로 과제를 서로 나누면서 균형을 유지하고 있다.

【3】 자살보도의 향후 방향성

필자 나름대로 현 상황과 과제를 정리하였지만, 마지막으로 자살보도가 목표로 해야 할 것에 대해 쓰고자 한다.

자살자를 줄이기 위해 행정기관이나 민간단체, 지식인들은 여러 가지 방법으로 열심히 활동하고 있다. 우리들 매스컴의 역할은 이러한 활동을 소개하는 것이 중요하다. 그러나 가장 해야만 하는 일은 일반인들의 자살 실태에 더욱 다가서고 그것을 많은 사람들에게 알리는 것이 아닐까.

개인의 사생활은 지켜져야만 한다. 자살에 대한 편견, 차별도 아직 남아 있다. 남겨진 유족들에 대한 배려도 없으면 안 된다. 자살한 사람이 지나간 자리를 따르는 작업은 취재자에게도 굉장히 큰 정신적 피로감을 준다. 가능하다면 피하고 싶은 취재이다. 그러나 실태를 전달하지 못하면, 진실의 원인이나 사회적인 병의 원인은 밝혀지지 않고 그것을 막을 대책도 생각해 낼 수 없다.

물론 실태조사는 행정기관, 민간단체, 연구기관에서 각각 실시하고 있다. 그러나 매스컴은 그들과는 다른 형태로 유족들에게 다가설 수 있다고 생각한다. 그리고 그 이야기를 많은 사람들에게 전달하는 것이 가능하며, 신문이나 텔레비전, 인터넷 등은 수단이 된다. 때로는 과제에서 언급한 WHO 지침서 사이에 고민하는 부분도 있을 것이다. 그래도 자살을 조금이라도 줄인다는 마음으로 유족이나 변호사, 지원 단체의 협력을 얻으면서 매스컴은 자살의 실태를 정면으로 맞서야 한다.

20대 여성사원이 자살한 경우는 성동일성 장애(GID)를 이유로 퇴직을 강요받았던 스트레스 등이 원인이었다. 필자는 이에 대한 유족보상연금을 미지급하기로 한 노동기준감독처의 처분 취소를 요구하는 소송에 대해 2014년 3월 기사를 쓴 적이 있다.

원고는 여성의 어머니였다. 동료기자의 취재에 어머니는 "(딸은) 성동일성 장애의 고민으로 자살한 것이 아니다. 주위의 편견 때문에 힘들어했다. 사회로부터 배제되면서 점점 자신이 잘못되었다는 생각을 갖게 되었다."라고 말하였다. "고지식했지만 상냥했던 딸. 딸 같은 존재가 있는 그대로 사랑받을 수 있는 사회가 되었으면 한다."라고 어머니는 말하였다.

어머니는 필자에게 "모두 이야기할 테니 제대로 보도해 달라"고 하였고, 변호사도 취재에 적극적으로 협력해주었다. 기사는 크게 다뤄졌고 인터넷에서도 조회 수가 매우 높았다. 성동일성 장애에 대한 관심이 높다는 것을 실감할 수 있었다.

경찰청에 따르면, 2013년 자살자는 2만 7,283명이라고 한다. 전년에 비해 575명이나 감소하였다고 해도, 매일 75명 전후로 사망하고 있는 셈이다. 같은 해에 교통사고로 사망한 사람은 4,373명인데 자살로 인한 죽음은 그 여섯 배를 넘는다.

교통사망사고는 사회면이나 각 지역의 지역면에 기사화되는 일이 많다. 전년에 비해 교통사고 사망자가 많아지면 경찰이나 행정기관은 교통안전 캠페인을 시작하며 길거리에서 운전자에게 주의를 호소한다. 교통사고로 인한 '죽음'은 일반 사람에게 잘 노출된다. 한편, 자살자의 '죽음'은 대부분 잘 보이지 않는다.

성동일성 장애의 편견으로 자살한 사람은 필자가 기사화하였던 사례 이외에도 또 있을지 모른다. 만약 그 유족이 이 기사를 보고 똑같이 소송을 하게 된다면, 성동일성 장애에 대한 이해가 더욱 진척될 것임이 틀림없다.

반복하는 것이 되었지만, 자살보도는 지금까지 보아 온 것과 같이 다양한 과제를 안고 있다. 그래서 단순히 교통사고와 같이 써야 한다고 말하려는 것은 물론 아니다. 중요한 것은 기사화함으로써 뒤를 이어 자살하거나 모방자살이 일어날 가능성이 있다는 것을 인식하면서도, 자살이 일어나는 사회적인 요인의 구체적인 실태를 전하고 부각시켜서 그것을 시정하도록 만드는 것이 아닐까 생각한다.

"실태를 전한다"는 것은 간단한 일이 아니다. 그러나 그 결과로 새로운 자살을 미연에 방지하는 것이 가능하다면, 매스컴에 몸담고 있는 사람으로서 그만큼 보람된 일은 없을 것이라고 생각한다.

앞으로도 차근차근히 계속해서 글을 쓰고자 한다.

15. 자살대책의 향후 전망

모토하시 유타카

【1】 자살대책의 '이념'

자살대책의 기본 이념은 인간의 안전보장의 이념과 겹친다.

인간의 안전보장이란 "인간 한 사람 한 사람에게 주목하여, 생존 · 생활 · 존엄에 대한 광범위하고 심각한 위협으로부터 사람들을 지키고, 각각이 지니고 있는 풍부한 가능성을 실현하기 위하여, 보호와 능력 강화를 통해 지속가능한 개인의 자립과 사회 만들기를 촉진하는 사고방식"이다(外務省 homepage).

대부분의 자살은 내몰린 끝의 죽음이고 그렇기 때문에 사회가 대처해야 하는 과제로서 법률이 만들어지고 대책을 강구하게 되었다.

2014년 8월에 일어난 이화학연구소 사사이 요시키(笹井 良樹) 센터장의 자살 사건은 '내몰린 끝의 자살'이라는 말을 다시 한 번 생각나게 한다. 사사이씨는 STAP세포의 조작 의혹의 한 가운데 있었고, 데이터의 신빙성에 의문이 제기된 논문의 책임자로서 사회적 책임을 추궁 받고 있는 입장이었다. 사사이씨가 정신적으로 내몰렸다는 것은 당시 상황을 통해서 쉽게 상상할 수 있다.

신문기자인 다마키 다쓰야(玉木 達也)씨는 이 책의 「매스미디어와 자살」에서 유명인의 자살보도에 대해서는 모방자살을 우려하면서도 사회적 영향을 고려하여 보도할 수밖에 없다는 견해를 기술하고 있다. 조직내부의 대응, 개인 차원의 의료적 대응, 미디어의 대응이라는 관점에서 볼 때, 자살대책의 과제와 해결의 방향성이 충분하지는 않은 실정이다. 도망갈 곳이 없는 상황까지 내몰려서 사회적 책임의 무게와 목숨의 교환이 이뤄지는 사회가 되어서는 안 된다. 사회적 상황이 인간의 생존을 위협한다는 것은 인간의 안전보장이 제대로 기능하고 있지 않다고 생각할 수밖에 없고 많은 자살은 그러한 구도 속에서 발생하고 있다는 것을 잊어서는 안 된다.

【2】 새로운 방향성을 모색하다

2014년 12월, 하버드대학 공중위생대학원 라이슈(Michael Reich) 교수의 연구실을 방문하여, 일본의 보건의료제도에도 정통한 라이슈 교수와 자살대책의 새로운 정책 방향성에 대해서 논의하였다.

라이슈 교수의 의료정책 평가의 틀은 '하버드 방식'이라고 불리는 것으로서, 그 구조는 자살대책의 방향성을 논의하는 데도 큰 도움이 된다고 생각한다. 여기에서는 라이슈 교수의 저서(マーク・ロバーツ, マイケル・ライシュ et al., 2010)에서 제시된 틀에 기초하여 향후 일본 자살대책의 방향성을 3가지 관점에서 기술하겠다.

첫째, 자살대책의 질적 보증이다. 현재 자살대책의 메뉴는 지역자살대책 긴급강화기금의 조성에 맞춰 내각부에서 제시한 5가지 정책 메뉴가 기본이라고 하는 공통된 이해가 있다. 그러나 그 대책의 질은 지자체마다 다르고, 그 정책의 질을 보증하는 구조도 충분하지 않

다고 생각한다(中西三春의「地域で支える'いのち'2」참조).[1] 이 과제에 대처하기 위해서는 전국적으로 높은 차원의 정책연구를 중심으로 하는 자살대책의 연구・평가 조직이 필요하다. 미국 국립위생연구소(NIH)나 질병예방관리센터(CDC)와 같이 중립적이고 과학적인 정책과학을 지향하는 연구 조직이 그 모델이 될 수 있다고 생각한다.

둘째, 자살대책의 재정적인 유지 가능성에 대한 보증이다. 2015년 1월 9일에 각의 결정된 2014년도 추가예산에 자살대책에 관한 예산(25억 엔)이 포함되었다. 매 회계연도의 예산 확보만이 아니라 지속적인 자살대책의 예산확보가 필요하지만, 그것을 위해서는 정부와 지자체의 역할분담의 명확화, 종적 관계인 행정의 극복, 국민 본위의 시책 추진, 대책 효과의 과학적 검증 등이 요구된다.

셋째, 정치적 통치의 확보이다. 자살대책기본법이 의원입법으로

1 원 저서의 제1부에 "4. 지역에서 지지하는 '생명'"의 내용에 '시정촌 데이터에 기초한 자살대책의 효과 평가(「市井村データに基づく自殺対策の効果評価」)란 글이 실려 있으나, 저자의 인용 자료들에 대한 저작권 문제로 번역 과정에서 부득이 제외될 수밖에 없었다. 글의 주요 내용을 간단히 살펴보면 다음과 같다. 도쿄도의학총합연구소의 '마음의 건강 프로젝트 정신보건 간호연구실' 주임연구원인 나카니시 미하루(中西三春)는 지역사회와 함께하는 자살대책이 이뤄져야 한다는 점을 주장한다. 그는 일본 시구정촌의 긴급강화사업에서 이뤄지는 자살대책 사업이 지자체의 조건 차이나 도도부현의 영향을 고려하지 못하고 있다는 점을 지적하고, 각 지역의 요구에 맞춰 구체적인 자살대책이 실시되어야 한다는 점을 지적한다. 즉, 도도부현처럼 광역 지자체 단위인 경우와 시구정촌 규모를 대상으로 하는 자살대책의 방식에 대한 정리가 필요하다는 점을 주장한다. 그는 자살대책이 자살사망률 등의 지표를 통한 수치 목표 달성이 목적으로 되어서는 안 되며, 그 지역 사람들에게 사회적 지원이 제공될 수 있는 실질적인 지원이 이뤄져야 한다는 점을 강조한다. 보다 자세한 내용은 그의 논문을 함께 참고해주기 바란다. Nakanishi M, Yamauchi T, Takeshima T., National strategy for suicide prevention in Japan: The impact of a national fund on the progress of developing systems for suicide prevention and implementing initiatives among local authorities, *Psychiatry Clin Neurosci* 69(1), 2015, 55-64.

성립된 것은 잘 알려져 있지만, 자살대책의 여명기에 자살대책에 소극적이었던 행정조직을 바꾼 것은 정치가의 지도력이다.

행정에서 상향식(bottom up) 정책입안과는 다른 정치주도에 의한 정책 형성이 국가 차원에서도 지방자치의 차원에서도 자살대책의 추진에 큰 역할을 하였다. 자살대책의 필요성과 의의를 정치나 행정의 수장에게 이해시키고, 지속적인 자살대책 추진에 대한 역할을 담당해 주도록 하는 것이 중요하다. 국민의 소리에 민감한 정치가의 역할은 국민 본위의 자살대책 추진에도 중요하다.

마지막으로, 자살대책의 향후 방향성을 결정하는 데는 중요한 기본이념과 시점을 확인하고 나서 현장의 실천지식을 행동으로 통합하여 가는 노력(구체적인 정책형성이나 정책의 실시)이 중요하다는 점을 강조하고 싶다.

[참고문헌·자료]

マーク・ロバーツ, ウィリアム・シャオ, ピーター・バーマン, マイケル・ライシュ著, 中村安秀, 丸井英二監訳,『実践ガイド 医療改革をどう実現すべきか』, 日本経済新聞社, 2010.

맺음말

●●●

일본의 자살대책은 전 세계적으로도 우수합니다. 자살률이 높은 나라였다고 하는 것이 결과적으로 이 나라의 자살대책에 큰 진전을 이루는 원동력으로 작용하였습니다.

그런데 세계 표준(Global Standard)보다 뒤쳐지는 것을 '갈라파고스화'라고 부르게 된 것은 언제부터였을까요? 일본에는 기술이나 제도적으로 뛰어난 것들이 많이 있습니다만, 그 뛰어난 수단을 세계 기준으로 만드는 것에는 익숙하지 않기 때문에 세계 기준과는 독립적으로 뛰어난 기술이나 제도를 번성하게 해왔습니다. 그것을 '갈라파고스화'라고 말하는 것 같습니다. 스마트폰에 밀려난 '가라케(ガラ携)'(갈라파고스화된 휴대전화)를 필자는 애용하고 있는데, 가라케에 충분히 만족하고 있고 갈라파고스화는 결점이 아니라고 생각하고 있습니다.

자살대책의 현시점에서 세계 표준이 어떠한 것인지는 WHO가 2014년 9월에 공표한 『자살예방: 전 세계적 과제』(*Preventing suicide: A global imperative*)를 읽으면 알 수 있습니다. 여기에는 위험인자·보호인자라는 전형적·역학적인 생각이 중시되어, 위험인자마다 개

●●●

입이 강조되어 있습니다. 보건의료시스템이나 사회적 위험인자와 관련된 소개로는 정신건강정책, 알콜중독 문제, 자살수단에 대한 접근, 재해 · 전쟁 · 분쟁이라는 주제어가 핵심입니다. 거기에는 정신건강대책이나 자살수단의 규제라는 고전적인 대책이 나열되어 있습니다.

그리고 사회적 지원의 부족은 심리적 고립이나 인간적 갈등이라는 개인적 인자에 중점을 두고 있고 보다 넓은 사회경제적 인자에 대한 언급은 전면에서 이뤄지고 있지 않습니다. WHO가 건강이나 의료에 관한 기관이기 때문에 건강이나 의료에 관한 심리적 · 정신의학적 요인에 편중되는 것은 어쩔 수 없다는 견해도 있습니다. 그렇더라도, 이것이 현시점에 WHO가 가리키고 있는 '세계 표준'입니다. 오해의 여지는 있지만, 구태여 말하자면 이 '세계 표준'은 일본의 자살대책보다 좋아 보이지 않는다는 것입니다.

이와 같이 세계 표준과 비교해서, 우리나라의 자살대책의 특징은 의학적 관점에 머물지 않고 다중채무문제, 과로자살(노동문제), 도산이나 실업, 생활보호나 생활곤궁, 사회격차, 사회적 자본이라는 여러 가지 사회경제적 요인을 범주에 넣고서 종합적인 자살대책으로서 정책을 전개하고 있습니다. 물론 WHO에서 제시한 세계 표준 가운데 일본의 자살대책은 포함되어 있습니다.

그러나 일본의 자살대책은 분명히 세계 표준과는 다른 위치에 서 있고, '갈라파고스화'가 아닌, 세계 표준을 선도하는 입장에 위치하고 있다고 말할 수 있는 것은 아닐까요?

이 책은 전 세계에서 선도적인 입장에 위치한 일본의 자살대책의 현황과 과제를 자살대책의 실천의 장과 연구의 장에서 활약하고 있는 제일선에 계신 분들이 분명하게 이해해 주기를 바라는 목적에서 집필되었습니다. 다양한 분야에 계신 분들이 복합적인 관점에서 자살대책을 생각하고 있다는 것을 독자 여러분이 잘 이해해 주셨을 것이라고 생각합니다.

이 책은 지역의 자살대책을 지지하는 과학적 기반과 관계된 지식을 설명하고 있을 뿐만 아니라, ① 공중위생학, ② 정치경제학, ③ 법학, ④ 행정학, ⑤ 행복학, ⑥ 매스미디어학 등의 다양한 입장에서 자살대책의 향후 발전과 가능성을 보여주고 있습니다.

자살대책의 '최전선'의 보고 내용은 자살대책 현장의 실천을 정책으로 연결하기 위한 많은 힌트를 주고 있다고 생각합니다. '지식과 행동의 종합'이라는 주제어는 학문을 위한 학문이 아니라 현장의 실천이 이론과 합쳐져서 사회를 바꿔가는 정책으로 신속하게 연결되어 가는 것을 의식하여 붙인 것입니다.

이 책을 읽으시는 독자 여러분이 일본 자살대책의 내일을 위한 발전에 어떤 형태로든 역할을 해주실 것을 기대하며 이만 글을 마치고자 합니다.

모토하시 유타카

저자 소개

모토하시 유타카(本橋豊)

1954년 동경 출생. 동경의과치과대학 졸업, 동 대학원의학연구과 수료, 전공은 공중위생학. 아키타대학의학부 교수 역임, 교토부립의과대학 특임교수, 일본 자살종합대책추진센터 센터장.

- 저서: 『自殺が減ったまち－秋田県の挑戦』(岩波書店), 『自殺対策ハンドブックQ&A』(ぎょうせい), 『ライブ総合自殺対策学講義』(秋田魁新報社), 『続ライブ総合自殺対策学講義』(秋田魁新報社) 등.

역자 소개

양정연

서울대 종교학과 졸업, 동국대 불교학과 박사, 한림대 생사학연구소 HK교수, 생명교육융합대학원 교수로 재직하고 있다. 불교교학(티벳불교, 중국불교)을 전공하였으며 생사학 연구를 수행하고 있다.

- 논문 및 저서: 「근대시기 ‘종교’ 인식과 한국불교의 정체성 논의」, 「람림(Lam rim)에서의 죽음 억념과 수행-생사학적 관점을 중심으로」, 「타이완 <安寧緩和醫療條例> 법제화의 시사점」, 「행복과학에 대한 불교적 성찰」, 『죽음의 성스러운 기술』(역서), 『자살예방』(역서), 『자살위기개입의 실제』(역서), 『(한 권으로 보는) 세계불교사』(공저) 외 다수.

생사학총서 2

자살대책의 이론과 실제

초판인쇄 2018년 11월 15일
초판발행 2018년 11월 22일

지 은 이 모토하시 유타카(本橋豊)
옮 긴 이 양정연
발 행 인 윤석현
발 행 처 도서출판 박문사
책임편집 안지윤
등록번호 제2009-11호

우편주소 서울시 도봉구 우이천로 353 성주빌딩 3층
대표전화 02) 992 / 3253
전 송 02) 991 / 1285
홈페이지 http://jnc.jncbms.co.kr
전자우편 bakmunsa@hanmail.net

ISBN 979-11-89292-04-1 93300 정가 23,000원